MELHORAMENTOS
DICIONÁRIO ILUSTRADO DA LÍNGUA PORTUGUESA

MELHORAMENTOS DICIONÁRIO ILUSTRADO DA LÍNGUA PORTUGUESA

com o Menino Maluquinho e sua turma

Editora Melhoramentos

Dados Internacionais de Catalogação na Publicação (CIP)
(Câmara Brasileira do Livro, SP, Brasil)

Dicionário ilustrado da língua portuguesa com o menino maluquinho e sua turma / [ilustrações Ziraldo e Estúdio Megatério]. – São Paulo: Editora Melhoramentos, 2010.

ISBN 978-85-06-06138-1

1. Dicionários ilustrados 2. Português – Dicionários I. Ziraldo. II. Estúdio Megatério.

10-03239   CDD-030.833

Índice para catálogo sistemático:
1. Dicionários para crianças: Português   030.833

Obra conforme o Acordo Ortográfico da Língua Portuguesa

© 2010 Editora Melhoramentos Ltda.
Todos os direitos reservados.

Ilustrações: Ziraldo e Estúdio Megatério
Consultoria pedagógica: Denise Guilherme da Silva
Consultoria lexicográfica: Regina Polycarpo
Projeto gráfico e diagramação: Casa de Ideias Editoração e Design

1.ª edição, 6.ª impressão, fevereiro de 2025
ISBN: 978-85-06-06138-1

Atendimento ao consumidor:
Caixa Postal: 169 – CEP 01031-970
São Paulo – SP – Brasil
www.editoramelhoramentos.com.br
sac@melhoramentos.com.br

Impresso no Brasil

Sumário

E viva Ziraldo!, por Prof. Pasquale 7

Apresentação para pais e educadores 9

Apresentação para crianças 11

Como usar este dicionário? 12

Dicionário: A a Z 15

Apêndice 233

    Os coletivos 235

    Os antônimos 239

    Os tipos de letra 240

    Os animais 242

    As vozes dos animais 244

    Casais da natureza 246

    Figuras geométricas 247

    Os numerais 248

    As regiões do Brasil e seus estados 250

    O tempo 252

E viva Ziraldo!

O dramaturgo alemão Bertolt Brecht, que viveu de 1898 a 1956, dizia que os homens que lutam um dia são bons, mas os que lutam um ano são melhores. Dizia também que os que lutam a vida toda são os imprescindíveis. Sem dúvida, Ziraldo faz parte do último grupo. Com talento e coragem, esse adorável mineiro há muito tempo trabalha pelo bem do Brasil e de seu povo.

Ziraldo já esteve em diversas trincheiras. Durante a ditadura, foi um dos criadores do memorável tabloide *O Pasquim*, que fez a cabeça de muita gente da minha geração.

Um belo dia, Ziraldo engajou-se diretamente na luta contra as drogas, verdadeira maldição das maldições. Como sempre, o Mestre usou seus dotes artísticos para inquietar, provocar. Em painéis de rua, Ziraldo escreveu uma mensagem que deixou intrigada muita gente boa: "Quem faz a sua cabeça é você. Não a droga". Esquecendo-se de levar em conta o contexto, algumas pessoas viram "erro" em "Não a droga". Teria nosso querido pai do Menino Maluquinho esquecido o bendito acento indicador de crase no "a" de "Não a droga"?

Não esqueceu, não. Na frase de Ziraldo, não ocorre crase porque esse "a" não passa de um artigo: "Quem faz a sua cabeça é você. Não é a droga". Basta substituir a palavra feminina "droga" por uma masculina (como "fumo") para que se note que só há artigo: "Quem faz a sua cabeça é você. Não o fumo". Mas foram tantos os "doutores" em língua portuguesa que criticaram Ziraldo que me senti na obrigação de defendê-lo, o que fiz com um artigo publicado em *O Globo*.

Em outra ocasião, tive a honra de ser o mestre de cerimônias do lançamento do boneco do Menino Maluquinho, o que me deixou honradíssimo. Quem não gostaria de estar ali, ao lado de um grande brasileiro, para apresentar à gurizada deste país um ilustre "brasileirinho", que não é outro senão o mais do que astuto e sagaz Menino Maluquinho?

Supermãe, Turma do Pererê, Professora Maluquinha, Menino Maluquinho... São tantas as criações de Ziraldo que é difícil alguém não se lembrar de pelo menos um dos tantos personagens do artista. Ziraldo povoa o imaginário de milhões de brasileiros.

Agora, nosso querido artista põe (mais uma vez) seu talento a serviço da língua portuguesa! Sim, porque nesta obra Ziraldo empresta seu traço singelo e inigualável para ilustrar uma série de verbetes deste belo dicionário. Qual é a criança que não vai "enxergar" o que é amizade depois de ver a comovente imagem de dois meninos (um dos quais é o Maluquinho) de etnias diferentes andando abraçados? E que tal a explicação do que é "charada"? Nela, além de aprender o que significa a palavra, a criança é logo desafiada a resolver três charadinhas. Tudo isso, é claro, com uma bela ilustração de Ziraldo (com o Menino Maluquinho pensativo...).

Extremamente didático, este dicionário alia o que se espera de uma obra do gênero (léxico bem escolhido e adequado à idade e ao repertório do público-alvo – crianças do ensino fundamental) ao talento de Ziraldo para ilustrar com graça e leveza. É imperativo ressaltar que as ilustrações cumprem um dos mais importantes papéis do processo educativo de crianças que ainda não chegaram à adolescência: a materialização da imagem, a concretização do conteúdo, do significado, a internalização da relação significante/significado.

No episódio dos cartazes contrários à droga, Ziraldo dizia que, no fundo, não estava fazendo campanha contra as drogas. Estava discutindo português. E estava mesmo, caro Ziraldo. Discutindo e ensinando. Neste dicionário ilustrado, Ziraldo continua, com seu traço, a trilhar o caminho da sabedoria, da revelação do prazer com a palavra, com a página, com a folha, com o texto, com a imagem, com o belo, gracioso e lúdico.

É por essas e outras que peço licença a Vinícius de Moraes para tomar-lhe emprestada a saudação com que se dirigiu a inúmeros brasileiros que homenageou na letra do antológico "Samba da Bênção", que tem música de Baden Powell: "A bênção, meu caro Mestre Ziraldo!".

Prof. Pasquale Cipro Neto

Caros pais e professores

Todos conhecemos os dicionários e sabemos de sua importância. Também reconhecemos que o emprego adequado desse material é um comportamento desejável para leitores eficientes durante toda a vida.

Este dicionário ilustrado da língua portuguesa é um livro especialmente pensado para ser utilizado nos primeiros anos escolares das crianças. Para ajudá-las nesse momento tão significativo que contempla o processo construtivo das habilidades de leitura e escrita, inúmeros cuidados foram tomados nesta obra.

Selecionamos, criteriosamente, palavras adequadas à essa faixa etária e que são empregadas com frequência nas mais variadas situações de uso da nossa língua. A redação dos verbetes é clara, e em todos eles há exemplos que ajudam a esclarecer o significado de cada acepção.

Para tornar o projeto gráfico funcional e agradável ao aluno, diversos itens foram cuidadosamente definidos como o formato da obra, o tipo de letra empregado e a qualidade ilustrações. Na página inicial de cada letra colocamos as formas mais comuns de grafá-las: letra de imprensa (ou letra de fôrma) e letra cursiva (ou letra de mão), maiúsculas e minúsculas.

Para facilitar a localização das palavras, optamos por escrever as entradas dos verbetes em letra de imprensa maiúscula (também conhecida como letra bastão). Esse tipo de letra é o primeiro a ser traçado pelas crianças em início de processo de alfabetização. É também o tipo mais empregado pelos professores nos registros coletivos feitos em sala de aula e nos materiais impressos (livros didáticos e paradidáticos) que atendem a essa faixa etária. Por isso, as crianças têm mais facilidade em reconhecer as palavras quando apresentadas dessa forma.

Buscando ampliar a familiaridade desse material com a rotina da sala de aula, depois da entrada de cada verbete, colocamos a separação silábica e optamos por utilizar um traço para isolar cada parte da palavra, pois essa é também a forma mais comum empregada pelas crianças em suas atividades escolares. Algumas palavras são compostas e trazem o hífen em sua formação. Para que o aluno não confunda esse hífen com o traço da separação silábica, o hífen está grafado na cor preta. Veja, por exemplo, o verbete "cana-de-açúcar": ca - na - de - a - çú - car.

Muitos dos vocábulos presentes neste dicionário apresentam mais de um significado. Nesse caso, cada definição foi marcada por um número colorido, para auxiliar na localização das diferentes acepções. Junto a todas elas, acrescentamos exemplos – grafados em itálico – escolhidos para facilitar a compreensão da palavra em seus diversos significados.

Também optamos por incluir algumas locuções comuns e palavras estrangeiras empregadas pelas crianças em seu cotidiano, além do plural e feminino difíceis e irregulares de alguns substantivos e adjetivos. Os alunos poderão encontrar ainda diversos quadros com informações adicionais sobre conteúdos que aprenderão nos primeiros anos escolares, como antônimos e sinônimos, fábulas, adivinhas etc. Além disso, acrescentamos um rico apêndice com conteúdos relacionados ao uso da linguagem que poderão ser utilizados pelos professores e alunos para complementar o trabalho realizado em sala de aula.

Gostaríamos de evidenciar a importância das ilustrações nos primeiros contatos da criança com os dicionários. Além de trazerem a brasilidade e o traço lúdico de Ziraldo, um dos maiores artistas do país, as 377 ilustrações deste livro dialogam constantemente com os verbetes apresentados. Mais do que embelezar, cada um dos desenhos foi feito para evidenciar aspectos das definições, estabelecendo um rico diálogo entre palavra e imagem que certamente favorecerá o acesso dos alunos ao mundo maravilhoso da linguagem. E nada melhor do que fazer essa viagem acompanhados por personagens que representam, mais do que nenhum outro, a curiosidade e a alegria da criança brasileira contemporânea: o Menino Maluquinho e sua turma.

Por fim, sabemos a importância do papel dos pais e educadores na formação leitora e escritora da criança. Por isso, é imprescindível que se faça bom uso deste dicionário, incentivando sua consulta regular, propondo desafios para encontrar as palavras e seus significados, confirmando a grafia correta dos termos, mostrando às crianças que cada consulta a um dicionário pode ser sempre uma deliciosa descoberta.

Denise Guilherme da Silva
(Mestre em Educação pela PUC-SP)

Oi, amigo!

Este é um livro muito especial: é um dicionário.

Dicionário é um livro que explica – entre outras coisas – o que as palavras querem dizer e como escrevê-las corretamente.

Saber o que significa uma palavra é muito importante, pois assim podemos nos expressar melhor e compreender as ideias que queremos trocar com as outras pessoas.

Aqui, você encontrará algumas das palavras mais frequentes da nossa língua portuguesa e também as mais usadas em seu dia a dia, nas conversas com os amigos, na escola e nos textos lidos, por exemplo. Além disso, você vai descobrir muitas palavras novas e poderá usá-las sempre que quiser em diversas situações da sua vida.

Um dicionário é um livro de consulta. Ou seja, você não vai conhecê-lo todo de uma única vez. Sempre que tiver dúvida sobre uma palavra, é só abrir o dicionário e procurar o que precisa saber: como escrevê-la, o que ela significa etc.

Para ajudá-lo nessa consulta, além de apresentar a escrita correta e explicar o significado de cada palavra de maneira bem simples, colocamos exemplos logo depois das definições. Assim, você vai entender melhor o sentido da palavra. Mas se a palavra for muito difícil e apenas o exemplo não ajudar, você vai encontrar alguns desenhos bem divertidos. Aí sim, com toda a certeza, vai ficar mais fácil usá-la sem medo de errar.

E tem mais: ao longo do dicionário, encontrará quadros coloridos com informações importantes e curiosas sobre nossa língua. Coisas que vão fazê-lo conhecer ainda mais a maneira como nos expressamos por meio da fala e da escrita.

Mas atenção! Antes de começar a se aventurar pelo mundo maravilhoso da descoberta das palavras e de seus significados, leia as próximas páginas. Elas vão mostrar algumas dicas sobre como usar melhor este livro.

Depois de conhecer essas dicas, use, abuse e divirta-se com este dicionário ilustrado. Ele foi feito especialmente para você!

A Editora

Como usar este dicionário?

Para aproveitar tudo o que este livro pode ensinar a você, é preciso saber como ele está organizado. No dicionário as palavras são apresentadas em ordem alfabética. Vamos lembrar como está ordenado o alfabeto na língua portuguesa?

Aa Bb Cc Dd Ee Ff Gg Hh Ii Jj Kk Ll Mm Nn Oo Pp Qq Rr Ss Tt Uu Vv Ww Xx Yy Zz

Portanto, para encontrar uma palavra no dicionário, é preciso procurá-la pela ordem alfabética.

Observe algumas palavras organizadas dessa forma: **A**MIGO – **B**OLA – **C**ANETA – **D**ESENHO

Assim, por exemplo, a palavra "**a**migo" vem primeiro que "**c**aneta", porque, em nosso alfabeto, "**a**" vem antes de "**c**".

Para que você possa localizar bem rápido a palavra que procura, os dicionários apresentam outros recursos. Veja o que significam:

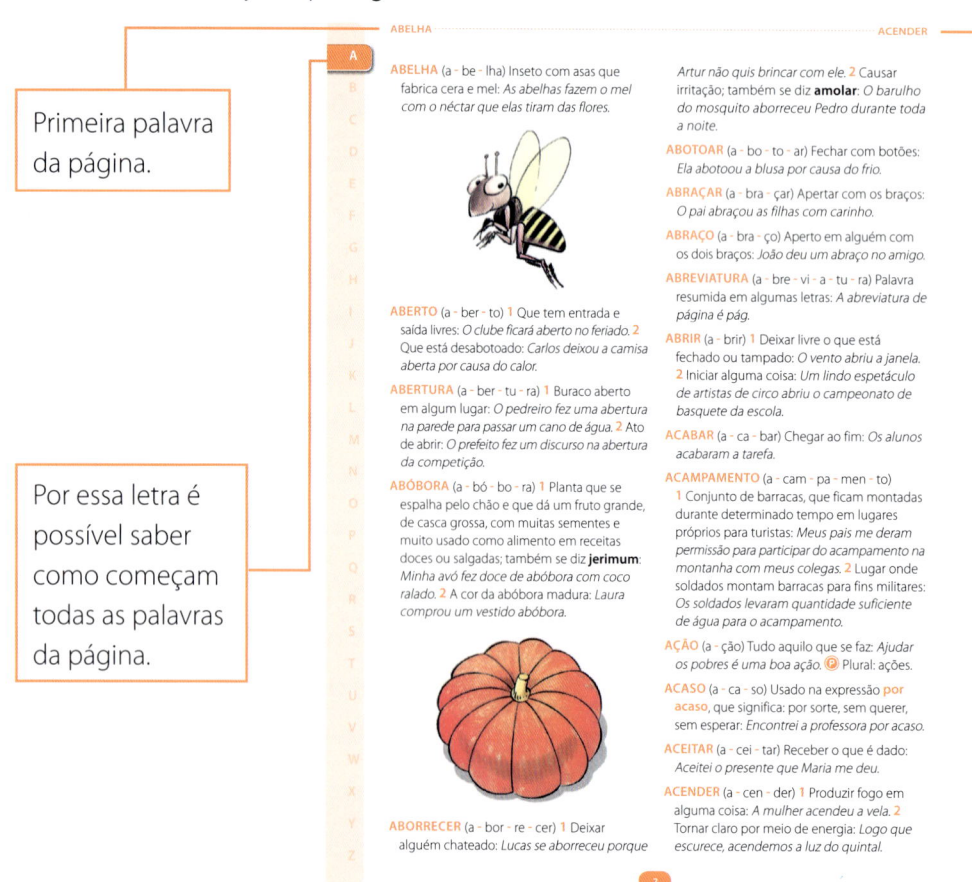

Primeira palavra da página.

Última palavra da página.

Por essa letra é possível saber como começam todas as palavras da página.

ABELHA (a - be - lha) Inseto com asas que fabrica cera e mel: *As abelhas fazem o mel com o néctar que elas tiram das flores.*

ABERTO (a - ber - to) **1** Que tem entrada e saída livres: *O clube ficará aberto no feriado.* **2** Que está desabotoado: *Carlos deixou a camisa aberta por causa do calor.*

ABERTURA (a - ber - tu - ra) **1** Buraco aberto em algum lugar: *O pedreiro fez uma abertura na parede para passar um cano de água.* **2** Ato de abrir: *O prefeito fez um discurso na abertura da competição.*

ABÓBORA (a - bó - bo - ra) **1** Planta que se espalha pelo chão e que dá um fruto grande, de casca grossa, com muitas sementes e muito usado como alimento em receitas doces ou salgadas; também se diz **jerimum**: *Minha avó fez doce de abóbora com coco ralado.* **2** A cor da abóbora madura: *Laura comprou um vestido abóbora.*

ABORRECER (a - bor - re - cer) **1** Deixar alguém chateado: *Lucas se aborreceu porque Artur não quis brincar com ele.* **2** Causar irritação; também se diz **amolar**: *O barulho do mosquito aborreceu Pedro durante toda a noite.*

ABOTOAR (a - bo - to - ar) Fechar com botões: *Ela abotoou a blusa por causa do frio.*

ABRAÇAR (a - bra - çar) Apertar com os braços: *O pai abraçou as filhas com carinho.*

ABRAÇO (a - bra - ço) Aperto em alguém com os dois braços: *João deu um abraço no amigo.*

ABREVIATURA (a - bre - vi - a - tu - ra) Palavra resumida em algumas letras: *A abreviatura de página é pág.*

ABRIR (a - brir) **1** Deixar livre o que está fechado ou tampado: *O vento abriu a janela.* **2** Iniciar alguma coisa: *Um lindo espetáculo de artistas de circo abriu o campeonato de basquete da escola.*

ACABAR (a - ca - bar) Chegar ao fim: *Os alunos acabaram a tarefa.*

ACAMPAMENTO (a - cam - pa - men - to) **1** Conjunto de barracas, que ficam montadas durante determinado tempo em lugares próprios para turistas: *Meus pais me deram permissão para participar do acampamento na montanha com meus colegas.* **2** Lugar onde soldados montam barracas para fins militares: *Os soldados levaram quantidade suficiente de água para o acampamento.*

AÇÃO (a - ção) Tudo aquilo que se faz: *Ajudar os pobres é uma boa ação.* Plural: ações.

ACASO (a - ca - so) Usado na expressão **por acaso**, que significa: por sorte, sem querer, sem esperar: *Encontrei a professora por acaso.*

ACEITAR (a - cei - tar) Receber o que é dado: *Aceitei o presente que Maria me deu.*

ACENDER (a - cen - der) **1** Produzir fogo em alguma coisa: *A mulher acendeu a vela.* **2** Tornar claro por meio de energia: *Logo que escurece, acendemos a luz do quintal.*

Observando melhor este livro, você verá que, em uma mesma página, aparecem várias palavras que começam com a mesma letra. Então, como encontrar exatamente aquela que você procura?

É só obedecer à ordem alfabética da segunda letra. Assim, por exemplo, a palavra "a**b**rir" vem antes de "a**c**abar" porque "**b**" vem antes de "**c**". Se a primeira letra e a segunda forem iguais, como no caso das palavras "ac**a**so" e "ac**e**itar", você deverá observar a terceira letra e assim por diante.

Agora que você já sabe como encontrar uma palavra no dicionário, é importante saber o que é "**verbete**". Verbete é cada pequeno texto do dicionário no qual aparecem a palavra e várias informações sobre ela, como: a maneira como é dividida em sílabas, seus significados, exemplos etc.

Veja como são formados os verbetes deste dicionário:

- Usamos o símbolo ⭐ para explicar algumas expressões: duas ou mais palavras que, juntas, têm um sentido diferente daquele explicado no verbete.
- Palavra que vai ser explicada.
- Divisão silábica: mostra quais são as sílabas que compõem a palavra.
- Significado da palavra.
- Os números servem para separar significados diferentes da palavra.
- Exemplo: frase que ensina você a usar a palavra de forma correta.

BARRA

BARRA (bar - ra) Pedaço de sabão, chocolate, ferro, metal ou outro produto: *Meu irmão me deu uma barra de chocolate.*

BARRACA (bar - ra - ca) Tenda, cabana que se monta e desmonta rapidamente: *Fomos viajar e dormimos numa barraca.*

BARRACO (bar - ra - co) Casa simples e pequena, em geral feita de madeira: *Ao lado do barraco o rapaz fez uma bela horta.*

BARRIGA (bar - ri - ga) Parte do corpo humano e de alguns animais onde estão o estômago, o intestino, a bexiga e outros órgãos; também se diz **abdome** e **abdômen**: *Comi muito doce e fiquei com dor de barriga.* ⭐ **Barriga da perna:** parte de trás da perna: *O jogador chutou a barriga da perna do adversário.*

BARRO (bar - ro) **1** Argila misturada com água: *Depois da chuva, formou-se barro no quintal.* **2** O mesmo que **argila**: *Na cidade onde meu pai nasceu os vasos eram fabricados com barro.*

BARULHO (ba - ru - lho) Ruído muito alto e forte que incomoda ou assusta: *O barulho do trovão assustou as crianças.*

BASE (ba - se) **1** O que serve para sustentar o peso de alguma coisa: *Este prédio foi construído sobre uma base muito sólida.* **2** Aquilo que representa a parte essencial de alguma coisa: *Para entender o significado dessas palavras, preciso ter uma boa base da língua portuguesa.*

BASQUETE (bas - que - te) Esporte em que dois times de cinco jogadores cada têm como objetivo colocar a bola na cesta do adversário; também se diz **basquetebol**: *O time brasileiro de basquete é um dos melhores do mundo.*

BASQUETEBOL (bas - que - te - bol) O mesmo que **basquete**: *Estou aprendendo basquetebol na escola.*

BATITA

BASTANTE (bas - tan - te) **1** O mesmo que **suficiente**: *Dormir oito horas por dia é o bastante.* **2** Em grande quantidade: *Lili come bastante no almoço.*

BASTAR (bas - tar) Ser suficiente: *Basta chover um pouco para a cidade ficar alagada.*

BATE-PAPO (ba - te - pa - po) Conversa simples e alegre: *No recreio, os professores ficam num bate-papo enquanto as crianças brincam.* Ⓟ Plural: bate-papos.

BATER (ba - ter) **1** Dar pancada em alguém ou alguma coisa: *O menino bateu no irmão e ficou de castigo.* **2** Dar pancada com algum objeto: *Bati os pregos naquela tábua com o martelo.* **3** Agitar, mexer com força: *O galo bateu as asas.* **4** Chocar-se com alguma coisa: *O mar estava agitado e as ondas batiam com força contra as pedras.* **5** Fechar com força: *Carla estava com raiva e saiu batendo a porta.* **6** Tirar uma fotografia: *Bati uma foto com todos os alunos da classe.*

BATERIA (ba - te - ri - a) **1** Instrumento musical que se toca com duas pequenas varas de madeira chamadas baquetas: *Meu irmão toca bateria numa banda.* **2** Peça com energia elétrica para fazer funcionar lanternas, faróis, celulares e outros aparelhos: *Meu relógio parou porque acabou a bateria.*

BATIDA (ba - ti - da) Choque de veículos: *Nesta rua houve uma batida entre um carro e uma moto.*

BOIADA

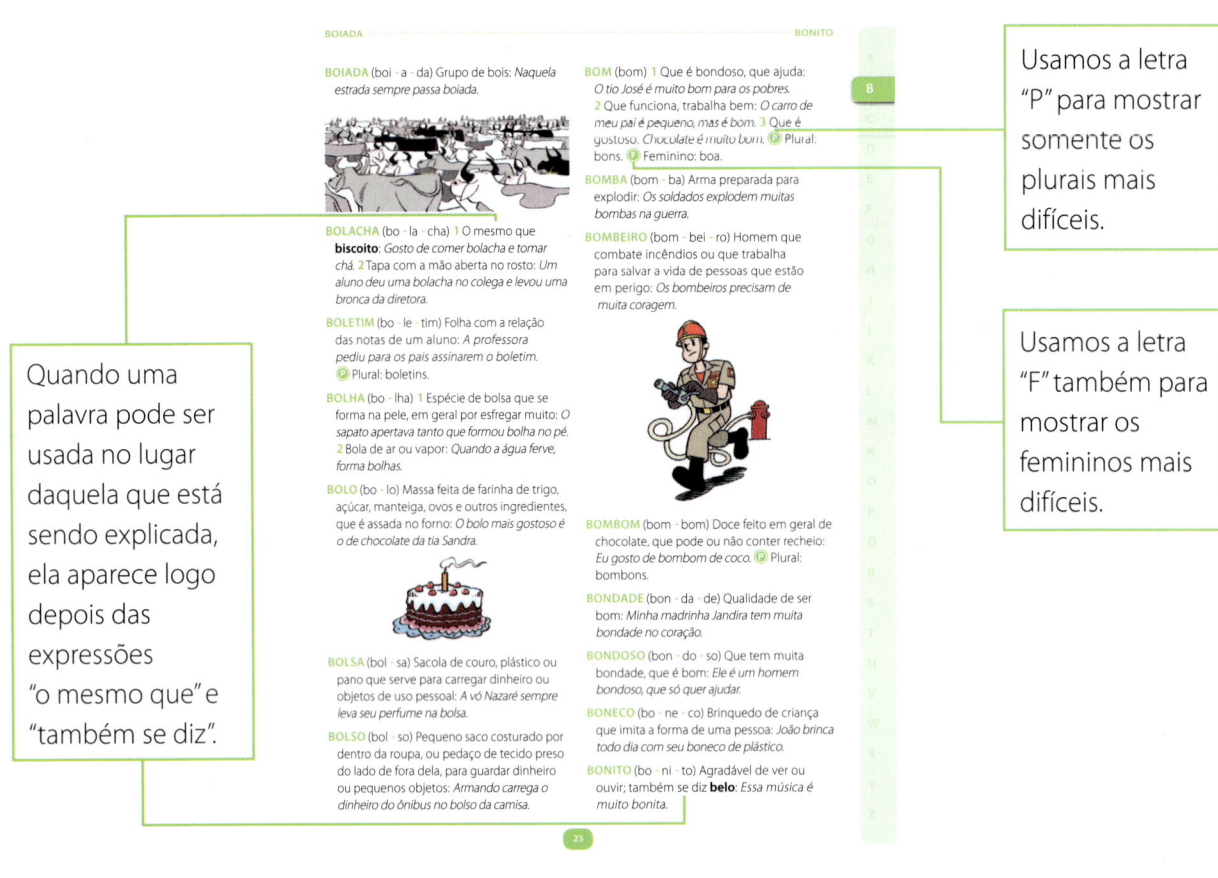

BOIADA (boi - a - da) Grupo de bois: *Naquela estrada sempre passa boiada.*

BOLACHA (bo - la - cha) **1** O mesmo que **biscoito**: *Gosto de comer bolacha e tomar chá.* **2** Tapa com a mão aberta no rosto: *Um aluno deu uma bolacha no colega e levou uma bronca da diretora.*

BOLETIM (bo - le - tim) Folha com a relação das notas de um aluno: *A professora pediu para os pais assinarem o boletim.* Plural: boletins.

BOLHA (bo - lha) **1** Espécie de bolsa que se forma na pele, em geral por esfregar muito: *O sapato apertava tanto que formou bolha no pé.* **2** Bola de ar ou vapor: *Quando a água ferve, forma bolhas.*

BOLO (bo - lo) Massa feita de farinha de trigo, açúcar, manteiga, ovos e outros ingredientes, que é assada no forno: *O bolo mais gostoso é o de chocolate da tia Sandra.*

BOLSA (bol - sa) Sacola de couro, plástico ou pano que serve para carregar dinheiro ou objetos de uso pessoal: *A vó Nazaré sempre leva seu perfume na bolsa.*

BOLSO (bol - so) Pequeno saco costurado por dentro da roupa, ou pedaço de tecido preso do lado de fora dela, para guardar dinheiro ou pequenos objetos: *Armando carrega o dinheiro do ônibus no bolso da camisa.*

BONITO

BOM (bom) **1** Que é bondoso, que ajuda: *O tio José é muito bom para os pobres.* **2** Que funciona, trabalha bem: *O carro de meu pai é pequeno, mas é bom.* **3** Que é gostoso: *Chocolate é muito bom.* Plural: bons. Feminino: boa.

BOMBA (bom - ba) Arma preparada para explodir: *Os soldados explodem muitas bombas na guerra.*

BOMBEIRO (bom - bei - ro) Homem que combate incêndios ou que trabalha para salvar a vida de pessoas que estão em perigo: *Os bombeiros precisam de muita coragem.*

BOMBOM (bom - bom) Doce feito em geral de chocolate, que pode ou não conter recheio: *Eu gosto de bombom de coco.* Plural: bombons.

BONDADE (bon - da - de) Qualidade de ser bom: *Minha madrinha Jandira tem muita bondade no coração.*

BONDOSO (bon - do - so) Que tem muita bondade, que é bom: *Ele é um homem bondoso, que só quer ajudar.*

BONECO (bo - ne - co) Brinquedo de criança que imita a forma de uma pessoa: *João brinca todo dia com seu boneco de plástico.*

BONITO (bo - ni - to) Agradável de ver ou ouvir; também se diz **belo**: *Essa música é muito bonita.*

Quando uma palavra pode ser usada no lugar daquela que está sendo explicada, ela aparece logo depois das expressões "o mesmo que" e "também se diz".

Usamos a letra "P" para mostrar somente os plurais mais difíceis.

Usamos a letra "F" também para mostrar os femininos mais difíceis.

---

não se mexe: *Meu pai deve estar cansado, pois está muito quieto na sala.*

QUILO (qui - lo) O mesmo que **quilograma**: *O bebê nasceu com mais de três quilos.*

QUILOGRAMA (qui - lo - gra - ma) Unidade de peso que é igual a mil gramas; também se diz **quilo**: *Comprei um quilograma de batatas.* Símbolo: kg.

QUILÔMETRO (qui - lô - me - tro) Medida de comprimento que é igual a mil metros: *Os turistas andaram um quilômetro até a praia.* Símbolo: km.

QUERER (que - rer) **1** Sentir vontade de ser ou de fazer alguma coisa: *Quero passear com minhas amigas durante as férias.* **2** Mandar fazer alguma coisa: *Quero que você envie esta carta hoje.* **3** Ter carinho por alguém: *Quero muito bem aos meus primos.*

Usamos a letra "S" para mostrar os símbolos.

Viu só quantas informações novas você pode aprender consultando verbetes? E tem mais: nas últimas páginas deste livro é possível encontrar ainda alguns assuntos importantes para ampliar seus conhecimentos. Por exemplo: coletivos, vozes dos animais, casais da natureza, numerais, as regiões do Brasil etc. Essa parte do livro é chamada de **apêndice**.

Com o passar do tempo, quanto mais consultar este dicionário, mais fácil será encontrar as informações de que você precisa e sentir o prazer que é conhecer e usar cada vez melhor a nossa língua portuguesa.

Bom aprendizado!

Dicionário

A a Z

A Primeira letra do alfabeto português.

ABACATE (a - ba - ca - te) Fruta de casca verde e grossa, com grande caroço no interior e uma parte macia que serve de alimento: *Eu tomei vitamina de abacate no lanche da tarde.*

ABACAXI (a - ba - ca - xi) **1** Fruta de casca grossa, folhas com espinhos em forma de coroa e uma parte interna amarela, que se come: *Minha mãe coloca abacaxi na salada de frutas.* **2** Tudo o que é complicado, difícil de ser resolvido: *Não consigo resolver este problema; ele é um verdadeiro abacaxi.*

ABAIXAR (a - bai - xar) **1** Tornar baixo ou menos alto: *Rosa abaixou o som do rádio.* **2** Inclinar o corpo para baixo: *Ela abaixou-se para amarrar o tênis.*

ABAIXO (a - bai - xo) **1** Em local mais baixo que outro: *O avião está voando abaixo das nuvens.* **2** Em posição ou situação inferior a alguma coisa: *Minha nota foi abaixo de 7.*

ABDOME (ab - do - me) O mesmo que **barriga**; também se diz **abdômen**: *Aquele médico examina o abdome de todos os seus pacientes.*

ABECÊ (a - be - cê) O mesmo que **alfabeto**: *Meus alunos já conhecem o abecê.*

ABELHA (a - be - lha) Inseto com asas que fabrica cera e mel: *As abelhas fazem o mel com o néctar que elas tiram das flores.*

ABERTO (a - ber - to) **1** Que tem entrada e saída livres: *O clube ficará aberto no feriado.* **2** Que está desabotoado: *Carlos deixou a camisa aberta por causa do calor.*

ABERTURA (a - ber - tu - ra) **1** Buraco aberto em algum lugar: *O pedreiro fez uma abertura na parede para passar um cano de água.* **2** Ato de abrir: *O prefeito fez um discurso na abertura da competição.*

ABÓBORA (a - bó - bo - ra) **1** Planta que se espalha pelo chão e que dá um fruto grande, de casca grossa, com muitas sementes e muito usado como alimento em receitas doces ou salgadas; também se diz **jerimum**: *Minha avó fez doce de abóbora com coco ralado.* **2** A cor da abóbora madura: *Laura comprou um vestido abóbora.*

ABORRECER (a - bor - re - cer) **1** Deixar alguém chateado: *Lucas se aborreceu porque Artur não quis brincar com ele.* **2** Causar irritação; também se diz **amolar**: *O barulho do mosquito aborreceu Pedro durante toda a noite.*

ABOTOAR (a - bo - to - ar) Fechar com botões: *Ela abotoou a blusa por causa do frio.*

ABRAÇAR (a - bra - çar) Apertar com os braços: *O pai abraçou as filhas com carinho.*

ABRAÇO (a - bra - ço) Aperto em alguém com os dois braços: *João deu um abraço no amigo.*

ABREVIATURA (a - bre - vi - a - tu - ra) Palavra resumida em algumas letras: *A abreviatura de página é pág.*

ABRIR (a - brir) **1** Deixar livre o que está fechado ou tampado: *O vento abriu a janela.* **2** Iniciar alguma coisa: *Um lindo espetáculo de artistas de circo abriu o campeonato de basquete da escola.*

ACABAR (a - ca - bar) Chegar ao fim: *Os alunos acabaram a tarefa.*

ACAMPAMENTO (a - cam - pa - men - to) **1** Conjunto de barracas, que ficam montadas durante determinado tempo em lugares próprios para turistas: *Meus pais me deram permissão para participar do acampamento na montanha com meus colegas.* **2** Lugar onde soldados montam barracas para fins militares: *Os soldados levaram quantidade suficiente de água para o acampamento.*

AÇÃO (a - ção) Tudo aquilo que se faz: *Ajudar os pobres é uma boa ação.* **P** Plural: ações.

ACASO (a - ca - so) Usado na expressão **por acaso**, que significa: por sorte, sem querer, sem esperar: *Encontrei a professora por acaso.*

ACEITAR (a - cei - tar) Receber o que é dado: *Aceitei o presente que Maria me deu.*

ACENDER (a - cen - der) **1** Produzir fogo em alguma coisa: *A mulher acendeu a vela.* **2** Tornar claro por meio de energia: *Logo que escurece, acendemos a luz do quintal.*

ACENTO (a - cen - to) Sinal colocado sobre uma vogal, indicando que aquela sílaba da palavra se fala com maior força; pode ser um som aberto, como em "café", ou um som fechado, como em "avô".

ACERTAR (a - cer - tar) Fazer certo: *Acertei todos os exercícios de matemática.*

ACHAR (a - char) **1** Encontrar algo por acaso ou que se estava procurando: *Finalmente o menino achou a carteira.* **2** Ter opinião sobre alguma coisa ou alguém: *Achei a piada muito engraçada.*

ACIDENTE (a - ci - den - te) **1** Qualquer acontecimento inesperado que pode causar ferimentos: *Muitas pessoas ficam feridas em acidentes de trânsito.* **2** Acontecimento que se dá por acaso: *A menina encontrou o caderno por acidente.*

ACIMA (a - ci - ma) Em lugar mais alto que outro: *Os pássaros voam acima das árvores.*

ACOMPANHAR (a - com - pa - nhar) **1** Ir ou ficar junto para fazer companhia: *Meu irmão mais velho me acompanhou até a escola.* **2** Participar de um acontecimento: *Estou acompanhando o resultado das eleições pela televisão.* **3** Tocar um instrumento junto com quem está cantando ou tocando outro instrumento: *Walter cantava enquanto Regina o acompanhava ao piano.*

ACONTECER (a - con - te - cer) Tornar-se real: *A festa aconteceu na igreja e não no clube, como ela queria.*

ACONTECIMENTO (a - con - te - ci - men - to) **1** Tudo aquilo que acontece; também se diz **caso**: *Os alunos conhecem todos os acontecimentos da escola.* **2** Fato importante: *A festa junina é um grande acontecimento do nosso bairro.*

ACORDAR (a - cor - dar) Sair do sono; também se diz **despertar**: *Caroline acorda cedo todos os dias para ir à escola.*

ACORDO (a - cor - do) O que é combinado; também se diz **trato**: *Os dois amigos fizeram um acordo para não brigar.*

ACOSTUMAR (a - cos - tu - mar) Ter o costume: *Eu já me acostumei a escovar os dentes todas as noites.*

AÇOUGUE (a - çou - gue) Lugar onde se vende carne: *Papai passou no açougue e comprou um quilo de carne.*

ACREDITAR (a - cre - di - tar) Pensar que é verdade; também se diz **crer**: *Você acredita nessa história?*

AÇÚCAR (a - çú - car) Produto de sabor doce feito da cana-de-açúcar: *Preciso de uma xícara de açúcar para fazer o bolo.* Ⓟ Plural: açúcares.

AÇUDE (a - çu - de) Reservatório construído para juntar grande quantidade de água, principalmente em regiões que sofrem com a seca: *Meu tio pega água do açude para regar a plantação.*

ADEUS (a - deus) Gesto ou palavra como sinal de despedida: *Ana mudou de escola e deu adeus aos colegas.* ⓟ Plural: adeuses.

ADIANTAR (a - di - an - tar) **1** Fazer com que alguma coisa se movimente para a frente: *A mãe adiantou o relógio para não perder a hora.* **2** Realizar algo antes do tempo determinado: *Vítor adiantou a lição de casa para poder brincar.* **3** Valer a pena: *Não adianta chorar, pois você vai ter de fazer a lição.*

ADIAR (a - di - ar) Deixar para outro dia: *Marta adiou a viagem.*

ADIÇÃO (a - di - ção) Conta de somar; também se diz **soma**: *Fiz um exercício muito fácil de adição: 2 + 2 = 4.* ⓟ Plural: adições.

ADIVINHAR (a - di - vi - nhar) Descobrir o que está escondido ou é um segredo: *Adivinhe o que eu tenho na mão?*

ADJETIVO (ad - je - ti - vo) Palavra que se junta a um substantivo para dar a ele uma qualidade: *Na oração "A casa é verde", a palavra "verde" é um adjetivo.*

> OLHE ISSO AQUI.
> Veja alguns adjetivos:
> A casa é **branca** e **verde**.
> O tênis está **novo**.
> O menino é **engraçado**.
> A árvore é **grande**.

ADOECER (a - do - e - cer) Ficar doente: *Vovô adoeceu porque tomou chuva.*

ADOLESCENTE (a - do - les - cen - te) Pessoa que tem mais ou menos entre 13 e 19 anos, que deixou de ser criança, mas ainda não é adulta: *A festa foi feita pelos adolescentes do bairro.*

ADORAR (a - do - rar) Gostar muito de alguém ou de alguma coisa: *Adoro minha filha.*

ADORMECER (a - dor - me - cer) Pegar no sono; também se diz **dormir**: *Meu pai adormeceu depois do jantar.*

ADOTAR (a - do - tar) **1** Ter alguém como filho, dando amor, educação etc.: *Meu amigo adotou uma menina e está muito feliz.* **2** Decidir o que se prefere: *Adotei uma vida mais saudável e mudei vários hábitos.*

ADOTIVO (a - do - ti - vo) Quem adota ou quem é adotado: *Amo meus pais adotivos.*

ADQUIRIR (ad - qui - rir) Obter alguma coisa: *Bruno adquiriu ótimos conhecimentos com a viagem para os Estados Unidos.*

ADULTO (a - dul - to) Pessoa que cresceu, deixou de ser adolescente e se tornou homem ou mulher: *Meu pai e minha mãe são adultos.*

ADVERSÁRIO (ad - ver - sá - rio) **1** Aquele que é contrário: *O principal adversário do brasileiro no pingue-pongue é um japonês.* **2** Que participa de uma competição contra outro: *O time adversário marcou um gol.*

AEROPORTO (a - e - ro - por - to) Lugar de chegada e partida dos aviões: *O avião sairá às 10 horas do aeroporto de Cumbica.*

AFASTAR (a - fas - tar) Tirar de perto: *A professora afastou as carteiras da janela por causa do sol.*

AFIAR (a - fi - ar) Tornar a lâmina mais fina para cortar com facilidade; também se diz **amolar**: *Juca afiou a faca para cortar a carne.*

AFILHADO (a - fi - lha - do) Pessoa que tem padrinho ou madrinha: *Meu afilhado Rafael já está na faculdade.*

AFIRMAR (a - fir - mar) Dizer com certeza: *O professor afirmou que não tinha visto o aluno sair da sala.*

AFLIÇÃO (a - fli - ção) Sentimento de quem está preocupado: *Vejo minha mãe cheia de aflição quando meu pai demora para chegar em casa.* ⓟ Plural: aflições.

AFOGAR (a - fo - gar) Morrer debaixo d'água sem poder respirar: *Marco quase se afogou na piscina da casa da avó.*

AGARRAR (a - gar - rar) Segurar firme: *A criança agarrou a mão do pai para não se perder na multidão.*

AGASALHO (a - ga - sa - lho) Roupa que protege do frio ou da chuva: *Ela vestiu um agasalho antes de sair de casa.*

AGIR (a - gir) Fazer uma ação, ter ou tomar uma atitude: *Pedrinho agiu bem cuidando do cachorro sem dono.*

AGITAR (a - gi - tar) Movimentar algo de forma rápida e com frequência; também se diz **chacoalhar**: *Agite a garrafa de suco antes de beber.*

AGORA (a - go - ra) Nesta hora, neste instante, neste momento: *Venha aqui agora!*

AGRADAR (a - gra - dar) **1** Fazer carinho: *O menino agradou todos os filhotes de sua cadela antes de ir para a escola.* **2** Fazer alguma coisa que deixe as pessoas contentes: *A festa foi linda e agradou a todos.*

AGRADÁVEL (a - gra - dá - vel) Que é bom ou gostoso: *O recreio foi agradável.* ⓟ Plural: agradáveis.

AGRADECER (a - gra - de - cer) Dizer obrigado: *Ele agradeceu o presente.*

AGREDIR (a - gre - dir) **1** Atacar alguém com violência: *Os ladrões assaltaram a loja e agrediram algumas pessoas.* **2** Ofender com palavras ou gestos: *João agrediu um colega na escola.*

AGRICULTURA (a - gri - cul - tu - ra) Preparação e cultivo do solo para produzir vegetais úteis às pessoas: *Na minha cidade muitas famílias vivem da agricultura.*

ÁGUA (á - gua) Líquido transparente que não tem cheiro nem sabor: *Todos os seres vivos precisam de água para viver.*

AGUARDAR (a - guar - dar) Ficar à espera de alguém ou de alguma coisa: *Aguardamos sentados a professora chegar.*

AGUENTAR (a - guen - tar) **1** Conseguir sustentar alguma coisa pesada: *Aquela cama aguenta o meu peso?* **2** Ter paciência para aceitar: *É difícil aguentar o barulho da rua.*

AGULHA (a - gu - lha) Pedaço de metal bem fino, com um buraquinho na ponta, por onde se enfia a linha, usado, em geral, para costurar: *Vovó usou uma agulha para pregar o botão da minha saia.*

AINDA (a - in - da) Até agora, até este momento: *O filme ainda não começou.*

AIPIM (ai - pim) O mesmo que **mandioca**: *Judith fez um bolo de aipim delicioso para a festa junina!* ⓟ Plural: aipins.

AJUDAR (a - ju - dar) Prestar socorro ou auxiliar alguém: *Eu ajudei a minha mãe a lavar a louça do jantar.*

ALAGAR (a - la - gar) Ficar coberto de água; também se diz **inundar**: *A chuva alagou a minha rua.*

ALARANJADO (a - la - ran - ja - do) De cor semelhante à da laranja; também se diz **laranja**: *Minha mãe ficou muito bem com aquele vestido alaranjado.*

ALARME (a - lar - me) **1** Aviso de perigo: *O alarme foi dado pelo cachorro, que latiu quando o ladrão pulou o muro.* **2** Aparelho que indica, por meio de sons ou luzes, a existência de perigo: *Todos ouviram o alarme de incêndio e correram para fora da escola.*

ÁLBUM (ál - bum) Livro para guardar coisas como fotografias, selos e coleção de figurinhas: *O álbum de fotos do aniversário está guardado na estante.* ⓟ Plural: álbuns.

ALCANÇAR (al - can - çar) Conseguir chegar até alguém ou até algo que está distante: *O menino correu, mas não conseguiu alcançar o amigo.*

ÁLCOOL (ál - co - ol) Líquido que se obtém principalmente da cana-de-açúcar. É incolor, tem cheiro forte e pega fogo com facilidade: *É muito perigoso brincar com álcool.* ⓟ Plural: álcoois.

ALDEIA (al - dei - a) **1** Lugar bem pequeno, menor que uma vila, com poucas casas, onde moram poucas pessoas: *Portugal é um país que tem muitas aldeias.* **2** Lugar onde moram os índios; também se diz **taba** em alguns grupos indígenas: *Ainda existem aldeias no Brasil.*

ALEGRE (a - le - gre) Que tem alegria: *Ana é uma menina alegre e está sempre cantando.*

ALEGRIA (a - le - gri - a) Sentimento de quem está feliz, contente: *Quando viu a boneca, a menina quase chorou de tanta alegria.*

ALERGIA (a - ler - gi - a) Reação que o corpo apresenta contra certos produtos: *Meu pai tem alergia a vários remédios.*

ALFABÉTICO (al - fa - bé - ti - co) Que segue a sequência das letras do alfabeto: *Na ordem alfabética, o nome Alberto vem antes de Carlos.*

ALFABETIZAÇÃO (al - fa - be - ti - za - ção) Processo de ensinar uma pessoa a ler e a escrever: *A escola onde estudo abriu turmas de alfabetização para adultos.*

ALFABETO (al - fa - be - to) Conjunto das 26 letras, de A a Z, usadas para ler e escrever; também se diz **abecê**: *Quem sabe ler conhece o alfabeto.*

ABCDEFGHIJKLM
NOPQRSTUVWXYZ

ALGARISMO (al - ga - ris - mo) Cada um dos sinais usados para representar os números: *O número dez em algarismos escreve-se 10.*

ALGO (al - go) Alguma coisa, qualquer coisa: *Precisamos fazer algo para acabar com a poluição dos rios.*

ALGODÃO (al - go - dão) **1** Produto branco e macio, que tem a aparência de um punhado de nuvens, muito usado na limpeza de ferimentos: *Limpei o machucado com algodão.* **2** Fio ou tecido fabricado com esse produto: *Prefiro usar roupas de algodão.* ⓟ Plural: algodões.

ALGUÉM (al - guém) Alguma pessoa: *Alguém quebrou meu brinquedo.*

ALGUM (al - gum) **1** Uma pessoa ou coisa entre várias: *Alguns alunos foram reprovados.* **2** Qualquer pessoa ou coisa: *Você tem algum lápis para me emprestar?* ⓟ Plural: alguns.

ALIANÇA (a - li - an - ça) **1** Anel usado pelos noivos antes e depois do casamento: *Arnaldo comprou uma aliança de ouro para Bárbara.* **2** Acordo feito entre pessoas, empresas ou países para alcançar um objetivo: *Os países fizeram uma aliança para acabar com a guerra.*

ALIMENTAR (a - li - men - tar) Dar alimento a uma pessoa ou animal: *Alice alimenta seu coelho com folhas de vegetais.*

ALIMENTO (a - li - men - to) O que serve de comida: *É preciso lavar bem alimentos como frutas e verduras antes de comer.*

ALMOÇO (al - mo - ço) Refeição que se faz, em geral, no meio do dia: *Aos domingos o almoço é sempre na casa da vovó.*

ALONGAR (a - lon - gar) Tornar mais longo ou comprido: *A conversa se alongou demais.*

ALTO (al - to) **1** Que tem grande altura: *O prédio era muito alto.* **2** Que tem som forte: *O pai não era bravo, mas falava alto.*

ALTURA (al - tu - ra) **1** Tamanho de uma pessoa ou objeto medidos de baixo para cima: *Qual é a sua altura?* **2** Som forte: *Você não precisa ouvir rádio nessa altura!*

ALUGAR (a - lu - gar) **1** Usar alguma coisa que não é sua por um tempo e preço combinados: *Alugamos uma casa na praia durante as férias.* **2** Dar em aluguel: *Danilo alugou o apartamento na praia para Tomás.*

ALUGUEL (a - lu - guel) Quantia paga pelo uso de alguma coisa por determinado tempo: *Meu pai sempre diz que o aluguel de nossa casa está caro.*

ALUNO (a - lu - no) Pessoa que recebe os ensinamentos de um professor; também se diz **estudante**: *Todos os alunos gostam da professora de português.*

AMADURECER (a - ma - du - re - cer) Ficar maduro, pronto para comer: *A banana já amadureceu.*

AMANHÃ (a - ma - nhã) No dia seguinte ao que estamos: *Parece que amanhã vai fazer frio.*

AMANHECER (a - ma - nhe - cer) Nascer o dia: *Hoje amanheceu com chuva.*

AMAR (a - mar) Gostar muito de alguém ou de alguma coisa: *Amo minha família.*

AMARELO (a - ma - re - lo) Da cor do Sol ou da gema do ovo: *As rosas amarelas são as mais bonitas, na minha opinião.*

AMARGO (a - mar - go) Que não tem o sabor doce: *Papai gosta de café amargo, e mamãe prefere o dela bem doce.*

AMARRAR (a - mar - rar) Prender com corda ou algo semelhante: *Ana amarrou o cavalo ao poste.*

AMASSAR (a - mas - sar) **1** Transformar em massa ou pasta: *Mamãe amassou o alho para temperar a carne.* **2** Ficar amarrotado: *Coloque as camisetas bem dobradas na mala para que não amassem.*

AMBIENTE (am - bi - en - te) **1** Tudo o que está ao redor das pessoas ou coisas: *Devemos cuidar do ambiente em que vivemos.* **2** Espaço que se ocupa para fazer algo: *A sala foi dividida em dois ambientes: um para estudar e outro para ouvir música.* **3** Que envolve determinado lugar: *A temperatura ambiente está agradável.*

AMBULÂNCIA (am - bu - lân - cia) Carro para transportar doentes e feridos: *A ambulância pede passagem no trânsito para chegar logo ao hospital.*

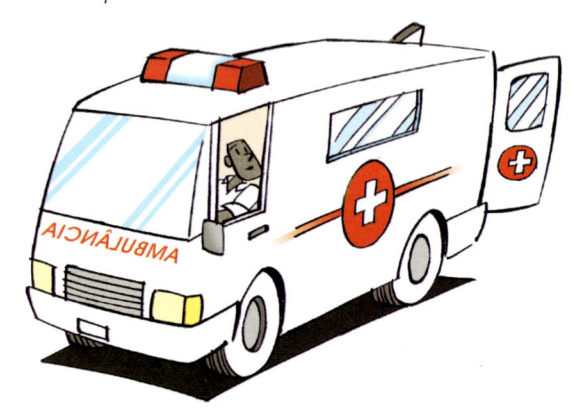

AMEAÇAR (a - me - a - çar) **1** Causar medo: *A bruxa ameaçou prender as crianças que não comessem os doces da casa.* **2** Representar um perigo: *Os incêndios ameaçam os animais na mata.*

AMIGO (a - mi - go) Pessoa que se dá muito bem com outra; também se diz **colega**: *Tenho muitos amigos na rua onde moro.*

AMIZADE (a - mi - za - de) Sentimento que existe entre pessoas que se dão bem: *Gabriela e Amábile têm uma grande amizade.*

AMOLAR (a - mo - lar) **1** O mesmo que **afiar**: *Ele amolou o facão para cortar cana.* **2** O mesmo que **aborrecer**: *Não me amole com essa conversa!*

AMOR (a - mor) **1** Sentimento de quem gosta muito de alguém ou de alguma coisa: *Tenho um grande amor por meus pais.* **2** A pessoa ou a coisa amada: *Você é o amor da minha vida.* Ⓟ Plural: amores.

ANALFABETO (a - nal - fa - be - to) Que não sabe ler ou escrever: *Meu vizinho era analfabeto, mas agora está numa escola para adultos.*

ANÃO (a - não) Pessoa de tamanho menor do que o normal: *Assisti ao filme da Branca de Neve e os sete anões.* Ⓟ Plural: anões e anãos. Ⓕ Feminino: anã.

ANDAR (an - dar) **1** Movimentar-se dando passos: *Vamos andando para a escola.* **2** Mostrar a condição em que se encontra: *Ando meio triste.* **3** Maneira de andar: *O palhaço tem um andar engraçado.* **4** Piso de edifício: *O prédio onde moro tem 10 andares e eu moro no 3º andar.*

ANEL (a - nel) Argola que se usa no dedo, em geral para enfeitar: *Minha irmã ganhou um anel de prata da mamãe.* Ⓟ Plural: anéis.

ANFÍBIO (an - fí - bio) Animal vertebrado que vive uma parte de sua vida na terra e outra na água: *O sapo e a rã são anfíbios conhecidos.*

ANIL (a - nil) A cor azul mais escura: *Nesta época do ano o céu fica anil e cheio de nuvens.*

ANIMAL (a - ni - mal) Ser vivo que se movimenta e tem sensações: *Acho que o tigre é o animal selvagem mais bonito.* ⓟ Plural: animais. ⭐ **Animal de estimação:** animal que se cria em casa ou perto dela e pelo qual seu dono tem muito carinho: *Este gato é meu animal de estimação e eu cuido muito bem dele.*

ÂNIMO (â - ni - mo) Vontade ou coragem de fazer alguma coisa: *Ela não tem ânimo para fazer ginástica.*

ANIVERSÁRIO (a - ni - ver - sá - rio) Dia em que se completam anos de idade: *Hoje é meu aniversário: estou completando 5 anos.*

ANJO (an - jo) Em algumas religiões, é um mensageiro enviado por Deus para proteger as pessoas: *Nenhum mal acontece comigo, porque tenho um anjo que me acompanha.*

ANO (a - no) **1** Período de tempo que vai de 1.º de janeiro a 31 de dezembro: *Um ano tem 12 meses.* **2** Medida do tempo de vida de alguém ou de alguma coisa: *Meu pai tem 35 anos.* **3** Cada ano escolar: *Fábio estuda no segundo ano.*

ANOITECER (a - noi - te - cer) Começar a noite: *Quando anoitece, muitas estrelas aparecem no céu.*

ANOTAR (a - no - tar) Tomar nota: *Anote o recado neste caderno.*

ANTENA (an - te - na) **1** Cada fio longo na cabeça de certos insetos: *Os sentidos dos insetos são percebidos pelas antenas.* **2** Aparelho que recebe e transmite sinais de rádio, televisão etc.: *Nossa televisão ficou ótima depois que colocamos a antena em cima da casa.*

ANTES (an - tes) Em um tempo anterior: *A menina fez a lição antes de brincar.*

ANTIGO (an - ti - go) Que existe há muito tempo: *Vovô tem um carro bem antigo.*

ANTÔNIMO (an - tô - ni - mo) Palavra que significa o contrário de outra: *O antônimo de "feio" é "bonito".*

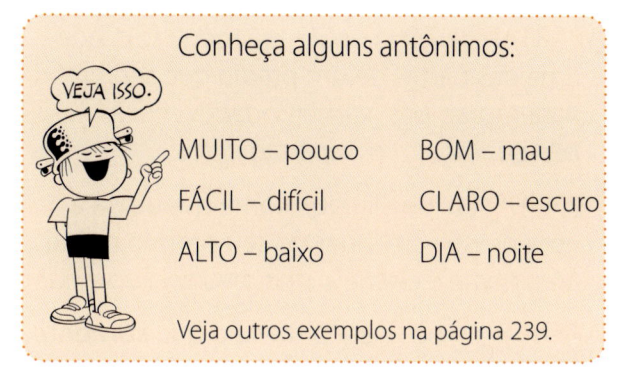

> VEJA ISSO.
>
> Conheça alguns antônimos:
>
> MUITO – pouco   BOM – mau
> FÁCIL – difícil   CLARO – escuro
> ALTO – baixo   DIA – noite
>
> Veja outros exemplos na página 239.

ANÚNCIO (a - nún - cio) Notícia ou aviso que se dá a um grande número de pessoas: *Luisinho preparou o anúncio para vender a bicicleta.*

APAGAR (a - pa - gar) **1** Fazer desaparecer o que estava escrito ou desenhado: *Apaguei as palavras erradas do caderno.* **2** Não deixar aceso: *Apague a luz quando sair.* **3** Eliminar o fogo: *Os bombeiros apagaram o incêndio.*

APANHAR (a - pa - nhar) **1** Colher flores ou frutas: *Apanhei doze laranjas do pé no sítio da minha avó.* **2** Pegar o que caiu no chão: *Meu irmãozinho apanha todos os brinquedos do chão antes de dormir.* **3** Levar surra: *Eu nunca apanhei dos meus pais.*

APARECER (a - pa - re - cer) Ser visto, mostrar-se: *O livro que tinha sumido acabou de aparecer.*

APARELHO (a - pa - re - lho) Máquina ou qualquer conjunto de peças usadas para executar alguma coisa: *Mamãe comprou um aparelho de telefone.*

APARÊNCIA (a - pa - rên - cia) Aquilo que se mostra à primeira vista: *Ela chegou com uma aparência bonita.*

APARTAMENTO (a - par - ta - men - to) Cada uma das partes de um prédio que servem para morar: *Nas grandes cidades, muitas pessoas moram em apartamentos.*

APELIDO (a - pe - li - do) Nome que se dá a uma pessoa em lugar do seu próprio nome: *Meu nome é Gabriela, mas meu apelido é Gabi.*

APENAS (a - pe - nas) O mesmo que **somente**: *Frederico tem apenas um irmão.*

APERTAR (a - per - tar) **1** Segurar com força: *José, não aperte a minha mão!* **2** Fazer com que não fique largo: *Clarice emagreceu e teve que apertar o vestido para ir ao casamento.*

APETITE (a - pe - ti - te) Vontade de comer: *Mesmo sem apetite, o doente precisa se alimentar bem.*

APITO (a - pi - to) Pequeno objeto usado para assobiar: *O juiz usou o apito para começar o jogo de futebol.*

APLAUDIR (a - plau - dir) Festejar batendo palmas: *Todos aplaudiram os atores depois da apresentação da peça de teatro.*

APODRECER (a - po - dre - cer) Ficar podre: *As frutas apodreceram.*

APONTAR (a - pon - tar) **1** Fazer ponta: *Apontem os lápis antes da prova.* **2** Mostrar qualquer pessoa ou coisa com o dedo, olhar ou gesto: *O menino apontou a maior estrela que se via naquela noite.*

APÓS (a - pós) Depois de: *Após a aula, Gabriel foi jogar bola com os amigos.*

APOSTA (a - pos - ta) Ajuste entre pessoas que combinam um prêmio qualquer a ser entregue para quem tiver dado a opinião certa acerca de um fato: *Gilmar fez uma aposta com Marco sobre quem ganharia o jogo entre Flamengo e Corinthians.*

APRENDER (a - pren - der) Conhecer alguma coisa por meio de estudo: *Meu tio aprendeu a falar espanhol.*

APRESENTAÇÃO (a - pre - sen - ta - ção) **1** Ato de apresentar; também se diz **exposição**: *Durante a apresentação da aula, ninguém conversou.* **2** O mesmo que **show**: *Os alunos vão fazer uma apresentação de dança.* ⓟ Plural: apresentações.

APRESENTAR (a - pre - sen - tar) **1** Mostrar alguma coisa para alguém: *Júlio apresentou a carteirinha de estudante ao bilheteiro e pagou meia entrada no cinema.* **2** Fazer com que uma pessoa conheça outra: *Mônica apresentou a nova amiga a seus pais.* **3** Aparecer em público: *O mágico se apresentou na minha festa de aniversário.*

APRESSADO (a - pres - sa - do) Que tem pressa: *Laura estava tão apressada que nem me viu entrar na sala.*

APRONTAR (a - pron - tar) **1** Deixar pronto: *Mamãe aprontou o café da manhã antes de ir para o trabalho.* **2** Fazer uma travessura: *Esse menino vive aprontando!*

APROVEITAR (a - pro - vei - tar) Utilizar bem alguma coisa: *Mariana quis aproveitar o recreio para brincar.*

APROXIMAR (a - pro - xi - mar) Fazer com que alguma coisa ou alguém fique ou pareça estar perto de outra: *Ele aproximou o papel da janela para ler o que estava escrito.*

AQUÁRIO (a - quá - rio) Recipiente de vidro com água usado para criar peixes: *Na casa do vovô tem um aquário com muitos peixes.*

AQUELE (a - que - le) Indica pessoa ou coisa que está distante: *Aquele menino que está na esquina é meu amigo João.*

AQUILO (a - qui - lo) Indica algo que está distante ou que já aconteceu: *Aquilo lá longe é uma pequena igreja.*

AR (ar) **1** Mistura de gases que formam a atmosfera e que respiramos: *O ar do campo é mais puro do que o ar da cidade.* **2** Em linguagem popular significa aparência, jeito: *Titia chegou em casa com ar de cansada.* ⓟ Plural: ares.

ARANHA (a - ra - nha) Animal que tem quatro pares de patas, faz teias, vive geralmente em lugares em que ninguém mexe e que pode ser perigoso, porque às vezes tem veneno: *Minha avó tem medo de aranha.*

ARARA (a - ra - ra) Ave de penas coloridas, cauda longa, com bico forte e virado para baixo: *As araras podem ser vistas nas florestas brasileiras.*

ARCO-ÍRIS (ar - co - í - ris) Fenômeno da natureza que acontece quando a luz do Sol atravessa pequenas gotas de água na atmosfera formando no céu um arco de sete cores: vermelho, alaranjado, amarelo, verde, azul, anil e violeta: *Depois da chuva, saímos todos na janela para ver o lindo arco-íris que se formou.* ⓟ Plural: arco-íris.

ÁREA (á - rea) **1** Espaço determinado para alguma finalidade: *Esta área de lazer tem atividades interessantes para crianças e adultos.* **2** Extensão de um espaço que é ocupado por algo: *O parque ocupa grande parte da cidade.* **3** o mesmo que **zona**: *Essa área é famosa pela lojas bonitas.*

AREIA (a - rei - a) Grãos mais ou menos finos encontrados nas praias, nos desertos etc.: *Na praia, as crianças brincam de fazer castelos de areia.*

ARGILA (ar - gi - la) Barro especial para ser trabalhado com as mãos, utilizado para fazer vasos, panelas e outros objetos; também se diz **barro**: *As crianças fizeram peças com argila e deram de presente para as mães.*

ARGOLA (ar - go - la) Objeto em forma de círculo e vazio no meio: *Minha tia comprou um brinco de argolas coloridas.*

ARMA (ar - ma) Instrumento que serve para atacar ou defender: *Os policiais usam armas para se defender dos ladrões.*

ARMADILHA (ar - ma - di - lha) Instrumento usado para caçar: *A onça caiu em uma armadilha.*

ARMÁRIO (ar - má - rio) Móvel com gavetas e portas, que serve para guardar roupas, louças, panelas e outros objetos: *Rosana comprou um lindo apartamento com armários em todos os quartos e também na cozinha.*

ARMAZÉM (ar - ma - zém) Loja onde se vende todo tipo de mercadoria: *Fui depressa ao armazém para comprar arroz e ovos para fazer no almoço.*

ARMAZENAR (ar - ma - ze - nar) **1** Guardar mercadorias: *Armazenei 10 quilos de açúcar porque falaram que vai faltar no mercado.* **2** Guardar informações na memória do computador: *A professora pediu que eu armazenasse minha pesquisa sobre viagens ao espaço, para usá-la no próximo ano.*

AROMA (a - ro - ma) Cheiro agradável: *No jardim sinto o aroma das flores.*

AROMÁTICO (a - ro - má - ti - co) De cheiro bom e agradável: *Diana enfeitou a casa com lindas plantas aromáticas.*

ARRANCAR (ar - ran - car) Tirar algo do lugar puxando com força: *Não arranquem as flores do jardim!*

ARRANHAR (ar - ra - nhar) Machucar com as unhas ou com qualquer objeto com ponta: *O espinho da rosa arranhou o meu rosto.*

ARREBENTAR (ar - re - ben - tar) Quebrar com força: *O bombeiro arrebentou a porta para salvar o cãozinho do incêndio.*

ARREPENDER-SE (ar - re - pen - der - se) Sentir-se triste com os próprios erros e ter vontade de consertá-los: *Mara arrependeu-se de ter tratado mal a irmã.*

ARREPIAR (ar - re - pi - ar) **1** Fazer levantar (penas, cabelos, pelos): *A galinha arrepiou suas penas.* **2** Provocar medo: *O filme de terror me arrepiou.*

ARRISCAR (ar - ris - car) Pôr em risco, em perigo: *Ao atravessar a rua sem olhar para os lados, a criança arriscou a vida.*

ARROZ (ar - roz) Grão de cereal usado na alimentação: *Os brasileiros comem arroz quase todos os dias.* Ⓟ Plural: arrozes.

ARRUMAR (ar - ru - mar) **1** Pôr em ordem: *Maria arrumou a casa antes da festa.* **2** Conseguir alguma coisa: *Papai arrumou emprego na fábrica.* **3** Cuidar da aparência: *Beatriz se arrumou antes de ir para a escola.*

ARTE (ar - te) **1** Criação de uma obra por um artista que represente seu pensamento ou seu sentimento: *Meu tio tem uma coleção de obras de arte.* **2** O mesmo que **travessura**: *Márcia vive fazendo arte quando sua mãe não está em casa.*

ARTIFICIAL (ar - ti - fi - ci - al) Que não é natural: *Aquele suco não é feito com frutas; é artificial.* Ⓟ Plural: artificiais.

ARTISTA (ar - tis - ta) Pessoa que pratica uma arte: *Meu vizinho é um artista; ele pinta belos quadros de flores.*

ÁRVORE (ár - vo - re) Planta geralmente com tronco alto e cheio de ramos na parte de cima, muito útil para nós, porque fornece sombra, madeira, flores e frutos, e ainda ajuda a melhorar o ar que respiramos: *Precisamos* *plantar mais árvores para melhorar o ar das nossas cidades.*

ASA (a - sa) **1** Parte do corpo das aves e de alguns insetos usada para voar: *O passarinho bateu as asas e saiu voando.* **2** Parte de certos objetos que serve para segurá-los: *Quebrei a asa da xícara.* **3** Cada uma das partes do avião que o ajudam a ficar no ar: *A asa do meu avião de brinquedo está quebrada.*

ÁSPERO (ás - pe - ro) Que não tem a superfície lisa: *A casca do abacaxi é áspera.*

ASSALTANTE (as - sal - tan - te) Pessoa que assalta; também se diz **ladrão**: *O assaltante foi preso pela polícia porque roubou a bolsa de uma mulher.*

ASSALTAR (as - sal - tar) Atacar de repente para roubar: *Dez homens assaltaram o banco.*

ASSAR (as - sar) Cozinhar no forno: *Mamãe assou um delicioso bolo de chocolate.*

ASSENTO (as - sen - to) Lugar ou objeto em que se senta: *Os assentos da sala de aula são confortáveis.*

ASSIM (as - sim) Dessa maneira: *Faça a lição assim: primeiro leia o texto e depois resolva os exercícios.*

ASSINAR (as - si - nar) Escrever o próprio nome à mão: *A professora mandou os pais assinarem os boletins dos alunos.*

ASSINATURA (as - si - na - tu - ra) O próprio nome escrito à mão: *No final da redação, coloquei minha assinatura.*

ASSISTIR (as - sis - tir) Ver um filme, uma peça de teatro, um programa de televisão etc.: *Ontem eu assisti a um filme muito legal.*

ASSOBIAR (as - so - bi - ar) Soltar assobios: *Assobiei para chamar o cachorro.*

ASSOBIO (as - so - bi - o) Som produzido pela passagem do ar com os lábios apertados: *Alexandre tem um assobio muito alto.*

ASSOMBRAÇÃO (as - som - bra - ção) Ser criado pela imaginação, que provoca medo nas pessoas; também se diz **fantasma**: *Conheço várias histórias de assombração.* ℗ Plural: assombrações.

ASSUNTO (as - sun - to) Aquilo sobre o que se conversa, se estuda; também se diz **tema**: *O assunto da aula de hoje foi a poluição dos rios.*

ASSUSTAR (as - sus - tar) Dar ou levar um susto: *A gritaria assustou a criança.*

ASTRO (as - tro) **1** Nome de todos os corpos celestes, como estrelas e planetas: *O planeta Terra é um astro, e o Sol também é um astro.* **2** Pessoa famosa: *Ele é um astro da música popular brasileira.*

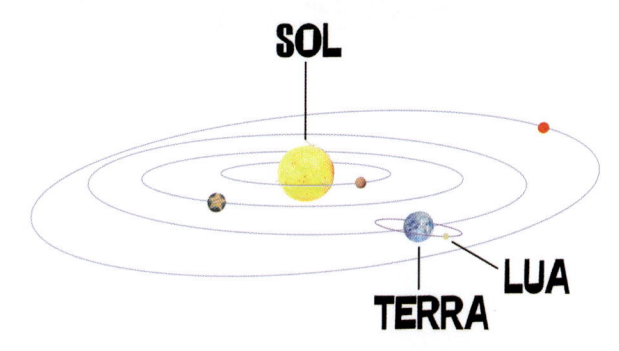

ATACAR (a - ta - car) Ir contra alguém ou alguma coisa; também se diz **agredir**: *O urso atacou o caçador.*

ATÉ (a - té) **1** Indica um limite no tempo: *Estudei até as oito horas da noite.* **2** Indica um limite no espaço: *Fui andando até a praça.*

ATENÇÃO (a - ten - ção) Ato de concentrar-se: *Preste atenção ao que a professora está ensinando.* ⓟ Plural: atenções.

ATENDER (a - ten - der) **1** Dar atenção a algo ou a alguém: *Alexandre não atendeu aos conselhos do amigo.* **2** Responder a um chamado: *Carlos atendeu ao telefone.*

ATENDIMENTO (a - ten - di - men - to) Ato de atender: *Os bancos têm filas de atendimento especial aos idosos.*

ATIRAR (a - ti - rar) Jogar alguma coisa: *Paula atirou a pedra no lago.*

ATITUDE (a - ti - tu - de) Maneira de ser, modo de agir: *As atitudes de Joana são sempre corretas.*

ATIVIDADE (a - ti - vi - da - de) Tarefa ou trabalho realizado por uma pessoa: *Concluo minhas atividades escolares antes do jantar.*

ATLAS (a - tlas) Livro que reúne uma coleção de mapas: *No atlas estão os mapas de todos os países do mundo.* ⓟ Plural: atlas.

ATLETA (a - tle - ta) Pessoa que pratica esportes: *Os atletas estão sempre treinando.*

ATMOSFERA (at - mos - fe - ra) Ar que cobre a Terra: *A atmosfera está muito poluída.*

ATO (a - to) O mesmo que **ação**: *Você deve ser responsável pelos seus atos.*

ATOR (a - tor) Homem que representa um personagem no teatro, cinema, televisão: *O ator do filme era muito bom.* ⓟ Plural: atores. Ⓕ Feminino: atriz.

ATRÁS (a - trás) **1** Indica o que está do lado contrário ao nosso rosto, nas costas: *Rita senta atrás de mim na sala de aula.* **2** Indica que uma pessoa está procurando alguém ou alguma coisa: *A polícia estava atrás dos ladrões.*

ATRASAR (a - tra - sar) **1** Chegar tarde: *Atrasei-me para a aula.* **2** Pôr para trás: *Quem atrasou os ponteiros do relógio?*

ATRAVÉS (a - tra - vés) De um lado para outro: *A luz passa através do vidro.*

ATRAVESSAR (a - tra - ves - sar) Passar através de algo: *Atravessamos o rio de barco.*

ATRIZ (a - triz) Feminino de **ator**: *A atriz da novela vai participar de um filme.*

ATROPELAR (a - tro - pe - lar) Fazer cair, derrubar, passando por cima ou não: *O carro atropelou a bicicleta.*

ATUAL (a - tu - al) **1** Que é moderno: *Ela é uma mulher atual; está sempre na moda.* **2** Que existe agora: *O atual professor de história é muito jovem.*

AUDIÇÃO (au - di - ção) O sentido que faz com que as pessoas e os animais ouçam os sons: *A audição dos cães é melhor que a do ser humano.* ⓟ Plural: audições.

AULA (au - la) Período em que o professor está com os alunos para transmitir-lhes os conhecimentos sobre determinada matéria: *A aula de hoje foi muito interessante; todos prestaram atenção.*

AUMENTAR (au - men - tar) Tornar maior: *As lojas aumentaram os preços.*

AUMENTATIVO (au - men - ta - ti - vo) Palavra que indica tamanho maior: *O aumentativo de "casa" é "casarão".*

AUTOMÓVEL (au - to - mó - vel) O mesmo que **carro**: *A fábrica de automóveis contratou muitos empregados novos.* **P** Plural: automóveis.

AUTOR (au - tor) Pessoa que cria ou inventa alguma coisa: *Meu tio é autor de novelas.* **P** Plural: autores. **F** Feminino: autora.

AUTORIDADE (au - to - ri - da - de) **1** Poder para dar ordens: *O diretor tem autoridade na escola.* **2** Pessoa que tem grande conhecimento em algum assunto: *Meu professor é uma autoridade em matemática.*

AUXILIAR (au - xi - li - ar) **1** Dar ajuda a alguém: *Quem poderia me auxiliar nesta lição?* **2** Pessoa que ajuda outra a fazer alguma coisa; também se diz **ajudante**: *A professora precisa de dois auxiliares nas aulas de laboratório.*

AVANÇAR (a - van - çar) Caminhar para a frente: *Lulu é um cachorro obediente; para atravessar a rua, só avança quando seu dono lhe dá permissão.*

AVE (a - ve) Animal vertebrado que possui bico, dois pés e duas asas, bota ovos e tem o corpo coberto: *O pinguim é uma ave que não voa, mas nada e mergulha.*

AVENTURA (a - ven - tu - ra) Viagem ou qualquer outra atividade em que há muita emoção ou perigo: *Gosto de ler histórias de aventura na selva.*

AVIÃO (a - vi - ão) Aparelho usado como transporte pelo ar: *O avião não poderá levantar voo hoje por causa do mau tempo.*

AVISAR (a - vi - sar) Dar um aviso; também se diz **comunicar** e **informar**: *A professora avisou que devemos entregar o trabalho de português amanhã.*

AVISO (a - vi - so) Ato de transmitir algo ocorrido ou que vai ocorrer; também se diz **comunicação**, **notícia** e **informação**: *Renata não me deu o aviso sobre a aula de natação.*

AVÔ (a - vô) Pai do pai ou da mãe; também se diz **vovô** e **vô**: *O avô de Mariane gosta de contar histórias.* **F** Feminino: avó.

AZAR (a - zar) Falta de sorte: *Nosso time teve muito azar no jogo de hoje.* **P** Plural: azares.

AZEDO (a - ze - do) Que não é doce, que tem gosto ruim ou parecido com o do vinagre ou do limão: *O leite está azedo, deve ter estragado.*

AZEITONA (a - zei - to - na) Fruto pequeno, verde ou preto, com um caroço no meio, muito usado em tortas, saladas e pizzas: *Mamãe comprou azeitonas verdes para colocar na torta.*

AZUL (a - zul) Da cor do céu quando não há nuvens: *Minha camisa azul combina com essa calça.*

B Segunda letra do alfabeto português.

BABA (ba - ba) Saliva que sai pela boca: *A baba do cachorro caiu no chão da sala.*

BABAR (ba - bar) Molhar ou sujar com baba: *O bebê não para de babar.*

BADALAR (ba - da - lar) Tocar o sino: *Aos domingos de manhã ouço badalar o sino da igreja.*

BAGUNÇA (ba - gun - ça) **1** Falta de ordem: *Preciso arrumar meu quarto, pois ele está uma bagunça.* **2** Brincadeira com muito barulho: *O professor saiu da sala e as crianças fizeram a maior bagunça.*

BAIRRO (bair - ro) Parte ou divisão de uma cidade: *Meu amigo mora num bairro bem longe da escola.*

BAIXAR (bai - xar) **1** Fazer descer; também se diz **abaixar**: *Ele baixou a cortina para escurecer o ambiente.* **2** Fazer diminuir: *Os preços dos alimentos baixaram.*

BAIXO (bai - xo) **1** Que tem pouca altura: *Meu pai é baixo, mas meu irmão é alto.* **2** Que tem som fraco: *O som do rádio estava baixo.* ✪ **Por baixo:** em posição inferior: *O livro ficou por baixo do caderno.*

BAJULAR (ba - ju - lar) Falar bem de alguém de maneira falsa, para conseguir algum favor ou vantagem: *Marina vivia bajulando a tia para ganhar presentes.*

BALANÇAR (ba - lan - çar) Mover de um lado para outro: *O vento balança as roupas no varal.*

BALANÇO (ba - lan - ço) **1** Brinquedo para balançar: *O brinquedo do parque de que mais gosto é o balanço.* **2** Movimento de um lado para outro: *O balanço do mar me deixa tonto.*

BALÃO (ba - lão) **1** Objeto que flutua na atmosfera, de forma arredondada, como um grande saco que se enche de ar quente ou gás; alguns tipos carregam um cesto na base para transportar pessoas: *Um aventureiro deu a volta ao mundo em 80 dias dentro de um balão.* **2** Objeto feito de papel colorido, com uma base em que se põe fogo e que é solto no ar para subir bem alto, muito comum na época das festas juninas: *É proibido soltar balões, pois eles podem causar acidentes.* **3** O mesmo que **bexiga**: *A festa de aniversário de Léo estava linda, com muitos balões coloridos.* ⓟ Plural: balões.

BANANA (ba - na - na) Fruta muito conhecida no Brasil, de forma comprida e arredondada, com casca amarela e que dá em cachos; o que se come é sua parte interna que é também usada para fazer doces e outros pratos: *Gosto de comer banana amassada, mas vovó prefere fazer doce com essa fruta.*

BANCO (ban - co) **1** Móvel com ou sem encosto que serve para sentar: *No jardim da praça há vários bancos debaixo das árvores.* **2** Estabelecimento que guarda ou empresta dinheiro e oferece outros serviços: *Meu pai sempre paga as contas no banco.*

BANDA (ban - da) **1** Conjunto de pessoas que tocam instrumentos musicais: *Gostaria de tocar bateria em uma banda.* **2** O mesmo que **lado**: *Sempre caminho por esta banda da rua.*

BANDO (ban - do) Grupo de pessoas ou animais: *Um bando de pássaros passou voando sobre a nossa casa.*

BANGUELA (ban - gue - la) Pessoa que não tem um ou mais dentes na frente: *Na minha sala, dois meninos são banguelas.*

BANHEIRO (ba - nhei - ro) Local próprio para a higiene pessoal, onde ficam a privada, a pia e o chuveiro: *O banheiro é um local que deve estar sempre muito limpo.*

BANHO (ba - nho) Ato de lavar o corpo com água: *Ele demorou no banho, pois queria ficar bem limpo.*

BARATA (ba - ra - ta) Inseto de cor escura, com asas e antenas compridas que aparece dentro ou fora das casas: *Encontrei uma barata perto da lata de lixo.*

BARATO (ba - ra - to) Que custa ou vale pouco: *Aquele brinquedo é barato.*

BARBA (bar - ba) Pelos do rosto do homem: *As meninas não têm barba.* ✪ **Fazer a barba:** tirar os pelos do rosto com uma lâmina: *Meu pai ficou um mês sem fazer a barba.*

BARCO (bar - co) Embarcação usada para navegar: *O barco ficou preso nas pedras do rio.*

BARRA (bar - ra) Pedaço de sabão, chocolate, ferro, metal ou outro produto: *Meu irmão me deu uma barra de chocolate.*

BARRACA (bar - ra - ca) Tenda, cabana que se monta e desmonta rapidamente: *Fomos viajar e dormimos numa barraca.*

BARRACO (bar - ra - co) Casa simples e pequena, em geral feita de madeira: *Ao lado do barraco o rapaz fez uma bela horta.*

BARRIGA (bar - ri - ga) Parte do corpo humano e de alguns animais onde estão o estômago, o intestino, a bexiga e outros órgãos; também se diz **abdome** e **abdômen**: *Comi muito doce e fiquei com dor de barriga.* **Barriga da perna:** parte de trás da perna: *O jogador chutou a barriga da perna do adversário.*

BARRO (bar - ro) **1** Argila misturada com água: *Depois da chuva, formou-se barro no quintal.* **2** O mesmo que **argila**: *Na cidade onde meu pai nasceu os vasos eram fabricados com barro.*

BARULHO (ba - ru - lho) Ruído muito alto e forte que incomoda ou assusta: *O barulho do trovão assustou as crianças.*

BASE (ba - se) **1** O que serve para sustentar o peso de alguma coisa: *Este prédio foi construído sobre uma base muito sólida.* **2** Aquilo que representa a parte essencial de alguma coisa: *Para entender o significado dessas palavras, preciso ter uma boa base da língua portuguesa.*

BASQUETE (bas - que - te) Esporte em que dois times de cinco jogadores cada têm como objetivo colocar a bola na cesta do adversário; também se diz **basquetebol**: *O time brasileiro de basquete é um dos melhores do mundo.*

BASQUETEBOL (bas - que - te - bol) O mesmo que **basquete**: *Estou aprendendo basquetebol na escola.*

BASTANTE (bas - tan - te) **1** O mesmo que **suficiente**: *Dormir oito horas por dia é o bastante.* **2** Em grande quantidade: *Lili come bastante no almoço.*

BASTAR (bas - tar) Ser suficiente: *Basta chover um pouco para a cidade ficar alagada.*

BATE-PAPO (ba - te - pa - po) Conversa simples e alegre: *No recreio, os professores ficam num bate-papo enquanto as crianças brincam.* Plural: bate-papos.

BATER (ba - ter) **1** Dar pancada em alguém ou alguma coisa: *O menino bateu no irmão e ficou de castigo.* **2** Dar pancada com algum objeto: *Bati os pregos naquela tábua com o martelo.* **3** Agitar, mexer com força: *O galo bateu as asas.* **4** Chocar-se com alguma coisa: *O mar estava agitado e as ondas batiam com força contra as pedras.* **5** Fechar com força: *Carla estava com raiva e saiu batendo a porta.* **6** Tirar uma fotografia: *Bati uma foto com todos os alunos da classe.*

BATERIA (ba - te - ri - a) **1** Instrumento musical que se toca com duas pequenas varas de madeira chamadas baquetas: *Meu irmão toca bateria numa banda.* **2** Peça com energia elétrica para fazer funcionar lanternas, faróis, celulares e outros aparelhos: *Meu relógio parou porque acabou a bateria.*

BATIDA (ba - ti - da) Choque de veículos: *Nesta rua houve uma batida entre um carro e uma moto.*

BATUCAR (ba - tu - car) Bater repetidas vezes, fazendo barulho com ritmo de música: *Os amigos se reuniram para cantar e batucar.*

BATUQUE (ba - tu - que) Ato de batucar: *Ouvia-se ao longe o batuque do tambor.*

BAZAR (ba - zar) **1** Pequena loja que vende objetos variados (linha, caderno, lápis, presentes, botão, entre outras coisas): *Comprei um caderno novo no bazar perto da escola.* **2** Venda de objetos para recolher dinheiro, em geral para ajudar os pobres, órfãos ou outras pessoas que precisem: *Vou ajudar a escola a montar um bazar para as pessoas que perderam as casas na enchente.* ⓟ Plural: bazares.

BEBÊ (be - bê) Criança que acabou de nascer, ou com poucos meses de idade; também se diz **nenê**: *O filho de minha irmã é um bebê muito calmo.*

BEBER (be - ber) Engolir um líquido: *Quando tenho sede, bebo água.*

BEBIDA (be - bi - da) Qualquer líquido que se bebe: *De qual bebida você mais gosta: água, café, leite, suco ou refrigerante?*

BEIÇO (bei - ço) O mesmo que **lábio**: *Ana tem beiços grossos e um lindo sorriso.*

BEIJA-FLOR (bei - ja - flor) Ave de bico fino e longo, que se alimenta da substância doce de certas flores e que bate as asas muito depressa: *O beija-flor é uma das mais belas aves do mundo.* ⓟ Plural: beija-flores.

BEIJAR (bei - jar) **1** Dar beijo: *Eliel beijou o rosto da mãe.* **2** Trocar beijos: *Os noivos beijaram-se sem parar.*

BEIJO (bei - jo) Ato de encostar os lábios em alguém ou em alguma coisa, como sinal de carinho: *Antes de dormir, mamãe sempre me dá um beijo.*

BEIRADA (bei - ra - da) Parte mais externa de alguma coisa; também se diz **margem**: *Luís ficou andando na beirada da ponte e quase caiu no rio.*

BELEZA (be - le - za) Qualidade do que é belo: *Aquela menina adora a beleza das flores.*

BELICHE (be - li - che) Conjunto de duas camas, uma montada sobre a outra: *Na casa da praia, todos dormem nos beliches.*

BELISCAR (be - lis - car) Apertar entre as pontas dos dedos: *Ela beliscou o meu braço para ver se eu estava acordado.*

BELO (be - lo) Agradável aos olhos e aos ouvidos; também se diz **bonito**: *Nossa casa de campo tem um belo jardim.*

BEM (bem) **1** Tudo o que é bom para alguém: *O verdadeiro amigo quer o bem de todos.* **2** Pessoa amada; pessoa de quem se gosta: *Oi, meu bem!* **3** De modo bom: *Meu amigo desenha bem.* **4** Muito, bastante: *Ana Clara deu um abraço bem apertado na mãe.* **5** Com boa saúde: *Depois da cirurgia, Lívia está muito bem.*

BEM-TE-VI (bem-te-vi) Pássaro que tem o bico grande, mancha branca na cabeça e que, quando canta, parece estar falando o próprio nome: *O bem-te-vi cantava alegremente nesta manhã.* ⓟ Plural: bem-te-vis.

BÊNÇÃO (bên - ção) Pedido de proteção de Deus ou, às vezes, das pessoas mais velhas: *Peço a bênção de Deus para não correr perigos.* ⓟ Plural: bênçãos.

BENZER (ben - zer) Fazer o sinal de uma cruz sobre algo ou alguém ou no próprio peito para buscar a proteção de Deus: *É uma prova muito difícil, preciso me benzer.*

BERINJELA (be - rin - je - la) Fruto de forma redonda e alongada, de casca lisa e escura, que se come após ser frito, assado ou cozido: *Felipe comeu salada de berinjela no jantar.*

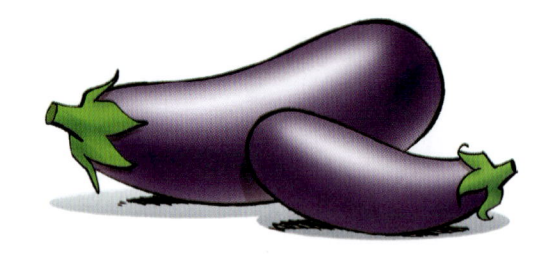

BERMUDA (ber - mu - da) Calça que tem as pernas curtas: *Durante o verão, muitos meninos vão de bermuda para a escola.*

BERRAR (ber - rar) **1** Dar berros (a cabra, o boi e outros animais); também se diz **gritar**: *Longe da mãe, o cabritinho berrava muito.* **2** Falar muito alto; também se diz **gritar**: *Não é preciso berrar assim!* **3** Chorar alto e forte: *O nenê berrava porque estava com fome.*

BERRO (ber - ro) Voz muito alta, de pessoas ou animais; também se diz **grito**: *Levei um susto com o berro que ela deu.*

BESOURO (be - sou - ro) Inseto de asas, de casca brilhante e grossa: *O zumbido do besouro foi tão alto que me assustei.*

BESTEIRA (bes - tei - ra) Coisa sem valor, sem importância; também se diz **bobagem**: *Não se irrite por causa desta besteira.*

BEXIGA (be - xi - ga) **1** Órgão que fica na parte inferior do corpo humano, onde se junta a urina: *O médico examinou a bexiga do doente.* **2** Pequeno saco de borracha, colorido, que, cheio de ar, é muito usado para enfeitar festas de crianças; também se diz **balão**: *Minha prima enfeitou a sala com muitas bexigas.*

BEZERRO (be - zer - ro) Filhote de vaca, que ainda está mamando, até mais ou menos um ano de idade: *Nasceu mais um bezerro na fazenda do meu padrinho.*

BIBLIOTECA (bi - bli - o - te - ca) **1** Coleção de livros: *Minha escola tem uma ótima biblioteca.* **2** Edifício ou sala onde se guardam livros: *A biblioteca fica no centro da cidade.*

BICHO (bi - cho) Qualquer animal, doméstico ou selvagem: *Quero ser veterinário para conhecer todos os bichos.*

BICHO-PAPÃO (bi - cho - pa - pão) Monstro que aparece nas histórias infantis. *Mamãe sempre cantava para mim a canção do bicho-papão que ficava no telhado.* (P) Plural: bichos-papões.

BICICLETA (bi - ci - cle - ta) Tipo de veículo sem motor, com duas rodas, movimentado por pedais e usado para locomoção, atividades esportivas e diversão: *Ganhei uma bicicleta no meu aniversário.*

BICO (bi - co) **1** Ponta da boca de aves e outros animais: *O beija-flor tem bico muito comprido.* **2** O mesmo que **boca**: *Durante a aula, todos ficaram com o bico fechado.* **3** Ponta fina de alguns objetos: *Não gosto de sapatos de bico fino.*

BIGODE (bi - go - de) Pelos que crescem acima do lábio superior e abaixo do nariz: *Vi uma fotografia de Walter da época em que ele tinha um grande bigode.*

BILHETE (bi - lhe - te) **1** Carta bem simples, com poucas palavras: *Sempre que saio, deixo um bilhete para minha mãe não ficar preocupada.* **2** Pequeno pedaço de papel ou de outro material para entrar em cinema, teatro etc. ou para viajar em ônibus, avião, trem ou metrô: *Meu pai já comprou os bilhetes de avião para nossa viagem nas férias.*

BINÓCULO (bi - nó - cu - lo) Instrumento para ver longe: *Olhando com o binóculo, consegui enxergar meu amigo do outro lado da praia.*

BIQUÍNI (bi - quí - ni) Roupa de banho feminina, para praia ou piscina, formada de duas peças: *No verão as lojas têm biquínis mais bonitos.*

BIRRA (bir - ra) Choro sem motivo: *A criança faz birra para ganhar doces.*

BISAVÔ (bi - sa - vô) Pai do avô ou da avó: *Meu bisavô e minha bisavó ainda moram no sítio.* (F) Feminino: bisavó.

BISBILHOTAR (bis - bi - lho - tar) **1** Intrometer-se na vida dos outros: *É feio bisbilhotar a vida das pessoas.* **2** Olhar com curiosidade: *Ele gosta de bisbilhotar o armário do irmão.*

BISCOITO (bis - coi - to) Massa feita principalmente de farinha, ovos, leite ou água, que é assada no forno em diversos formatos; também se diz **bolacha**: *Aprendi a fazer biscoitos doces deliciosos.*

BISSEXTO (bis - sex - to) O ano que tem 366 dias, que ocorre a cada quatro anos; nos anos bissextos, o mês de fevereiro tem 29 dias: *Minha irmã nasceu no dia 29 de fevereiro, mas vai comemorar no dia 28 porque este ano não é bissexto.*

BLOCO (blo - co) **1** Pedaço grande, sólido e pesado de um material: *Tiraram um bloco de concreto do caminhão.* **2** Caderno de papel, com folhas que se separam: *Escrevi o endereço da loja de roupas em uma folha do bloco e a entreguei à minha amiga.* **3** Grupo de carnaval: *Valéria desfilou no bloco mais alegre da cidade.*

BLUSA (blu - sa) Peça de roupa que cobre o tronco: *Prefiro usar blusas muito coloridas.*

BOATO (bo - a - to) Notícia não confirmada, da qual não se conhece a origem: *Espalharam um boato de que havia uma bomba no museu.*

BOBAGEM (bo - ba - gem) O mesmo que **besteira**: *Tudo o que ele diz é bobagem.* ⓟ Plural: bobagens.

BOBO (bo - bo) **1** O mesmo que **tolo**: *Henrique é tão bobo que acredita em todas as mentiras que os colegas contam a ele.* **2** De pouco importância: *Não precisa chorar; foi um arranhão bobo no joelho que você teve quando caiu.*

BOCA (bo - ca) **1** Abertura na parte inferior da face, que contém a língua e os dentes: *É preciso tomar cuidado ao colocar alguma coisa na boca.* **2** Qualquer abertura ou corte que parece uma boca: *A boca do balão é bem grande.*

BOCEJAR (bo - ce - jar) Abrir a boca de sono: *Quando durmo tarde, não paro de bocejar no dia seguinte.*

BOCHECHA (bo - che - cha) Parte mais gordinha, mais cheia de carne de cada uma das faces: *Dei um beijo na bochecha da minha irmã.*

BODE (bo - de) Animal ruminante e mamífero com barba e chifres; macho da cabra: *Na fazenda do vovô tem dois cavalos e um bode.*

BOI (boi) Animal mamífero doméstico usado para serviço ou como alimento; macho da vaca: *Um dos animais mais úteis para o homem é o boi.*

BOIA (boi - a) Objeto que faz uma pessoa flutuar: *Pessoas que não sabem nadar devem usar boia.*

BOIADA (boi - a - da) Grupo de bois: *Naquela estrada sempre passa boiada.*

BOLACHA (bo - la - cha) **1** O mesmo que **biscoito**: *Gosto de comer bolacha e tomar chá.* **2** Tapa com a mão aberta no rosto: *Um aluno deu uma bolacha no colega e levou uma bronca da diretora.*

BOLETIM (bo - le - tim) Folha com a relação das notas de um aluno: *A professora pediu para os pais assinarem o boletim.* ⓟ Plural: boletins.

BOLHA (bo - lha) **1** Espécie de bolsa que se forma na pele, em geral por esfregar muito: *O sapato apertava tanto que formou bolha no pé.* **2** Bola de ar ou vapor: *Quando a água ferve, forma bolhas.*

BOLO (bo - lo) Massa feita de farinha de trigo, açúcar, manteiga, ovos e outros ingredientes, que é assada no forno: *O bolo mais gostoso é o de chocolate da tia Sandra.*

BOLSA (bol - sa) Sacola de couro, plástico ou pano que serve para carregar dinheiro ou objetos de uso pessoal: *A vó Nazaré sempre leva seu perfume na bolsa.*

BOLSO (bol - so) Pequeno saco costurado por dentro da roupa, ou pedaço de tecido preso do lado de fora dela, para guardar dinheiro ou pequenos objetos: *Armando carrega o dinheiro do ônibus no bolso da camisa.*

BOM (bom) **1** Que é bondoso, que ajuda: *O tio José é muito bom para os pobres.* **2** Que funciona, trabalha bem: *O carro de meu pai é pequeno, mas é bom.* **3** Que é gostoso: *Chocolate é muito bom.* ⓟ Plural: bons. Ⓕ Feminino: boa.

BOMBA (bom - ba) Arma preparada para explodir: *Os soldados explodem muitas bombas na guerra.*

BOMBEIRO (bom - bei - ro) Homem que combate incêndios ou que trabalha para salvar a vida de pessoas que estão em perigo: *Os bombeiros precisam de muita coragem.*

BOMBOM (bom - bom) Doce feito em geral de chocolate, que pode ou não conter recheio: *Eu gosto de bombom de coco.* ⓟ Plural: bombons.

BONDADE (bon - da - de) Qualidade de ser bom: *Minha madrinha Jandira tem muita bondade no coração.*

BONDOSO (bon - do - so) Que tem muita bondade, que é bom: *Ele é um homem bondoso, que só quer ajudar.*

BONECO (bo - ne - co) Brinquedo de criança que imita a forma de uma pessoa: *João brinca todo dia com seu boneco de plástico.*

BONITO (bo - ni - to) Agradável de ver ou ouvir; também se diz **belo**: *Essa música é muito bonita.*

BORBOLETA (bor - bo - le - ta) Inseto de asas geralmente coloridas e antenas longas: *Nosso jardim vive cheio de borboletas.*

BORDAR (bor - dar) Fazer, em um tecido, tela ou roupa, pontos com agulha e linha para formar desenhos: *Vó Luzia gosta de bordar flores em panos de cozinha.*

BORRACHA (bor - ra - cha) **1** Objeto usado para apagar o que se escreveu a lápis ou a caneta: *A borracha que comprei quase não apaga nada.* **2** Substância elástica que se tira de plantas usada para fabricar vários objetos: *Estes brinquedos são feitos de borracha.*

BOSQUE (bos - que) Local com muitas árvores e outras plantas: *O homem precisou entrar no bosque para ver o pássaro.*

BOTA (bo - ta) Calçado de couro ou de borracha que cobre o pé e a perna, chegando, às vezes, até a coxa: *O menino calçou as botas para sair na chuva.*

BOTÃO (bo - tão) **1** A flor antes de abrir: *Os alunos deram um botão de rosa para a professora.* **2** Peça pequena, geralmente redonda, que se usa para fechar uma peça de roupa: *Papai não pode usar aquela camisa porque caiu um botão.* **3** Peça pequena que se pega, puxa, empurra ou gira para ligar alguma coisa: *Meu avô não consegue ligar o rádio porque o botão está quebrado.* Ⓟ Plural: botões.

BOTAR (bo - tar) **1** Colocar alguma coisa em algum lugar: *Onde você botou meu casaco?* **2** Lançar para fora: *Leonardo botou o brinquedo pela janela, mas logo se arrependeu.* **3** Pôr ovos: *A galinha bota ovos todos os dias.*

BOTE (bo - te) **1** Barco pequeno: *O homem entrou em um bote e atravessou o rio.* **2** Ataque do animal à sua presa: *Assisti a um filme em que uma cobra dava um bote em uma galinha.*

BOTIJÃO (bo - ti - jão) Recipiente de metal que contém, por exemplo, gás de cozinha; também se diz **bujão**: *Precisamos de outro botijão de gás, pois o nosso está vazio.* Ⓟ Plural: botijões.

BOVINO (bo - vi - no) Tudo aquilo que é do boi ou que tem relação com ele: *Muitas pessoas não gostam de carne bovina e preferem a carne de frango.*

BRAÇO (bra - ço) **1** Cada um dos membros superiores do corpo humano: *O atleta tem braços compridos.* **2** Parte estreita de mar ou rio que entra pela terra: *Na fazenda de meu tio tem um braço de rio que atravessa a plantação.*

BRANCO (bran - co) **1** Da cor da neve: *Minha saia era branca e azul.* **2** De pele clara: *Marta é muito branca e não pode tomar sol demais.*

BRASA (bra - sa) Carvão que queima, sem chama: *A chuva apagou as brasas da fogueira.*

BRASILEIRO (bra - si - lei - ro) **1** Tudo o que é do Brasil ou tem relação com o Brasil: *O café brasileiro é famoso no mundo inteiro.* **2** Quem nasceu no Brasil ou é habitante do Brasil: *Meu pai é japonês e minha mãe é brasileira.*

BRAVO (bra - vo) **1** Que se irrita com facilidade: *O cachorro desta casa é bravo; não chegue perto do portão.* **2** O mesmo que **valente**: *Aquele soldado foi um bravo homem.*

BRECAR (bre - car) O mesmo que **frear**: *O motorista brecou o carro quando viu a vaca atravessando a estrada.*

BREGA (bre - ga) Coisa ou pessoa de mau gosto: *Titio foi à festa com uma blusa muito brega.*

BREJO (bre - jo) Terreno inundado por águas paradas: *Alguns jacarés vivem no meio dos brejos.*

BREQUE (bre - que) O mesmo que **freio**: *O motorista pisou forte no breque do carro para evitar um desastre.*

BREVE (bre - ve) Que dura pouco: *O presidente fez um discurso breve.* ✪ **Em breve:** daqui a pouco tempo: *A professora avisou que em breve nós iremos ao zoológico.*

BRIGAR (bri - gar) **1** Agredir com socos e pontapés: *Não gosto de ver ninguém brigar.* **2** Ter discussão: *Aqueles meninos brigaram sem motivo.* **3** Dar uma bronca: *Minha mãe nunca briga comigo.* **4** Desfazer ligação de amizade ou de amor: *Catarina e João não estão mais namorando: eles brigaram.*

BRILHANTE (bri - lhan - te) **1** Que brilha: *A moça se casou com um vestido brilhante.* **2** Que se destaca: *Ele é um aluno brilhante.*

BRILHAR (bri - lhar) **1** Ter brilho, luz: *O seu anel brilhava no escuro.* **2** Esparramar brilho, luz: *A lua brilha e ilumina o céu.* **3** Ser superior aos outros em alguma atividade: *Meu irmão sempre brilha no futebol.*

BRILHO (bri - lho) Luz forte e clara: *O brilho do fogo iluminava a sala.*

BRINCADEIRA (brin - ca - dei - ra) **1** Tudo o que se faz para divertir; também se diz **diversão**: *Gosto de brincadeiras que não ofendam as pessoas.* **2** Jogo de criança: *Minha irmãzinha gosta de brincadeiras de roda e de pular corda.*

BRINCAR (brin - car) **1** Divertir-se com jogos ou outras formas de lazer: *As crianças gostam de brincar todo o tempo.* **2** Falar ou agir por brincadeira: *Ela disse que estava só brincando.*

BRINQUEDO (brin - que - do) Objeto feito para divertimento de crianças: *A bola é um brinquedo muito popular.*

BRONCA (bron - ca) Repreensão por alguma coisa que se fez de errado: *Francisco quebrou o vidro da janela com a bola e levou uma bronca da avó.*

BRUXARIA (bru - xa - ri - a) Maneira de fazer algo impossível acontecer usando palavras mágicas: *Muita gente acredita em bruxaria.*

BRUXO (bru - xo) Homem que pratica bruxaria; também se diz **feiticeiro**: *As crianças tinham medo do velho bruxo.*

BUJÃO (bu - jão) O mesmo que **botijão**: *É melhor o bujão de gás ficar fora de casa porque ele ocupa muito espaço.* ⓟ Plural: bujões.

BULE (bu - le) Vasilha usada para servir geralmente café ou chá: *Minha avó tem um jogo de xícaras com um bule enfeitado de flores.*

BURACO (bu - ra - co) **1** Furo mais ou menos redondo: *A calça do menino tinha um buraco no joelho.* **2** Abertura feita numa superfície: *O pedreiro fez um buraco na parede para passar um cano de água.* **3** Cova de animal: *O tatu cavou um buraco para se esconder.* **4** Um tipo de jogo de cartas: *O buraco é geralmente jogado por duas duplas de pessoas.*

BURRO (bur - ro) **1** Animal nascido de uma égua com um jumento: *Em muitos lugares o burro é usado como animal de carga.* **2** Pessoa teimosa ou muito ignorante: *Não adianta falar, pois ele é um burro.* ✪ **Pra burro:** em grande quantidade: *Meu amigo vai dar uma festa e comprou refrigerante pra burro.*

BUSCAR (bus - car) **1** Ir a algum lugar e trazer alguém ou alguma coisa: *Vá buscar o seu irmão.* **2** Tentar descobrir ou encontrar; também se diz **procurar**: *Até hoje busco a resposta daquela charada.* **3** Tentar conseguir: *Todos os alunos devem buscar tirar boas notas.*

BÚSSOLA (bús - so - la) Instrumento com uma agulha que aponta o Norte; é usado por pessoas, em navios e aviões, para orientação: *O piloto seguiu a bússola para chegar até o aeroporto.*

BUZINA (bu - zi - na) Instrumento dos automóveis que dá sinais de aviso com um barulho alto: *É proibido tocar a buzina perto do hospital.*

C Terceira letra do alfabeto português.

CABANA (ca - ba - na) Pequena casa simples, de madeira ou palha: *Passei as férias em uma cabana de praia.*

CABEÇA (ca - be - ça) Parte superior do corpo humano que contém o cérebro, os olhos, as orelhas, o nariz e a boca: *De tanto correr, tropeçou, caiu e bateu a cabeça.*

CABEÇALHO (ca - be - ça - lho) O título e as primeiras palavras de um livro, de uma notícia de jornal ou revista ou de uma página de caderno: *Todos os dias, os alunos escrevem o cabeçalho completo em seus cadernos.*

CABECEIRA (ca - be - cei - ra) **1** Lado da cama em que se coloca a cabeça para descansar ou dormir: *O lugar do travesseiro é na cabeceira.* **2** Lugar onde nasce um rio ou riacho; também se diz **nascente**: *Durante a excursão, os alunos conheceram a cabeceira do rio São Francisco.*

CABELO (ca - be - lo) **1** Os pelos da cabeça do ser humano: *As amigas da minha irmã têm os cabelos compridos.* **2** Os pelos que nascem em qualquer parte do corpo humano: *Nossa, aquele homem tem muito cabelo nas costas!*

CABER (ca - ber) Poder estar dentro, conter em algum lugar: *Este livro não cabe na minha mochila.*

CABINE (ca - bi - ne) **1** Pequeno lugar fechado nos navios, aviões, trens, caminhões, metrô: *O piloto do avião fica na cabine.* **2** Local próprio para falar ao telefone: *Queria telefonar, mas as cabines* estavam todas ocupadas. **3** Lugar para experimentar roupas em lojas: *Vou experimentar esta calça na cabine dois.*

CABISBAIXO (ca - bis - bai - xo) O mesmo que **triste**: *Luís está cabisbaixo hoje. O que aconteceu?*

CABO (ca - bo) **1** Parte pela qual se segura um objeto ou instrumento: *O cabo da panela quebrou.* **2** Corda de fios de metal utilizada para levar luz elétrica: *A linha da pipa enroscou no cabo da luz elétrica. Que perigo!* **3** Militar superior a soldado: *Meu pai é cabo do exército.*

CABRA (ca - bra) A fêmea do bode: *Muitas crianças são criadas com leite de cabra.*

CABRA-CEGA (ca - bra - ce - ga) Brincadeira de crianças em que uma delas, com um pano nos olhos para não ver, tem de agarrar outra criança para ficar no seu lugar: *Vamos brincar de cabra-cega?* ⓟ Plural: cabras-cegas.

CABRITO (ca - bri - to) Filhote de cabra, enquanto mama; também se diz **pequeno bode** e **bode jovem**: *Aquele cabrito nasceu no sítio do meu tio!*

CAÇADOR (ca - ça - dor) Pessoa que caça animais: *O caçador estava perdido na floresta.* ⓟ Plural: caçadores.

CAÇAR (ca - çar) **1** Perseguir animais selvagens para prender ou matar: *Aquele homem foi preso porque caçou uma onça.* **2** Perseguir, correr atrás de: *A polícia caçou o ladrão.*

CACAU (ca - cau) Fruto com o qual se faz o chocolate: *A Bahia é a terra do cacau.*

CACETADA (ca - ce - ta - da) Ato de bater; também se diz **paulada**: *Na hora da briga, ele levou uma cacetada!*

CACHIMBO (ca - chim - bo) Objeto feito para fumar, formado de um pequeno recipiente onde se põe o fumo e um tubo por onde se puxa a fumaça com a boca: *A fumaça do cachimbo me incomoda.*

CACHO (ca - cho) **1** Conjunto de flores ou frutos, presos a um tronco comum (cacho de flores, de banana): *Os pés de banana estão com muitas frutas nos cachos.* **2** Porção de cabelos: *Mamãe ficou triste quando cortaram os meus cachos.*

CACHOEIRA (ca - cho - ei - ra) Queda das águas de um rio de um lugar bem alto para uma parte mais baixa: *Muitos lugares do Brasil têm lindas cachoeiras.*

CACHORRO (ca - chor - ro) Animal doméstico, mamífero, de quatro patas, que late, guarda a casa e é muito fiel ao seu dono; também se diz **cão**: *Meu cachorro é amigo de todas as crianças da rua.*

CACHORRO-QUENTE (ca - chor - ro - quen - te) Sanduíche com pão, salsicha quente e molho de tomate: *Crianças adoram cachorro-quente.* ⓟ Plural: cachorros--quentes.

CACIQUE (ca - ci - que) Chefe de tribo indígena: *O cacique daquela tribo é muito forte.*

CAÇOAR (ca - ço - ar) O mesmo que **zombar**: *Aquele menino caçoou de mim, professora!*

CAÇULA (ca - çu - la) O filho ou o irmão mais novo: *Aninha é a caçula em nossa casa.*

CADA (ca - da) Uma unidade num conjunto de coisas, animais ou pessoas do mesmo tipo: *Cada aluno da classe fará o seu exercício sozinho.*

CADARÇO (ca - dar - ço) Tira estreita de tecido, couro ou outro material, utilizada para amarrar tênis, sapatos etc.: *Levei um tombo porque não percebi que meu cadarço estava desamarrado.*

CADÁVER (ca - dá - ver) Pessoa ou animal morto: *A polícia tirou o cadáver do cachorro da estrada.* ⓟ Plural: cadáveres.

CADÊ (ca - dê) Forma popular de dizer "Onde está?": *Cadê a minha boneca de vestido cor-de-rosa?*

CADEIA (ca - dei - a) **1** Local onde ficam os presos acusados de crimes; também se diz **prisão** e **xadrez**: *Os ladrões foram levados para a cadeia.* **2** Sequência de fatos, de montanhas e de outras coisas: *O Himalaia é a maior cadeia de montanhas do mundo.*

CADEIRA (ca - dei - ra) Móvel com assento e encosto para uma pessoa sentar: *Você não quer uma cadeira? Vai se cansar se ficar em pé.*

CADELA (ca - de - la) A fêmea do cão: *Minha cadela tem quatro cachorrinhos.*

CADERNO (ca - der - no) Folhas de papel reunidas como bloco ou com um arame espiral, usado para escrever ou para fazer lições escolares: *Meu caderno está sempre em ordem.*

CAFÉ (ca - fé) **1** Pequeno fruto vermelho em forma de grão: *No quintal de Úrsula tem um pé de café.* **2** Bebida escura, de sabor amargo, feita com as sementes do café, depois de secas, torradas e moídas: *De manhã, tomo sempre um copo de café com leite.*

CAFUNDÓ (ca - fun - dó) Lugar distante, onde é difícil chegar: *Ele mora no cafundó, não dá para ir a pé!*

CAIPIRA (cai - pi - ra) Pessoa da roça ou do mato: *Jeca Tatu, personagem do escritor Monteiro Lobato, é um caipira.*

CAIR (ca - ir) **1** Ir ao chão: *Vovó caiu no banheiro.* **2** Ser enganado: *Meu amigo disse que ganhou na loteria, mas eu não caí nessa história.*

CAIXA (cai - xa) **1** Objeto de diversas formas, com ou sem tampa, que pode ser feito de papelão, plástico, madeira ou outro material, usado para guardar ou transportar coisas: *Tenho uma caixa enorme na qual guardo todos os meus brinquedos.* **2** Local onde se pagam contas e que recebe dinheiro: *Depois que escolher o brinquedo, vá até o caixa da loja para pagá-lo e retire-o comigo.*

CAJU (ca - ju) Fruto de planta de origem brasileira, cultivada em todos os países de clima quente, utilizado para fabricar doces, sucos e bebidas: *Meu primo adora suco de caju.*

CALAFRIO (ca - la - fri - o) Sensação de frio, acompanhada de tremor, provocada por baixa temperatura ou medo de algo: *Ai, senti um calafrio!*

CALAR (ca - lar) Ficar em silêncio, não falar: *Ela preferiu calar e não dizer a verdade.*

CALÇA (cal - ça) Peça de roupa que começa na cintura e divide-se no alto da coxa em duas partes que cobrem as pernas; também se diz **calças** (no plural): *Ela só gosta de usar calça.*

CALÇADA (cal - ça - da) Caminho para pedestre passar: *A calçada está quebrada e é preciso cuidado para andar nela.*

CALÇADO (cal - ça - do) **1** Que tem os pés dentro de sapatos: *Ande sempre calçado quando entrar na mata.* **2** Peça de couro, pano ou outro material para proteger os pés: *Comprei um calçado novo para o papai.*

CALÇAR (cal - çar) Vestir os pés com calçado ou as mãos com luvas: *O ator calçou os sapatos e as luvas antes do espetáculo.*

CALCULAR (cal - cu - lar) **1** Determinar uma quantidade usando uma das quatro operações de matemática (soma, subtração, multiplicação e divisão): *Elias calculou rapidamente a soma de 4 + 8.* **2** Imaginar o que pode acontecer: *Calculo que Lúcia não vai gostar dessa viagem.*

CALDO (cal - do) Alimento líquido à base de peixe, ave ou legumes, que se toma quente: *Que caldo de galinha delicioso!*

CALENDÁRIO (ca - len - dá - rio) Tabela ou folhinha com os dias, semanas e meses do ano, festas religiosas e feriados: *Veja no calendário quantos feriados teremos neste ano.*

CALIGRAFIA (ca - li - gra - fi - a) Escrita à mão das letras e dos números: *Estou escrevendo bastante para melhorar minha caligrafia.*

CALMA (cal - ma) Estado de tranquilidade: *A professora tem muita calma para ensinar os alunos.*

CALMO (cal - mo) Que se mantém tranquilo: *Márcia é uma mulher calma em todas as situações.*

CALOR (ca - lor) Temperatura elevada, clima quente: *Nunca fez tanto calor como neste verão.*

CALORENTO (ca - lo - ren - to) Pessoa que sente muito calor: *Vovô é muito calorento!*

CAMA (ca - ma) Móvel feito especialmente para se dormir: *A cama de meus pais é bem grande.*

CAMARÃO (ca - ma - rão) Pequeno animal do mar ou de água doce, de antenas longas e cinco pares de pernas; é muito utilizado como alimento: *Quando meu pai pesca camarão, minha mãe prepara um prato delicioso.* ⓟ Plural: camarões.

CAMBALHOTA (cam - ba - lho - ta) Movimento que se faz girando o corpo sobre a cabeça e voltando à posição em que estava; também se diz **cambota**: *O palhaço do circo adora dar cambalhotas.*

CAMBITO (cam - bi - to) Perna fina: *Aquela menina é muito magra. Olhe só os cambitos dela!*

CAMBOTA (cam - bo - ta) O mesmo que **cambalhota**: *Meu irmão mais novo aprendeu a dar cambota.*

CAMELO (ca - me - lo) Animal mamífero, ruminante, grande, com duas saliências nas costas, utilizado para transportar carga nas regiões dos desertos porque aguenta ficar muito tempo sem beber água: *Muitos povos utilizam os camelos em suas viagens.*

CAMINHÃO (ca - mi - nhão) Veículo com motor para transporte de cargas pesadas: *O caminhão que entrega bebidas está parado em frente à padaria.* **P** Plural: caminhões.

CAMINHAR (ca - mi - nhar) **1** Seguir a pé: *Caminhei muito para chegar ao circo.* **2** Percorrer uma distância: *Caminhamos muitas horas com o carro até a fazenda.*

CAMINHO (ca - mi - nho) **1** Estrada que vai de um lugar a outro: *O carro quebrou no caminho do mar.* **2** Distância a caminhar: *O caminho daqui até a praça é perigoso.* **3** Rumo ou direção a seguir: *Siga o seu caminho.*

CAMISA (ca - mi - sa) Peça de roupa que vai do pescoço até os quadris, fechada na frente por botões e que pode ter mangas curtas ou compridas: *Pedro vai vestir sua camisa nova na festa de casamento.*

CAMISETA (ca - mi - se - ta) Espécie de camisa toda fechada na frente e normalmente feita de tecido de algodão: *A camiseta do meu uniforme é muito bonita.*

CAMPAINHA (cam - pa - i - nha) Pequeno aparelho que produz som, geralmente colocado na entrada das casas: *A campainha está tocando, quem vai atender?*

CAMPEÃO (cam - pe - ão) Vencedor de qualquer partida ou campeonato esportivo: *Esse menino é campeão de natação.* **P** Plural: campeões. **F** Feminino: campeã.

CAMPEONATO (cam - pe - o - na - to) Concurso ou disputa em que o vencedor recebe o título de campeão; também se diz **competição**: *O campeonato de futebol da escola foi marcado para depois das provas.*

CAMPO (cam - po) **1** Área de terreno para agricultura ou pasto: *Na fazenda de meu tio há um campo de arroz.* **2** Espaço de terra ou região fora das cidades: *Eu passo as férias no campo.* **3** Local onde se realizam alguns tipos de esporte, como o futebol: *Os jogadores entraram em campo com uniforme branco.*

CAMPONÊS (cam - po - nês) Homem que mora ou trabalha no campo: *O camponês planta milho em sua fazenda.* **P** Plural: camponeses. **F** Feminino: camponesa.

CANA (ca - na) **1** O caule da cana-de-açúcar: *O caldo que se tira da cana é muito gostoso.* **2** O mesmo que **cana-de-açúcar**: *Perto da minha cidade há muitas plantações de cana.* ⭐ **Em cana:** na cadeia: *O ladrão já está em cana!*

CANA-DE-AÇÚCAR (ca - na - de - a - çú - car) Planta de folhas finas e caule longo do qual se tira o caldo para beber e para fabricar o açúcar, a cachaça, o álcool e outros produtos;

também se diz **cana**: *O Nordeste é um grande produtor de cana-de-açúcar.* ⓟ Plural: canas-de-açúcar.

CANAL (ca - nal) **1** Lugar que se cava na terra e que conduz águas e esgotos: *A água corre pelo canal e vai até a represa.* **2** Porção de água entre duas terras, que liga dois mares ou oceanos: *Muitos navios passam pelo canal do Panamá.* **3** Emissora de programa de televisão: *Mamãe gosta da novela do canal 10.* ⓟ Plural: canais.

CANÇÃO (can - ção) Poesia para ser cantada; também se diz **música**: *Ainda gosto de ouvir canção de ninar.* ⓟ Plural: canções.

CANDIDATO (can - di - da - to) Pessoa que tenta conseguir uma vaga ou um cargo por meio de eleição ou de exame: *Três candidatos disputaram as eleições para prefeito.*

CANECA (ca - ne - ca) Vasilha pequena, com asa, para tomar líquidos: *Eu tomo leite na minha caneca todas as manhãs.*

CANELA (ca - ne - la) **1** Casca muito perfumada de uma árvore que, em pó ou pedaços, é usada no preparo de doces: *Adoro banana assada com canela.* **2** Parte da frente da perna entre o pé e o joelho: *Gabriel me deu um chute na canela no jogo de futebol.*

CANETA (ca - ne - ta) Pequeno instrumento, parecido com um lápis, mas que tem tinta; é usada para escrever ou desenhar: *Preciso comprar uma caneta azul.*

CANGURU (can - gu - ru) Animal mamífero, capaz de dar grandes saltos, que carrega o filhote em uma bolsa na barriga: *Gosto de ir ao zoológico para ver o canguru saltando.*

CANHÃO (ca - nhão) Tipo de arma muito usada em guerras: *O navio dos piratas tinha vários canhões.* ⓟ Plural: canhões.

CANHOTO (ca - nho - to) Pessoa que tem mais habilidade com a mão esquerda: *Papai é canhoto.*

CANIL (ca - nil) Lugar para abrigar ou criar cães: *Perto de casa tem um canil.* ⓟ Plural: canis.

CANJA (can - ja) Caldo feito de galinha com arroz: *Doente costuma tomar canja.*

CANO (ca - no) Tubo para passagem de líquidos ou gases: *O cano de água estourou.*

CANSADO (can - sa - do) Que se cansou; que está esgotado, sem forças: *Estou cansado de tanto fazer exercícios.*

CANSAR (can - sar) **1** Ficar sem forças: *Você vai se cansar de tanto correr.* **2** Perder o interesse por alguma coisa: *Cansei de fazer balé; agora vou jogar futebol.*

CANTAR (can - tar) Produzir sons musicais com a voz: *Zeca vai cantar hoje à noite.*

CANTO (can - to) **1** Ponto ou lugar de encontro de dois lados: *Ana colocou o vaso no canto da parede.* **2** Lugar distante ou isolado: *A aluna ficou chorando num canto.* **3** Música produzida pela voz: *O canto da atriz é lindo!*

CANTOR (can - tor) Pessoa que canta: *João quer ser cantor.* **P** Plural: cantores.

CÃO (cão) O mesmo que **cachorro**: *O cão é o melhor amigo do homem.* **P** Plural: cães. **F** Feminino: cadela.

CAPA (ca - pa) **1** Agasalho para proteger do frio e da chuva: *Está chovendo; vista a capa para não se molhar!* **2** Aquilo que cobre ou protege qualquer coisa: *A capa do livro rasgou.*

CAPACIDADE (ca - pa - ci - da - de) **1** Habilidade para fazer alguma coisa: *Essa mulher tem capacidade para ser dona de uma empresa.* **2** Quantidade de alguma coisa que pode caber em um recipiente: *Essa jarra tem capacidade para dois litros.*

CAPAZ (ca - paz) **1** Que pode ou que sabe fazer muito bem: *Seu José é um funcionário muito capaz!* **2** Que pode acontecer: *Hoje é capaz de chover.* **P** Plural: capazes.

CAPIM (ca - pim) Nome de várias plantas usadas para alimentar o gado: *A vaca está comendo capim no pasto.* **P** Plural: capins.

CAPITAL (ca - pi - tal) Cidade principal de um país ou estado, onde fica o palácio do governo: *A capital do Brasil é Brasília.* **P** Plural: capitais.

CAPÍTULO (ca - pí - tu - lo) Cada uma das divisões de um livro: *Já li o primeiro capítulo do livro.*

CAPRICHAR (ca - pri - char) Fazer algo com muito cuidado e carinho, o mais perfeitamente possível: *O professor fica feliz quando o aluno capricha nas lições.*

CAPTURAR (cap - tu - rar) O mesmo que **caçar**: *Não é certo capturar borboletas.*

CARA (ca - ra) **1** O mesmo que **rosto**: *Madalena tem uma cara linda.* **2** Uma das duas faces da moeda: *A frente da moeda chama-se cara, e o lado oposto, coroa.* **3** Expressão da face: *Que cara é essa? Parece que viu um fantasma!*

CARACOL (ca - ra - col) Nome dos animais que têm uma concha fina em forma de espiral e vivem na terra ou na água: *O caracol se arrasta pelo chão carregando sua concha.* **P** Plural: caracóis.

CARACTERÍSTICA (ca - rac - te - rís - ti - ca) Qualidade que torna uma coisa, um animal ou uma pessoa diferente de outros: *As características principais de Laura são os olhos azuis e o cabelo preto.*

CARANGUEJO (ca - ran - gue - jo) Nome de vários animais que têm o corpo coberto de uma casca grossa e vivem em água salgada, em água doce ou em terra: *Cuidado, Jair, não pise no caranguejo!*

CARAVELA (ca - ra - ve - la) Embarcação com vela em forma de triângulo: *Pedro Álvares Cabral chegou ao Brasil em uma caravela.*

CARECA (ca - re - ca) Que não tem cabelo na cabeça: *Meu tio Sérgio está ficando careca.*

CARETA (ca - re - ta) Cara feia ou engraçada que alguém faz por meio de movimentos dos músculos: *O palhaço fez uma careta para divertir as crianças.*

CARGA (car - ga) Aquilo que se carrega, que pode ser transportado: *A carga daquele caminhão é pesada.*

CARGO (car - go) Trabalho de uma pessoa dentro de uma empresa: *Meu pai assumiu o cargo de coordenador da escola.*

CÁRIE (cá - rie) Destruição de uma parte do dente, causada por não escovar os dentes após as refeições ou por escovar errado: *As pessoas que não escovam os dentes sempre têm cáries.*

CARINHO (ca - ri - nho) Gesto de amor; forma de agradar: *Todo mundo gosta de um carinho.*

CARNAVAL (car - na - val) Festa popular que dura aproximadamente três dias, em fevereiro ou março: *Nos bailes de carnaval as pessoas costumam vestir fantasias.* ⓟ Plural: carnavais.

CARNE (car - ne) Parte que forma os músculos que cobrem os ossos do corpo do homem e dos animais: *Muitas pessoas não comem carne bovina.*

CARNEIRO (car - nei - ro) Animal ruminante, coberto de pelos que geralmente são usados para fazer a lã; macho da ovelha: *A lã de carneiro é bem quente.*

CARO (ca - ro) **1** Que custa ou vale muito: *Essa loja vende produtos muito caros.* **2** O mesmo que **querido**: *Meu caro amigo.*

CAROÇO (ca - ro - ço) Parte dura que fica no interior de alguns frutos: *A manga tem um grande caroço.*

CARREGAR (car - re - gar) **1** Transportar carga: *O caminhão carregava geladeiras.* **2** Levar alguém ou alguma coisa para algum lugar: *O vento carregou para longe a roupa que estava no varal.*

CARRETEL (car - re - tel) Pequeno tubo de madeira ou plástico para enrolar linhas ou lã: *Vou comprar um carretel novo para soltar a minha pipa.* ⓟ Plural: carretéis.

CARRO (car - ro) Veículo usado para transporte de pessoas; também se diz **automóvel**: *O carro do vovô é bonito, mas é muito barulhento.*

CARROÇA (car - ro - ça) Veículo de madeira, com rodas, usado para transportar cargas, puxado por animais: *No sítio, só usamos carroça.*

CARROSSEL (car - ros - sel) Brinquedo, geralmente com cavalinhos, encontrado em parques de diversões: *Quando vou ao parque, prefiro andar no carrossel.* ⓟ Plural: carrosséis.

CARTA (car - ta) **1** Texto escrito, fechado em envelope, que se manda para alguém: *Mandei uma carta para a vovó.* **2** Cada peça de alguns jogos: *Ganhei um jogo de cartas com figuras de animais.*

CARTAZ (car - taz) Papel grande, com anúncios, avisos e outras informações, que se coloca em lugar público ou no qual passam muitas pessoas: *Os alunos colocaram o cartaz sobre os animais mamíferos no corredor da escola.* ⓟ Plural: cartazes.

CARTEIRA (car - tei - ra) **1** Bolsa para guardar dinheiro ou papéis: *Mamãe tem uma carteira de couro vermelha.* **2** Mesa para estudar e escrever usada nas escolas: *O professor pediu ao aluno que voltasse para a carteira.*

CARTEIRO (car - tei - ro) Pessoa que entrega cartas: *Aquele rapaz é o carteiro da minha rua.*

CARTILHA (car - ti - lha) Livro em que se aprende a ler: *Minha irmã caçula terminou a cartilha.*

CARTOLINA (car - to - li - na) Papel grosso que serve para fazer trabalhos escolares ou cartazes: *Juca precisou de cartolina para fazer seu trabalho de história.*

CARVÃO (car - vão) Substância dura e preta obtida da madeira queimada: *Meu tio usa um saco de carvão para fazer churrasco.*

CASA (ca - sa) **1** Lugar em que se mora; também se diz **habitação** e **residência**: *Minha casa é simples, mas bonita.* **2** Abertura por onde passa o botão: *Os botões são maiores que as casas dessa blusa.*

CASACO (ca - sa - co) Peça do vestuário que se usa por cima de outra roupa, para esquentar mais: *Você não vai colocar o casaco? Está muito frio!*

CASAMENTO (ca - sa - men - to) União de duas pessoas que decidem formar uma família: *A festa do casamento de Elaine foi linda!*

CASAR (ca - sar) Unir-se em casamento: *Mara e Alex vão se casar no próximo sábado.*

CASCA (cas - ca) **1** Aquilo que cobre a parte de fora do tronco de árvores, frutos, ovos, sementes ou outros objetos: *Pedro tirou a casca da laranja.* **2** Cobertura dura do corpo de um animal: *A tartaruga tem casca bem grossa.*

CASO (ca - so) Fato que acontece ou que aconteceu, que pode ser real ou criado pela imaginação de quem conta: *De noite meu avô nos contava casos de sua infância.* ✪ **Criar caso:** causar problema: *Não crie caso por tão pouco.*

CASTELO (cas - te - lo) Palácio de muito luxo, cercado de torres e muralhas enormes, que serviam de proteção contra os inimigos, e habitado por reis ou pessoas muito ricas: *A princesa vivia no castelo com o rei e a rainha.*

CASTIGAR (cas - ti - gar) Impor castigo a alguém: *Minha mãe vai me castigar se eu não a obedecer.*

CASTIGO (cas - ti - go) Sofrimento imposto a alguém por algo errado que fez: *O castigo de bater nas mãos dos alunos era absurdo!*

CATORZE (ca - tor - ze) Quantidade que é igual a dez unidades mais quatro; também se diz **quatorze**: *Carol já completou catorze anos.*

CAUDA (cau - da) **1** Rabo dos animais: *A cauda do meu cachorro é enrolada.* **2** A parte mais comprida de trás de alguns vestidos: *O vestido da noiva tinha uma linda cauda.* **3** A parte traseira dos aviões: *O nome da empresa foi pintado na cauda do avião.*

CAULE (cau - le) Tronco que sustenta uma planta ou árvore: *Antes de chegar até os galhos, o macaco se agarrava ao caule da árvore.*

CAUSA (cau - sa) O que faz algo acontecer; o motivo de algo, razão: *Não sei qual a causa da briga no jogo de futebol.*

CAUSAR (cau - sar) Ser a causa de alguma coisa: *Não se alimentar direito pode causar muitas doenças.*

CAVALEIRO (ca - va - lei - ro) Homem que anda a cavalo: *O jovem cavaleiro ganhou o campeonato.*

CAVALO (ca - va - lo) Animal mamífero, de quatro patas, usado para montar ou para puxar veículos e cargas: *Tenho um lindo cavalo no sítio.*

CAVAR (ca - var) Mexer a terra com enxada ou outro instrumento para fazer um buraco: *Vamos cavar um buraco bem fundo na areia da praia?*

CAVERNA (ca - ver - na) Grande buraco ou abertura encontrada no interior da terra: *Os meus colegas de escola fizeram uma excursão a uma caverna.*

CD Abreviatura emprestada da língua inglesa (*compact disc*) para dar nome aos discos gravados que têm som e/ou imagem: *Comprei um CD de música popular brasileira para dar de presente ao meu avô.*

CEBOLA (ce - bo - la) Planta de horta com cheiro e sabor fortes: *Meu tio gosta de cebola nas saladas.*

CEDILHA (ce - di - lha) Sinal que é colocado abaixo da letra *c* (ç), antes de *a*, *o* e *u*, para dar o som de *ss* (caçar, palhaço, caçula): *Coloquei cedilha no "c" da palavra maçã.*

CEDO (ce - do) **1** No começo da manhã: *Vou para a escola bem cedo.* **2** Dentro de pouco tempo, antes do tempo esperado: *Cedo ele se cansa disso, você vai ver!*

CEGO (ce - go) **1** Que não enxerga: *Esse homem é cego desde que nasceu.* **2** Que não está afiado: *A faca está cega.*

CELESTE (ce - les - te) Que está no céu ou que tem relação com o céu: *A estrela é um corpo celeste.*

CELULAR (ce - lu - lar) Tipo de telefone sem fio, pessoal e portátil: *Esqueci o meu celular em casa.* Ⓟ Plural: celulares.

CEM (cem) Quantidade obtida quando se multiplica o número 10 dez vezes; também se diz **centena**: *Ganhei cem ingressos para o jogo de amanhã; quero levar os alunos da escola.*

CENA (ce - na) **1** Espaço onde se representa: *O ator já está em cena.* **2** Cada uma das situações de uma peça teatral ou de um filme: *A cena final do filme é muito triste.*

CENTENA (cen - te - na) O mesmo que **cem**: *A biblioteca da escola tem mais de uma centena de livros infantis.*

CENTRO (cen - tro) **1** O meio de um objeto: *O vaso está no centro da mesa.* **2** A parte mais importante: *Meus avós são o centro de nossa família.*

CENTRO-OESTE (Cen - tro - O - es - te) (escreve-se com inicial maiúscula) Região do Brasil onde ficam os estados de Goiás, Mato Grosso e Mato Grosso do Sul e o Distrito Federal: *Meu pai viajou para o Centro-Oeste.*

CEP (Código de Endereçamento Postal). Número que organiza os endereços por cidade, bairro e rua, facilitando as entregas feitas pelo correio: *Quando coloco o endereço nas cartas que mando para vovó, sempre escrevo o CEP.*

CERA (ce - ra) **1** Substância usada na construção da colmeia: *Aprendi na aula de ciências que as abelhas produzem cera.* **2** Material que protege e dá brilho a pisos, carros etc.: *Meu pai passa cera no carro para proteger a pintura.* **3** Substância que se forma dentro da orelha: *A cera protege a orelha.*

CERCA (cer - ca) Construção feita de madeira ou outro material, que rodeia e fecha um terreno ou uma casa: *Papai passou o dia todo colocando cerca na chácara.* ✪ **Cerca de:** aproximadamente: *Minha classe tem cerca de vinte alunos.*

CERCAR (cer - car) **1** Fechar com cerca: *Vovô cercou todo o sítio.* **2** Rodear como uma cerca: *Árvores altas cercam o parque.*

CEREAL (ce - re - al) Planta que produz grãos que servem de alimento, como o milho, a aveia, o trigo e outros, que podem ser transformados em farinha: *Os cereais são muito importantes em nossa alimentação.* Ⓟ Plural: cereais.

CÉREBRO (cé - re - bro) Órgão do corpo humano localizado dentro da cabeça e que comanda as funções de vários outros órgãos: *O professor vai dar uma aula especial sobre as funções do cérebro.*

CERTEZA (cer - te - za) Confiança que se tem em relação a alguém ou a alguma coisa: *Tenho certeza de que ele telefonará.*

CERTO (cer - to) **1** Que não tem erro; também se diz **correto**: *O problema de matemática está certo.* **2** Que foi combinado: *Ficou certo que nós nos encontraríamos às três horas.* **3** Que não tem dúvida sobre determinada pessoa ou coisa: *Estou certo de que ela virá.*

CESTA (ces - ta) Objeto de palha ou outro material, usado para guardar ou transportar coisas: *A cesta está cheia de frutas.*

CESTO (ces - to) Objeto de palha ou outro material semelhante a uma cesta, só que mais fundo e, às vezes, com tampa: *O cesto está cheio de roupa suja.*

CÉU .... CHAVE

CÉU (céu) **1** Espaço sem fim em que giram os astros: *O céu está todo estrelado.* **2** Lugar habitado por Deus, de acordo com algumas religiões: *Os cristãos sempre rezam a Deus, que está no céu.*

CHÁ (chá) **1** Bebida feita com flores, folhas ou cascas de certas plantas, muito consumida no mundo inteiro: *Tomei chá de hortelã.* **2** Reunião em que se serve essa bebida: *Vovó sempre vai ao chá das senhoras da igreja.*

CHÁCARA (chá - ca - ra) Local geralmente longe da cidade próprio para a criação de animais e plantação, também usado para lazer e descanso: *Gosto de passar o final de semana na chácara do titio.*

CHACOALHAR (cha - co - a - lhar) O mesmo que **agitar**: *Chacoalhei a garrafa de suco para misturar bem.*

CHAMA (cha - ma) Fogo de uma vela, de uma fogueira ou de algo semelhante que queima; também se diz **luz** e **brilho**: *A chama da vela está quase se apagando.*

CHAMADA (cha - ma - da) **1** Ato de chamar alguém: *Os alunos responderam à chamada.* **2** Comunicação por telefone: *Chefe, por favor, atenda a chamada do senhor Castro.*

CHAMAR (cha - mar) **1** Dizer o nome de alguém, perguntar por alguém: *Alguém me chamou?* **2** Convidar alguém para fazer alguma coisa: *Os noivos chamaram muitos amigos para a festa do casamento.* **3** Dar nome a alguém ou a algum animal: *Queriam chamar o filho de Carlos, mas mudaram de ideia.*

CHANCE (chan - ce) O mesmo que **oportunidade**: *O time da escola tem chance de ganhar o campeonato de futebol.*

CHÃO (chão) O terreno em que pisamos; também se diz **piso**, **solo** e **terra**: *Os trabalhadores caminhavam naquele chão de terra vermelha.* ⓟ Plural: chãos.

CHAPA (cha - pa) **1** Peça lisa e plana, em geral feita de algum metal: *O portão foi feito com uma única chapa.* **2** Em linguagem popular, amigo, companheiro fiel: *Oi, meu chapa!*

CHAPÉU (cha - péu) Tipo de cobertura para proteger ou enfeitar a cabeça: *Meu avô gosta de usar chapéu.* ⓟ Plural: chapéus.

CHARADA (cha - ra - da) Algo para adivinhar, para descobrir a resposta: *Será que você vai matar essa charada?*

> Resolva estas charadinhas e depois veja se acertou:
> 1 - O que está no começo da rua, no meio da terra e no fim do mar?
> 2 - Por que o passarinho não briga com o leão?
> 3 - Por que o elefante não passa creme na pele?
>
> **Respostas:**
> 1 - A letra R.
> 2 - Porque ele tem pena.
> 3 - Porque a sua pata não cabe no potinho.

CHATEAR (cha - te - ar) Aborrecer alguém: *Chega de chatear, menino!*

CHATO (cha - to) **1** Que é liso, de superfície plana: *Este piso já está bem chato.* **2** Que aborrece, amola, cansa: *Meu vizinho é muito chato.*

CHAVE (cha - ve) Peça própria para abrir portas, gavetas, janelas, portões: *Perdi a chave da porta da sala.*

CHEFE (che - fe) **1** Pessoa que é responsável por outras no trabalho: *Meu chefe está muito ocupado hoje.* **2** Líder de um grupo: *Todos sabem que ele é um bom chefe de família.*

CHEGADA (che - ga - da) Ato de chegar: *Esperei pela chegada de meu pai.*

CHEGAR (che - gar) **1** Vir de algum lugar: *Os parentes da vizinha chegaram ontem.* **2** Alcançar certo ponto: *Aos poucos, os corredores chegavam ao local do encontro.* **3** Bastar, parar alguma coisa que já passa dos limites: *Chega de comer, meninos!*

CHEIO (chei - o) Que está completo: *A piscina já está cheia; podemos nadar!*

CHEIRAR (chei - rar) Sentir o cheiro de alguma coisa: *As meninas cheiraram as flores do jardim.*

CHEIRO (chei - ro) O que se sente pelo olfato; também se diz **odor**: *O gigante disse que sentia cheiro de gente.*

CHIFRE (chi - fre) Osso que alguns animais têm na cabeça, como boi, bode, veado: *Os chifres do veado são engraçados, pois parecem galhos de árvore.*

CHIMPANZÉ (chim - pan - zé) Macaco grande sem cauda que vive nas florestas; é considerado o animal mais parecido com o homem: *As crianças gostam de ver os chimpanzés no zoológico.*

CHINELO (chi - ne - lo) Calçado sem salto, em geral para usar em casa ou para ir à praia: *É melhor colocar os chinelos, porque a areia está queimando os pés.*

CHOCAR (cho - car) **1** Ir de encontro: *Os automóveis se chocaram, mas ninguém se feriu.* **2** Cobrir os ovos e aquecê-los, para que nasçam os filhotes: *As galinhas estão chocando os ovos.* **3** Causar espanto: *A maldade do assaltante chocou todo mundo.*

CHOCOLATE (cho - co - la - te) **1** Substância marrom obtida das sementes do cacau e com a qual se fazem bombons, bolos, tortas e outros alimentos: *Minha mãe comprou chocolate em pó para cobrir o bolo de aniversário do meu pai.* **2** Bebida que se prepara com essa substância: *Gosto de tomar chocolate quente em dias frios.*

CHOQUE (cho - que) **1** Encontro forte entre dois corpos; também se diz **batida**: *O trânsito parou por causa do choque entre dois carros.* **2** O que se sente quando passa eletricidade pelo corpo: *Meu tio pôs o dedo na tomada e levou um choque.*

CHORÃO (cho - rão) **1** Pessoa que chora muito, por qualquer coisa: *Aquele menino é um chorão!* **2** Pessoa que reclama pelo preço de alguma coisa, para pagar menos: *Você é um chorão, isso sim, pois o sapato já está barato.* **(P)** Plural: chorões. **(F)** Feminino: chorona.

CHORAR (cho - rar) Derramar lágrimas: *O menino chorava de tristeza.*

CHORO (cho - ro) **1** Ato de chorar: *Até os vizinhos ouviam o choro do bebê.* **2** Tipo de música; também se diz **chorinho**: *Vovô adora ouvir choro.*

CHOVER (cho - ver) Cair água das nuvens: *No inverno, chove muito na minha cidade.*

CHUCHU (chu - chu) Fruto verde que se usa na alimentação: *Mamãe plantou o chuchu perto da cerca, para que ele possa subi-la.*

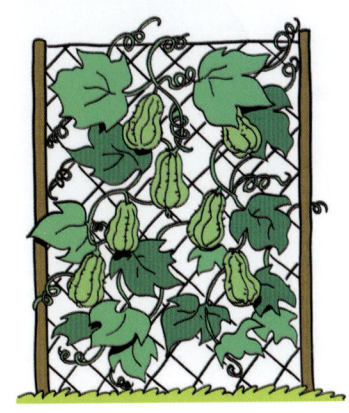

CHULÉ (chu - lé) Mau cheiro causado pelo suor dos pés: *Nossa, menino, que chulé!*

CHUPAR (chu - par) Puxar com os lábios, lamber ou fazer derreter na boca: *O garoto chupou vários sorvetes.*

CHUPETA (chu - pe - ta) Espécie de bico de borracha para crianças pequenas chuparem: *Onde está a chupeta do bebê?*

CHURRASCO (chur - ras - co) Carne assada sobre brasas: *O churrasco do papai é o melhor que já comi!*

CHUTAR (chu - tar) **1** Dar chutes na bola: *Arnaldo chutou direto no gol.* **2** Dar chutes para machucar: *Mãe, ele me chutou!* **3** Afirmar uma coisa sem ter certeza: *Eu chutei o resultado do jogo.*

CHUTE (chu - te) Pancada que se dá com a ponta do pé na bola ou em outra coisa: *Ele deu um belo chute para o gol!*

CHUVA (chu - va) **1** Água que cai das nuvens: *A região Nordeste precisa de muita chuva.* **2** Tudo o que cai do alto como chuva: *Do avião caiu uma chuva de papéis coloridos.* **3** Algo que acontece em grande quantidade: *A atitude do diretor provocou uma chuva de reclamações.*

CIDADÃO (ci - da - dão) **1** Habitante de uma cidade: *O cidadão sofre em dias de chuva forte.* **2** Qualquer ser humano que tem direitos e que cumpre seus deveres: *O cidadão tem o direito de votar.* **P** Plural: cidadãos. **F** Feminino: cidadã e cidadoa.

CIDADE (ci - da - de) Local onde moram muitas pessoas, maior do que uma vila, e que tem certa importância num país: *A cidade de Recife é muito grande.*

CIÊNCIA (ci - ên - cia) Conjunto de conhecimentos, de informações sobre um assunto: *A matemática é uma ciência.*

CIÊNCIAS (ci - ên - cias) Estudo organizado de fatos, fenômenos, opiniões, com base em observações e experiências para se determinar sua origem: *Este ano começaremos a ter aulas de ciências.*

CIENTISTA (ci - en - tis - ta) Pessoa que estuda uma ciência: *Nicolau Copérnico foi um grande cientista que estudou o Universo.*

CIGARRA (ci - gar - ra) Inseto de asas e cor marrom, que é conhecido pelo som forte que produz em dias de muito calor: *O som das cigarras era tão alto que não podíamos ouvir muito bem o que a professora dizia.*

CIMA (ci - ma) A parte mais alta, o topo: *O gato está em cima do telhado.*

CIMENTO (ci - men - to) Pó de cor cinza que se mistura à água para formar uma massa sólida quando seca; é utilizado em construções: *Meu pai gastou dois sacos de cimento para arrumar a calçada em frente de casa.*

CINCO (cin - co) Quantidade que é igual a quatro unidades mais uma: *Como era para a família toda, comprei cinco quilos de carne.*

CINEMA (ci - ne - ma) **1** Sala onde se exibem filmes para o público: *O cinema estava lotado.* **2** A técnica de fazer filmes: *Lucas vai fazer um curso de cinema.*

CINQUENTA (cin - quen - ta) Quantidade obtida quando se multiplica o número 5 dez vezes: *Paguei cinquenta reais pelo material de construção.*

CINTO (cin - to) Tira de couro, tecido ou plástico, que se prende na cintura para segurar a calça, a saia, ou apenas para enfeitar: *Meu pai comprou um cinto de couro preto.*

CINTURA (cin - tu - ra) Parte mais estreita que fica na metade do corpo, onde se coloca o cinto: *A cintura das moças é mais fina que a dos rapazes.*

CINZA (cin - za) **1** Pó que sobra de alguma coisa queimada: *Depois do incêndio, só restaram as cinzas.* **2** Da cor desse pó: *A calça do uniforme da escola é cinza.*

CIRCO (cir - co) Grande tenda em forma de círculo, para apresentação de espetáculos de palhaços, mágicos, equilibristas: *O circo finalmente chegou à nossa cidade.*

CÍRCULO (cír - cu - lo) Figura de forma redonda, como uma moeda: *A professora pediu que os alunos ficassem em círculo no centro da quadra.*

CIRURGIA (ci - rur - gi - a) Tratamento de doenças por meio de operação: *A cirurgia do coração foi demorada.*

CIÚME (ci - ú - me) Sentimento causado por medo de perder alguma coisa ou alguém: *André tem muito ciúme de seu brinquedo preferido.*

CLARA (cla - ra) A parte transparente que fica ao redor da gema do ovo: *A vizinha separou a gema da clara para fazer o bolo.*

CLARÃO (cla - rão) Luz muito viva, muito clara e forte: *No meio da floresta, viu-se um clarão quando o raio caiu.* Ⓟ Plural: clarões.

CLAREZA (cla - re - za) Aquilo que não apresenta dúvida, que está bem entendido: *A clareza da explicação não deixou dúvida para os alunos.*

CLARO (cla - ro) **1** Que tem luz; também se diz **iluminado**: *O dia está claro.* **2** Com certeza, sem dúvida: *É claro que o professor vai à festa da escola.*

CLASSE (clas - se) **1** Cada um dos grupos ou divisões de uma série ou conjunto de seres com as mesmas características: *O macaco pertence à classe dos mamíferos.* **2** Cada sala de aula de uma escola formada por alunos geralmente da mesma idade: *Minha escola tem três classes de segundo ano.*

CLASSIFICAÇÃO (clas - si - fi - ca - ção) **1** Separação, ato de distribuir por características semelhantes: *A classificação dos animais foi feita corretamente.* **2** Posição em competição ou prova: *A classificação final dos alunos vai sair depois que forem corrigidas as provas de redação.* Ⓟ Plural: classificações.

CLICAR (cli - car) Dar um clique com o mouse para utilizar o computador: *Escrevi um e-mail para meu irmão e cliquei em "Enviar" para mandá-lo.*

CLIMA (cli - ma) **1** Temperatura de uma região: *O clima na minha cidade é quente na maior parte do ano.* **2** Ambiente em que as pessoas estão em paz ou quando há situação de confusão: *Vamos embora, porque o clima aqui não está bom.*

CLIQUE (cli - que) Pequeno movimento do dedo no *mouse*: *O estudante não deu o clique no lugar certo.*

CLUBE (clu - be) Local para diversão ou esporte: *Todos os domingos vou ao clube para jogar bola e nadar.*

COADOR (co - a - dor) Pequeno saco para filtrar líquidos como café ou chá: *Minha avó usa coador de pano, mas minha mãe prefere o de papel.* Ⓟ Plural: coadores.

COBERTURA (co - ber - tu - ra) Qualquer coisa que serve para cobrir outra coisa: *Adoro qualquer sorvete, mas a cobertura tem de ser de chocolate.*

COBRA (co - bra) Réptil sem patas, de corpo longo; algumas espécies possuem veneno; também se diz **serpente**: *O jardineiro matou uma cobra quando estava cortando as plantas.*

COBRAR (co - brar) Receber uma dívida ou pedir algo a quem está devendo: *Já cobrei o dinheiro que ele me devia.*

COBRIR (co - brir) **1** Pôr alguma coisa em cima de outra para protegê-la ou tapá-la: *Os trabalhadores já cobriram o buraco da estrada.* **2** Vestir-se para esconder-se: *O ladrão cobriu-se com o capuz para que ninguém o reconhecesse.*

COÇAR (co - çar) Esfregar ou raspar com as unhas, ou com objeto áspero, uma parte do corpo: *Pare de coçar o nariz, menina!*

CÓCEGAS (có - ce - gas) Sensação que provoca risos quando alguém toca de maneira leve e repetida certas parte do corpo: *A mãe fazia cócegas no bebê.*

COCEIRA (co - cei - ra) Sensação de pele irritada que faz coçar: *O rapaz está com coceira no pé.*

COCHICHAR (co - chi - char) Falar em voz baixa com alguém, para contar segredo ou falar dos outros: *O que será que eles estão cochichando?*

COCHILAR (co - chi - lar) Dormir levemente: *O aluno estava cochilando durante a aula.*

COCO (co - co) **1** Fruto redondo, de casca muito dura, com água dentro e parte interior branca, que se come: *Os brasileiros adoram beber água de coco.* **2** Em linguagem popular, cabeça, crânio: *Meu irmão caiu e bateu o coco.*

COELHO (co - e - lho) Animal mamífero, roedor, de orelhas longas e muito conhecido por correr aos saltos e depressa: *Lúcia tem um coelho branco.*

COFRE (co - fre) Caixa de material resistente que se tranca com chave ou com números combinados, e onde se guarda dinheiro, joias e outras coisas de valor: *Estou juntando minhas moedas no cofre para comprar uma televisão no final do ano.*

COICE (coi - ce) Golpe dado por animais, em geral com as patas traseiras: *O cavaleiro levou um coice do cavalo.*

COISA (coi - sa) **1** Tudo o que existe ou pode existir: *Tenho muitas coisas boas para contar sobre a viagem que fizemos.* **2** Qualquer objeto: *Preciso de muitas coisas para fazer as lições de casa: lápis, borracha, caderno etc.*

COITADO (coi - ta - do) Pessoa infeliz: *Aquele homem é um coitado; perdeu tudo o que tinha na vida.*

COLA (co - la) Substância usada para unir papéis, madeiras etc.: *Rosa precisou de cola para fazer o cartaz que a professora pediu.*

COLABORAR (co - la - bo - rar) Ajudar em alguma coisa: *Você não vai colaborar com nada no trabalho em grupo?*

COLAGEM (co - la - gem) Técnica de ilustrar colando figuras: *Sandra terminou a colagem do cartaz.* ⓟ Plural: colagens.

COLAR (co - lar) **1** Enfeite para o pescoço: *A noiva usava um lindo colar de pérolas.* ⓟ Plural: colares. **2** Unir com cola: *Pedro terminou de colar as figurinhas na capa do caderno.* **3** Copiar escondido numa prova: *Aquele aluno disse que vai colar a prova toda.*

COLCHA (col - cha) Peça de pano própria para cobrir a cama: *Minha tia sempre arruma a cama com uma colcha.*

COLCHÃO (col - chão) Espécie de travesseiro muito grande que se enche de algodão ou outro material mais ou menos macio, utilizado para se colocar sobre a cama: *Meu colchão está muito velho; preciso trocá-lo.*

COLEÇÃO (co - le - ção) **1** Reunião de objetos do mesmo tipo: *João faz coleção de figurinhas.* **2** Série de livros: *Ganhei a coleção completa de Ziraldo.* ⓟ Plural: coleções.

COLEGA (co - le - ga) O mesmo que **amigo**: *Pedro é meu colega da escola.*

COLÉGIO (co - lé - gio) Local onde se estuda; também se diz **escola**: *Estudo no melhor colégio do meu bairro.*

COLETIVO (co - le - ti - vo) **1** Conjunto de pessoas, animais ou coisas: *Quadrilha é o coletivo de ladrões.* **2** Veículo de transporte para muitos passageiros, como o ônibus: *José encontrou uma carteira no banco do coletivo.*

COLHEITA (co - lhei - ta) Ato de colher os produtos da agricultura: *A colheita de café foi boa este ano.*

COLHER (co - lher) (lê-se *colhêr*) **1** Pegar frutos, flores ou folhas de uma planta: *Sandra foi ao jardim colher flores para colocar no vaso.* **2** Obter algo: *Meu primo vai colher muitos elogios com esse trabalho.*

COLHER (co - lher) (lê-se *colhér*) **1** Utensílio em forma de concha rasa, com cabo: *Para tomar sopa, usamos a colher.* **2** Usa-se para indicar a quantidade contida numa colher: *Colocou uma colher de açúcar no suco?* ⓟ Plural: colheres.

COLMEIA (col - mei - a) Casa das abelhas: *No meu quintal tem uma colmeia.*

COLOCAR (co - lo - car) Pôr algo num lugar: *Pedro colocou o caderno na estante.*

COLORIDO (co - lo - ri - do) Feito em cores: *Comprei um livro bonito e colorido.*

COLORIR (co - lo - rir) Pintar de várias cores: *Vou desenhar uma casa e colorir com lápis de cor.*

COM (com) Palavra que indica união, companhia: *Ele gosta de café com leite.*

COMBATER (com - ba - ter) Lutar contra alguém ou alguma coisa: *Vamos combater o mosquito que transmite a dengue.*

COMBINAR (com - bi - nar) **1** Misturar coisas formando um conjunto agradável de ver: *Flávio fez um desenho lindo, combinando muito bem as cores.* **2** Fazer um acordo, um trato: *Os alunos combinaram ir juntos ao cinema.*

COMBUSTÍVEL (com - bus - tí - vel) Qualquer substância que, quando se queima, produz calor e movimento: *O carro do diretor pode funcionar com dois combustíveis: álcool ou gasolina.*

COMEÇAR (co - me - çar) O mesmo que **iniciar**: *Quando vai começar o jogo?*

COMEÇO (co - me - ço) O mesmo que **início**: *O começo do filme foi engraçado.*

COMEMORAR (co - me - mo - rar) Festejar alguma coisa importante: *O menino comemorou seu aniversário com uma festa.*

COMER (co - mer) Mastigar e engolir um alimento: *Comi um pedaço de pão.*

COMÉRCIO (co - mér - cio) Conjunto de estabelecimentos que compram e vendem mercadorias e serviços: *O comércio vai ficar aberto durante as festas de final de ano.*

COMESTÍVEL (co - mes - tí - vel) Que se pode comer sem prejudicar a saúde: *Você pode encontrar vários produtos comestíveis nesse armazém.* ⓟ Plural: comestíveis.

COMIDA (co - mi - da) Aquilo que se come: *A comida de que mais gosto é feijoada.*

COMIGO (co - mi - go) Com a pessoa que está falando: *Ana vai ao circo comigo.*

COMO (co - mo) **1** De que modo: *Como você fez esse exercício?* **2** Do mesmo modo que; também se diz **igual**: *Sou como ele, não gosto de surpresas.*

CÔMODO (cô - mo - do) **1** Cada parte de uma casa: *A casa da titia tem cinco cômodos: uma sala, uma cozinha, um banheiro e dois quartos.* **2** Que oferece conforto: *É muito cômodo ter torneira de água quente.*

COMPANHEIRO (com - pa - nhei - ro) **1** Aquele que acompanha outra pessoa em uma atividade: *No ônibus, Elis foi minha companheira de viagem.* **2** Que participa da vida de outra pessoa: *Francisco é meu companheiro nas horas fáceis e difíceis.*

COMPANHIA (com - pa - nhi - a) **1** Pessoa com quem se está ou se vive: *O professor escolhe muito bem suas companhias.* **2** Empresa que produz e vende mercadorias e serviços: *A companhia de reciclados aumentou suas atividades e está precisando de novos empregados.*

COMPARAR (com - pa - rar) Observar duas ou mais coisas ou pessoas juntas para ver as semelhanças e diferenças entre elas: *Luís comparou as camisetas e escolheu a melhor.*

COMPETIR (com - pe - tir) Participar de uma disputa, concorrer a um prêmio: *Vamos competir com o time campeão de futebol.*

COMPETIÇÃO (com - pe - ti - ção) Disputa por um prêmio; também se diz **campeonato**: *Marcelo participou da competição de natação da escola.* ⓟ Plural: competições.

COMPLETAR (com - ple - tar) **1** Tornar completo: *Completei o meu álbum de figurinhas.* **2** Terminar uma tarefa: *Não consegui completar meu trabalho de história e falta pouco tempo para a aula começar.*

COMPLETO (com - ple - to) **1** Que tem todas as partes; também se diz **inteiro**: *O jogo de quebra-cabeça está completo.* **2** Que se completou; também se diz **acabado** e **terminado**: *O exercício de ciências está completo.*

COMPLICADO (com - pli - ca - do) Difícil de entender ou fazer: *Esse problema está muito complicado, professora!*

COMPLICAR (com - pli - car) Tornar difícil a compreensão de alguma coisa: *Escreva a carta sem complicar, para que todos possam entendê-la.*

COMPORTAMENTO (com - por - ta - men - to) Maneira ou modo de agir: *Você precisa melhorar seu comportamento; seja mais educada!*

COMPRAR (com - prar) Obter alguma coisa com dinheiro: *O atleta vai comprar uma bicicleta nova.*

COMPREENDER (com - pre - en - der) **1** Perceber alguma coisa pela inteligência: *Estudei bastante e então compreendi o exercício de matemática.* **2** Conter em si: *O livro compreende tudo o que aconteceu nesse século.*

COMPREENSÃO (com - pre - en - são) Ato de entender alguma coisa: *A compreensão deste exercício não é fácil.*

COMPRIDO (com - pri - do) De grande comprimento: *O cabelo de Maria é curto, e o de Camila é comprido.*

COMPRIMENTO (com - pri - men - to) Distância entre duas extremidades: *O clube onde pratico natação tem uma piscina de 25 metros de comprimento.*

COMPRIMIDO (com - pri - mi - do) Tipo de remédio em forma de pastilha: *A criança não gosta de tomar comprimido.*

COMPUTADOR (com - pu - ta - dor) Máquina ou equipamento eletrônico que recebe e guarda informações, e realiza tarefas com muita rapidez: *Os alunos estão aprendendo a usar o computador.* ⓟ Plural: computadores.

COMUM (co - mum) **1** Que pertence a todos ou a muitos: *Os livros da escola são de uso comum.* **2** Que é normal acontecer: *É comum as crianças gostarem de comer doces.* **3** Sem nada especial: *A casa de José era comum, como as outras da cidade.* ⓟ Plural: comuns.

COMUNICAÇÃO (co - mu - ni - ca - ção) **1** O mesmo que **aviso**: *A comunicação sobre a festa junina já foi feita.* **2** Transmitir e receber mensagem falada ou escrita: *O avião se comunicou com o aeroporto antes do acidente.*

COMUNICAR (co - mu - ni - car) **1** O mesmo que **avisar**: *Pedro esqueceu-se de comunicar a Ana sobre a festa de aniversário.* **2** Processo de transmissão e recebimento de mensagem falada ou escrita: *A comunicação entre a escola e os pais dos alunos deve ocorrer com frequência.*

CONCENTRAR (con - cen - trar) **1** Reunir em um local: *Os jogadores vão se concentrar no hotel antes do jogo.* **2** Prestar bastante atenção, pensar muito: *Eu me concentrei durante a aula.*

CONCHA (con - cha) **1** Casca dura de certos animais: *Ao andar, o caracol carrega sua concha.* **2** Utensílio em forma de concha, para servir caldos: *Pegue a concha para servir a sopa.*

CONCLUIR (con - clu - ir) Pôr fim a alguma coisa: *O estudante concluiu sua redação no prazo.*

CONCLUSÃO (con - clu - são) O fim de alguma coisa: *Pedro chegou à conclusão da história.* ⓟ Plural: conclusões.

CONCORDAR (con - cor - dar) **1** Ter a mesma opinião que outra pessoa: *Todos concordaram em ir ao cinema domingo.* **2** Aceitar a opinião ou a ideia de outra pessoa: *Eu concordo com você: devemos manter a cidade limpa.*

CONCORRER (con - cor - rer) Participar de uma disputa, competir: *Você vai concorrer ao prêmio de melhor redação da escola?*

CONCURSO (con - cur - so) **1** Ato de concorrer, participar de uma disputa: *Benjamim vai participar de um concurso de poesia.* **2** Provas para conseguir um emprego: *O concurso para professores foi difícil.*

CONDIÇÃO (con - di - ção) **1** Aquilo que se exige para um acordo entre pessoas: *O colega impôs sua condição: só vai entrar no time se o treino for aos sábados.* **2** Forma de comportamento, maneira de agir e viver, posição na sociedade (ser rico ou pobre, por exemplo): *A condição de vida do rapaz não permite que ele viaje muito.* ⓟ Plural: condições.

CONDUÇÃO (con - du - ção) Meio de transporte, veículo: *Que condução você pega para ir à escola?* ⓟ Plural: conduções.

CONDUZIR (con - du - zir) **1** Dirigir um veículo: *Meu avô conduziu o caminhão até o sítio.* **2** Transportar de um lugar para outro: *Um avião do governo conduziu os estrangeiros a seu país.* **3** Acompanhar uma pessoa para orientá-la sobre o caminho: *Vou conduzir você até a porta de saída.*

CONFERIR (con - fe - rir) Comparar, ver se está certo: *O comerciante conferiu a mercadoria que recebeu.*

CONFESSAR (con - fes - sar) Dizer que é culpado: *O ladrão não quer confessar o roubo.*

CONFISSÃO (con - fis - são) A ação de reconhecer uma culpa: *O aluno fez a confissão de que colou na prova.* ⓟ Plural: confissões.

CONFIANÇA (con - fi - an - ça) **1** Segurança com que se faz alguma coisa: *O médico tem confiança no seu trabalho.* **2** Certeza de resultado feliz: *José tem confiança de que fará uma boa prova.* **3** Segurança na amizade de alguém; fé ou certeza de que não será traído: *Você é uma pessoa de muita confiança para mim.*

CONFIAR (con - fi - ar) Acreditar, ter fé em: *Confie em mim, não vou machucá-la.*

CONFIRMAR (con - fir - mar) Afirmar com segurança: *Os outros alunos confirmaram a nossa história.*

CONFORTO (con - for - to) Boa condição de vida: *Os ricos vivem com muito conforto.*

CONFORTÁVEL (con - for - tá - vel) Que oferece conforto: *A casa de meus avós é bem confortável.* ⓟ Plural: confortáveis.

CONFUSÃO (con - fu - são) **1** O mesmo que **desordem**: *Minha gaveta está uma confusão; não consigo achar nada!* **2** Brincadeira barulhenta e agitada: *As crianças fazem confusão na hora do recreio.* ⓟ Plural: confusões.

CONHECER (co - nhe - cer) **1** Ter conhecimento, ideia ou informação sobre alguma pessoa ou alguma coisa: *A professora conhece bem a história do Brasil.* **2** Ser apresentado a uma pessoa: *Ontem conheci a namorada do meu primo.*

CONHECIMENTO (co - nhe - ci - men - to) Informação que se tem a respeito de alguém ou alguma coisa: *Mário tem conhecimentos de inglês.*

CONJUNTO (con - jun - to) **1** Reunião das partes que formam um todo: *O corpo humano é formado por um conjunto de órgãos.* **2** Grupo de pessoas que tocam ou cantam juntas: *O conjunto formado só por idosos vai se apresentar na escola.*

CONQUISTAR (con - quis - tar) **1** Tomar pela força das armas: *O exército conquistou as aldeias vizinhas.* **2** Conseguir algo pelo esforço: *O aluno estudou muito e conquistou boas notas.*

CONSEGUIR (con - se - guir) Obter alguma coisa: *Estudei muito e consegui passar de ano.*

CONSELHO (con - se - lho) **1** Opinião que se dá a alguém sobre algum assunto: *Para manter a saúde, aceite este conselho: alimente-se bem e faça alguma atividade física.* **2** Reunião de pessoas para troca de ideias e decisão sobre alguma situação: *O conselho de professores decidiu fazer uma grande festa de formatura este ano.*

CONSERTAR (con - ser - tar) Arrumar o que estava estragado: *O vizinho mandou consertar a televisão.*

CONSERVAR (con - ser - var) **1** Guardar no mesmo lugar; também se diz **deixar** e **manter**: *Conserve os documentos em sua casa.* **2** Não deixar acabar ou estragar; também se diz **cuidar** e **tratar**: *A geladeira conserva os alimentos.*

CONSIDERAR (con - si - de - rar) **1** Ter respeito e carinho especial por alguém: *O professor a considera uma boa aluna.* **2** Examinar com atenção; pensar bastante: *Você considerou a ideia de irmos viajar?*

CONSOANTE (con - so - an - te) Som representado por algumas letras do alfabeto, que formam uma sílaba quando estão juntas a uma vogal: *A língua portuguesa tem várias consoantes: b, c, d, f, g etc.*

CONSTELAÇÃO (cons - te - la - ção) Grupo de estrelas vizinhas: *O Cruzeiro do Sul é uma constelação.* ⓟ Plural: constelações.

CONSTRUÇÃO (cons - tru - ção) **1** Arte ou ação de construir: *Meu pai trabalha na construção de casas.* **2** Aquilo que é construído, como casa, prédio etc.: *Papai trabalha na construção do outro lado da rua.* ⓟ Plural: construções.

CONSTRUIR (cons - tru - ir) **1** Criar algo juntando vários materiais: *Jaime construiu um barco.* **2** Fazer casa, pontes, edifícios etc.: *A empresa construiu várias casas no bairro onde moro.*

CONSULTA (con - sul - ta) **1** Ato de consultar, de procurar ou pedir informação, de perguntar a quem sabe: *É necessário fazer uma consulta ao dicionário para ver como se escreve essa palavra.* **2** Exame feito por médico: *A médica fez uma consulta demorada em meu avô.*

CONSULTAR (con - sul - tar) Fazer uma consulta; procurar ou pedir informação: *João consultou o professor antes de fazer a lição.*

CONTA (con - ta) **1** Cálculo de matemática: *Acertei as contas do exercício.* **2** Valor gasto que se deve pagar (conta de luz, de água): *O garçom trouxe a conta do restaurante.* **3** Pequena peça com um furo no centro por onde se passa um fio para se juntar com outras e fazer um colar, pulseira e outros objetos: *Este lindo colar de contas foi feito por uma criança.*

CONTAR (con - tar) **1** Fazer a conta; também se diz **calcular**: *Vamos contar novamente o dinheiro?* **2** Narrar um fato, uma história: *A professora contou uma linda história.*

CONTENTE (con - ten - te) Feliz por algo que aconteceu: *Estou muito contente porque fui bem na prova.*

CONTER (con - ter) Ter dentro: *Cada pacote destes contém 200 folhas de papel.*

CONTEÚDO (con - te - ú - do) **1** Aquilo que está dentro: *Esse é o conteúdo da caixa.* **2** Assunto do qual se fala em um filme, um livro, uma redação etc.: *O conteúdo do livro é interessante.*

CONTINUAR (con - ti - nu - ar) **1** Seguir em frente com o que vinha fazendo: *O diretor continuou a falar até terminar o discurso.* **2** Manter-se como estava antes: *Eu continuo morando na mesma rua.*

CONTO (con - to) História curta, narrada ou escrita: *Juliana gosta muito de ouvir os contos que seu pai lê para ela toda noite.*

> Você conhece estes contos?
>
> DEIXA VER...
>
> *Os Três Porquinhos*
> *Branca de Neve*
> *Cinderela*
> *Rapunzel*
> *Polegarzinha*
> *A Bela e a Fera*
>
> Se não conhece, peça para seu(sua) professor(a) contar para você e seus amigos e divirtam-se!

CONTRA (con - tra) **1** Em direção oposta: *O atleta tentava nadar contra a maré.* **2** Em contrário: *Roubar é contra a lei.*

CONTRÁRIO (con - trá - rio) **1** Que está em posição errada: *Esse aparelho está ao contrário.* **2** Que é o oposto: *Os dois irmãos tinham opiniões contrárias e, por isso, não trabalhavam juntos.* **3** O oposto de alguma coisa: *O contrário de "alto" é "baixo".*

CONTROLE (con - tro - le) **1** Ato de dirigir um trabalho ou conferir uma tarefa: *Marta fez o controle de todas as doações para o hospital.* **2** Ato de mandar em alguém: *Ele tem o controle de todos os funcionários da empresa.* ⭐ **Controle remoto:** instrumento que se usa para fazer funcionar a distância aparelhos eletrônicos; também se diz apenas **controle**: *Onde está o controle remoto da televisão?*

CONVENCIDO (con - ven - ci - do) **1** Que se acha melhor do que é: *Maria é muito bonita,*

CONVERSA ·· **CORDEIRO**

mas muito convencida. **2** Que tem certeza das coisas: *Estou convencido de que fui bem na prova.*

CONVERSA (con - ver - sa) **1** Ato de conversar: *Meus primos e eu tivemos uma conversa rápida.* **2** O mesmo que **mentira**: *Isso é conversa, não acredite neles!*

CONVERSAR (con - ver - sar) Falar com alguém: *Vamos conversar um pouco sobre sua nota na prova?*

CONVIDAR (con - vi - dar) Pedir a alguém que participe de algum acontecimento: *O comerciante convidou os amigos para uma festa.*

CONVITE (con - vi - te) **1** Ato de convidar: *Ela ficou muito feliz em receber o convite para ser minha madrinha de casamento.* **2** Cartão ou papel em que se convida: *Mandei fazer um convite para a minha festa.*

CÓPIA (có - pia) Tudo aquilo que se reproduz, que é igual a outra coisa: *Todos os alunos já fizeram a cópia do desenho?*

COPIAR (co - pi - ar) Reproduzir ou imitar o que é original: *A estudante copiou o texto da internet.*

COPO (co - po) **1** Pequeno recipiente para beber: *Bebi o refrigerante num copo de vidro.* **2** Conteúdo de um copo: *Quantos copos de água tem nessa garrafa?*

COR (cor) (lê-se *cór*) Usado na expressão "de cor", que significa "de memória": *A atriz já sabe o texto de cor.*

COR (cor) (lê-se *côr*) O colorido de tudo o que existe (amarelo, azul, verde, vermelho etc.): *Qual sua cor preferida?* **P** Plural: cores.

CORAÇÃO (co - ra - ção) **1** Órgão por onde passa e se distribui todo o sangue do corpo das pessoas e dos animais: *Senti meu coração bater depressa.* **2** Pessoa ou objeto que se ama: *Vem aqui, coração da mamãe!* **P** Plural: corações. ✪ **Não ter coração:** ser muito malvado, ruim: *A madrasta da Cinderela não tinha coração.*

CORAGEM (co - ra - gem) **1** Qualidade de quem não tem medo do perigo; também se diz **valentia**: *O livro que li falava da coragem dos bombeiros.* **2** Ousadia de fazer alguma coisa que não devia ter feito: *Antônia me ofende e ainda tem coragem de se fazer de vítima.*

CORAJOSO (co - ra - jo - so) Pessoa que não tem medo de nada; que tem coragem: *O bombeiro é corajoso!*

CORDA (cor - da) **1** Trança de vários fios: *Gosto muito de brincar de pular corda.* **2** Fio de alguns instrumentos, como o violão: *O violão tem seis cordas.* **3** Peça que faz com que alguns relógios, brinquedos e certos aparelhos funcionem: *Visitei uma exposição só com brinquedos de corda.*

CORDEIRO (cor - dei - ro) **1** Filhote ainda novo da ovelha: *Vovô comprou um livro que ensina a criar cordeiros* **2** Pessoa ou animal manso, bonzinho: *O bebê é um cordeiro; nunca chora.*

CORDILHEIRA (cor - di - lhei - ra) Grupo de montanhas altas: *Eles vão tentar subir a cordilheira dos Andes.*

CORO (co - ro) Grupo de pessoas que cantam juntas: *O professor participa do coro da igreja.*

COROA (co - ro - a) **1** Enfeite para a cabeça em forma de círculo, geralmente usado por reis e rainhas: *O rei passou a coroa para seu filho.* **2** Uma das duas faces da moeda: *Vou jogar a moeda, você vai querer cara ou coroa?* **3** Conjunto das folhas longas e cheias de espinhos do abacaxi: *O abacaxi tem uma grande coroa.*

CORPO (cor - po) **1** A parte formada pelos músculos e ossos das pessoas e dos animais: *O corpo do leão é maior do que o do coelho.* **2** A parte principal de certos objetos: *O corpo desse móvel é bem forte.* **3** Grupo de pessoas que trabalham juntas: *O corpo de professores desta escola é muito bom.* **4** Qualquer coisa real que tem forma: *A Lua é um corpo celeste.*

CORREÇÃO (cor - re - ção) Ato de corrigir: *A correção da lição é muito importante.* ⓟ Plural: correções.

CORREDOR (cor - re - dor) **1** Aquele que corre muito e participa de corridas: *O corredor que ganhou a São Silvestre mora na minha cidade.* **2** Passagem estreita e comprida dentro de uma casa ou prédio: *O corredor termina na porta do quarto.* ⓟ Plural: corredores.

CORREIO (cor - rei - o) Local que recebe e distribui cartas: *O correio estava cheio no final do ano.*

CORRER (cor - rer) Ir a pé, ou com algum veículo, de um lugar a outro, avançando com muita rapidez ou alta velocidade: *O policial correu para pegar o ladrão.*

CORRETO (cor - re - to) **1** Que está certo, sem erros: *O exercício está correto.* **2** Pessoa que cumpre seus deveres, honesta: *Papai é um homem muito correto.*

CORRIDA (cor - ri - da) competição de velocidade: *Vi uma corrida de cavalos.*

CORRIGIR (cor - ri - gir) Marcar o que está errado e mostrar o certo: *A professora corrigiu os exercícios.*

CORTAR (cor - tar) **1** Dividir com algum instrumento: *Os noivos cortaram o bolo.* **2** Eliminar o que não tem importância: *Cortei o último parágrafo da minha redação.* **3** Ferir-se com qualquer instrumento: *A cozinheira se cortou com a faca.*

CORTE (cor - te) **1** Ato de cortar: *O corte foi profundo.* **2** Pedaço de pano: *Comprei um corte de tecido.*

CORTINA (cor - ti - na) Tecido que se coloca pendurado na janela ou porta para enfeitar um cômodo ou proteger do sol: *Mamãe fez uma cortina nova para a sala.*

COSTA (cos - ta) Parte da terra de um país que é banhada pelo mar: *A costa brasileira é muito linda.*

COSTAS (cos - tas) A parte de trás do tronco humano ou de objetos: *Estou com dor nas costas.*

COSTUME (cos - tu - me) Alguma coisa que se faz de forma repetida, com frequência; também se diz **hábito**: *Itamar tem o costume de tomar leite quente todas as noites.*

COSTURAR (cos - tu - rar) Unir ou ligar com agulha e linha: *Vovó costura as minhas roupas.*

COURO (cou - ro) Pele grossa e dura de alguns animais: *É proibido usar couro de jacaré para fazer bolsas.*

COVA (co - va) **1** Abertura na terra para plantar: *As covas estão prontas para receber as sementes.*

COVARDE

2 Abertura no chão onde se enterram os mortos: *A cova é sempre bem funda.*

COVARDE (co - var - de) Que não tem coragem; também se diz **medroso**: *Um policial não pode ser covarde.*

COVARDIA (co - var - di - a) Falta de coragem: *Pedro dirige devagar não por covardia, mas por segurança.*

COVEIRO (co - vei - ro) Homem que abre covas para mortos: *Ele trabalha de coveiro no cemitério.*

COXA (co - xa) Parte da perna que fica logo acima do joelho: *O jogador de futebol está com dor na coxa.*

COZIDO (co - zi - do) Alimento que foi preparado pela ação do fogo; que não está cru: *Ela gosta muito de ovo cozido.*

COZINHA (co - zi - nha) Cômodo da casa onde se preparam os alimentos: *Que fim de semana gostoso! Eu, meus irmãos e meus pais ficamos todos juntos na cozinha preparando o almoço.*

COZINHAR (co - zi - nhar) Preparar alimentos pela ação do fogo: *Coloquei o milho para cozinhar na panela.*

CRACHÁ (cra - chá) Cartão com o nome da pessoa, usado preso à roupa para todos saberem quem ela é: *A professora disse que todos os alunos devem usar crachá na excursão para ninguém se perder.*

CRÂNIO (crâ - nio) **1** Caixa de ossos que protege o cérebro: *Ele bateu a cabeça e quebrou um osso do crânio.* **2** Pessoa muito inteligente: *Gabriel é um crânio!*

CRECHE (cre - che) Local para educação de crianças pequenas: *Meu irmãozinho adora ficar na creche.*

CREME (cre - me) **1** Alimento preparado com leite, farinha e ovos, que pode ser doce ou salgado: *Serviram bolo de laranja com creme de chocolate na sobremesa.* **2** Produto usado para limpeza e tratamento da pele: *Minha mãe passa creme no rosto todas as noites.*

CRER (crer) **1** O mesmo que **acreditar**: *Eu creio que meu time será campeão.* **2** Ter fé em algo, no sentido religioso: *Creio em Deus.*

CRESCER (cres - cer) Aumentar em tamanho, em quantidade, em número etc.: *O bebê cresceu 2 centímetros no último mês.*

CRIAÇÃO (cri - a - ção) **1** O conjunto de todos os seres criados: *A criação do Universo é algo fantástico.* **2** Obra de arte ou invenção produzida por alguém: *A criação daquele pintor deve ganhar o prêmio da exposição.* **3** Conjunto dos animais domésticos de uma fazenda, de um sítio ou de uma chácara: *Na fazenda, temos uma criação de porcos.* Ⓟ Plural: *criações*.

CRIANÇA (cri - an - ça) Ser humano na infância, menino ou menina: *A criança é a alegria da casa.*

CRIAR (cri - ar) **1** Fazer aparecer do nada: *Deus criou o homem e a mulher.* **2** Ser a causa de alguma coisa: *Ele criou muitos problemas na escola.* **3** Produzir alguma coisa com a imaginação: *Os alunos criaram uma bela história na aula de português.* **4** Cuidar de um animal ou de uma pessoa para que se desenvolva bem: *Ela criou o gatinho com todo o cuidado.*

CRISTA (cris - ta) Pedaço de carne no topo da cabeça das aves, principalmente dos galos: *A crista do galo é o seu enfeite.*

CRITICAR (cri - ti - car) **1** Mostrar o que está errado ou certo em alguma coisa: *O professor criticou o trabalho do aluno.* **2** Falar mal: *Daniel não tem o mau hábito de criticar os outros.*

CRU (cru) **1** Alimento que não foi assado ou cozido: *O arroz ainda está cru.* **2** Que está demorando para ficar pronto: *O trabalho ainda está muito cru.*

CRUZADINHA (cru - za - di - nha) Jogo de palavras cruzadas para crianças: *Vamos fazer uma cruzadinha agora?*

A – Horizontais:
1 • Que não tem muita força, sem energia.
2 • Palavra que se diz quando se concorda com alguma coisa.
3 • Revista em quadrinhos.

B – Vertical:
1 • Som agudo e prolongado que se faz com os lábios.

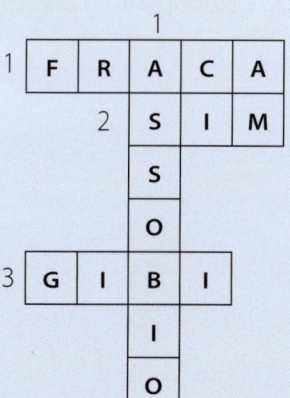

OBSERVE!

	1			
1	F	R	A	C	A
	2	S	I	M
		S		
		O		
3	G	I	B	I
		I		
		O		

CRUZAR (cru - zar) Atravessar ruas ou avenidas: *Menino, cruze a rua com cuidado!*

CUBO (cu - bo) Qualquer coisa que tem seis faces quadradas iguais: *Garçom, por favor, coloque os cubos de gelo nos copos.*

CUCA (cu - ca) Bruxa criada pela imaginação das pessoas para assustar crianças: *Cuidado, menina, que a cuca vai te pegar!*

CUECA (cu - e - ca) Peça de roupa masculina, usada por baixo das calças; também se diz **cuecas** (no plural): *Minha mãe bordou o meu nome em minhas cuecas.*

CUIDADO (cui - da - do) **1** Atenção especial para evitar que aconteça algum mal a alguém ou a alguma coisa: *O padeiro toma cuidado ao acender o forno porque é perigoso.* **2** Bem tratado: *Os cadernos de Laila são bem cuidados.*

CUIDAR (cui - dar) Tomar conta de alguém ou de alguma coisa: *Minha avó cuida de meu irmão para minha mãe poder trabalhar.*

CULINÁRIA (cu - li - ná - ria) Técnica de cozinhar: *Minha mãe fez um curso de culinária.*

CULPA (cul - pa) Responsabilidade por algum mal causado a alguém: *Isabel não teve culpa de o vaso ter caído.*

CULTIVAR (cul - ti - var) Preparar a terra e cuidar das plantas para que elas se desenvolvam fortes, dando uma boa colheita: *Os camponeses cultivam a terra.*

CULTURA (cul - tu - ra) **1** Conjunto de conhecimentos e costumes que uma sociedade, um povo ou um país cria com o passar do tempo: *O carnaval faz parte da cultura brasileira.* **2** Educação recebida por uma pessoa, que inclui conhecimentos sobre vários assuntos: *Walter é um homem de muita cultura; fala sobre todos os autores como ninguém.*

CUMPRIMENTAR (cum - pri - men - tar) Dar bom-dia, boa-noite ou boa-tarde a alguém, de maneira educada: *Luís sempre cumprimenta os colegas e os professores.*

CUMPRIMENTO (cum - pri - men - to) Gesto educado de cumprimentar alguém: *Fomos todos dar os cumprimentos ao cantor.*

CURAR (cu - rar) Recuperar a saúde de alguém ou a sua própria: *O médico curou a menina doente.*

CURIOSIDADE (cu - ri - o - si - da - de) **1** Desejo de saber as coisas: *Júlia tem curiosidade por tudo.* **2** Coisa diferente, rara: *Alguns programas de televisão sempre mostram curiosidades.*

CURIOSO (cu - ri - o - so) **1** Que tem desejo de aprender, ver, saber: *Aninha é uma menina curiosa, já leu o livro todo.* **2** Que gosta de escutar ou saber de assuntos dos outros: *Deixa de ser curiosa, menina!*

CURRAL (cur - ral) Lugar onde se junta o gado: *Os bois já estão no curral.* ⓟ Plural: currais.

CURSO (cur - so) Conjunto de lições sobre uma matéria: *O curso de informática é muito importante.*

CURTIR (cur - tir) **1** Preparar o couro e a pele de animais para que possam ser utilizados: *Para fazer calçados e outras coisas, é preciso curtir o couro.* **2** Em gíria, aproveitar ao máximo alguma coisa: *Eu e minha família estamos curtindo bastante nossas férias.*

CURTO (cur - to) Que é pequeno em comprimento ou em distância: *O corredor da escola é curto.*

CURVA (cur - va) **1** Linha que não é reta em nenhuma de suas partes: *Aprendi a desenhar curvas na aula de desenho.* **2** Parte em que uma estrada, uma rua, um caminho ou um rio muda sua direção: *As curvas dessa estrada são muito perigosas.*

CURVAR (cur - var) Inclinar para frente ou para trás; também se diz **dobrar**: *O palhaço curvou o corpo até o chão.*

CUSCUZ (cus - cuz) Nome de alguns pratos brasileiros salgados, feitos com farinha de milho ou de mandioca: *Minha avó faz um cuscuz delicioso.*

CUSPE (cus - pe) Líquido que se forma na boca; também se diz **saliva**: *Algumas meninas têm nojo de cuspe.*

CUSPIR (cus - pir) Lançar para fora da boca alguma coisa ou a própria saliva: *Ele cuspiu o remédio porque era amargo.*

CUSTAR (cus - tar) **1** Ter um preço: *O livro custou muito caro.* **2** Ser difícil: *Custou muito para ela entender a lição.*

CUTUCADA (cu - tu - ca - da) Ato de cutucar: *O professor deu uma cutucada no aluno que estava colando na prova.*

CUTUCAR (cu - tu - car) Tocar alguém ou alguma coisa com o cotovelo, dedo ou outra parte do corpo: *Alfredo cutucou a irmã para acordá-la.*

D Quarta letra do alfabeto português.

DADO (da - do) Pequeno cubo usado em jogos: *Vovô joga dados com seus amigos.*

DANÇA (dan - ça) Sequência de passos e movimentos de corpo com ritmo: *Anita frequenta um curso de dança.*

DANÇAR (dan - çar) Fazer os passos e os movimentos de dança: *Titia gosta de dançar.*

DAR (dar) **1** Entregar alguma coisa a uma pessoa: *Dei vários casacos para colaborar com a campanha do agasalho.* **2** Oferecer um presente a alguém: *Lúcia me deu um livro quando fiz 10 anos.* **3** Comunicar algo: *O professor deu diversas instruções aos alunos que vão participar do campeonato.* **4** Fazer soar: *O relógio deu nove horas.* **5** Ser suficiente: *O dinheiro que tenho dá para comprar um suco na lanchonete.*

DATA (da - ta) Dia, mês e ano em que uma coisa aconteceu ou foi feita: *A data do descobrimento do Brasil é 22 de abril de 1500.*

DEBAIXO (de - bai - xo) Em lugar ou situação inferior: *O cachorro está debaixo da mesa.*

DECIDIR (de - ci - dir) Fazer alguma coisa depois de pensar; também se diz **resolver**: *Papai decidiu viajar nas férias.*

DECOLAR (de - co - lar) Soltar-se da terra ou da água; levantar voo (avião), subir: *Chovia, mas o avião decolou.*

DEDICAR (de - di - car) Esforçar-se para realizar uma atividade: *Eu me dediquei aos estudos durante o ano todo.*

DEDO (de - do) Cada uma das cinco partes móveis das mãos e dos pés do ser humano e de alguns animais: *Minha irmã usa anéis em três dedos da mão direita.*

DEFEITO (de - fei - to) **1** Falha no funcionamento de uma máquina ou de um aparelho: *O rádio apresentou um defeito, mas já foi consertado.* **2** Costume de fazer alguma coisa que não se deve fazer: *O defeito dela era mentir.*

DEFEITUOSO (de - fei - tu - o - so) Que tem defeito: *Mamãe vai trocar a geladeira, pois ela está defeituosa.*

DEFENDER (de - fen - der) Dar proteção ou socorro em situação de perigo: *Devemos sempre defender os mais fracos.*

DEGRAU (de - grau) Cada uma das partes da escada onde colocamos os pés, para subir ou descer: *Foi difícil para Fábio subir todos os degraus até o quarto, pois ele está com o pé machucado.* ⓟ Plural: degraus.

DEITAR (dei - tar) **1** Estender o corpo para dormir ou descansar: *O pescador estava tão cansado que se deitou no barco.* **2** Ir para a cama dormir: *A estudante foi se deitar mais cedo porque teria aula pela manhã.*

DEIXAR (dei - xar) **1** Desistir de fazer alguma coisa: *Deixei de fazer aulas de violão durante as férias.* **2** Parar com uma atividade ou hábito: *Paulo deixou de fumar.* **3** Dar permissão: *Meus pais não me deixam viajar sozinho.*

DELEGACIA (de - le - ga - ci - a) Prédio em que o delegado de polícia trabalha e para onde são levadas as pessoas suspeitas de crimes: *Os assaltantes foram levados para a delegacia.*

DELEGADO (de - le - ga - do) Policial que é responsável por uma delegacia: *O delegado tem um trabalho difícil.*

DELETAR (de - le - tar) Apagar algo escrito ou feito no computador: *Vou deletar este parágrafo e escrever outro.*

DELICADO (de - li - ca - do) **1** Educado com as pessoas: *Minhas colegas são delicadas, não falam besteiras.* **2** Fácil de quebrar: *Cuidado com esse vaso, porque ele é muito delicado.*

DELÍCIA (de - lí - cia) Coisa que é muito boa, que dá prazer e felicidade: *É uma delícia nadar em dias quentes.*

DELICIOSO (de - li - ci - o - so) Que é uma delícia; também se diz **gostoso**: *Os noivos ofereceram um jantar delicioso.*

DEMAIS (de - mais) Que passou dos limites; muito: *Ele comeu demais na festa de aniversário.*

DEMORAR (de - mo - rar) **1** Levar muito tempo: *Minha mãe demora muito para fazer compras no supermercado.* **2** Não fazer na hora marcada ou esperada: *Não posso me demorar para chegar à escola porque o portão fecha logo.*

DENGO (den - go) Birra de criança: *Meu irmão fez dengo para não ir à escola.*

DENGUE (den - gue) Doença que dá dores de cabeça e nos músculos, febre alta e é provocada por um mosquito que vive em águas paradas: *A dengue é uma doença grave.*

DENTADURA (den - ta - du - ra) **1** Conjunto de dentes: *Os cavalos têm uma bela dentadura.* **2** Dentes artificiais: *Vovó usa dentadura porque perdeu os dentes numa queda.*

DENTE (den - te) Cada um dos pequenos corpos duros e lisos que ficam na boca e servem para cortar e mastigar a comida: *Devemos escovar os dentes depois das refeições.*

DENTISTA (den - tis - ta) Pessoa que tem como profissão tratar dos dentes das pessoas: *Minha irmã está estudando para ser dentista.*

DENTRO (den - tro) Na parte interior: *O livro está dentro da gaveta.*

DEPENDENTE (de - pen - den - te) **1** Pessoa que depende de outra: *As crianças são dependentes dos pais.* **2** Pessoa viciada em drogas ou bebidas: *É triste ver jovens dependentes de qualquer droga.*

DEPENDER (de - pen - der) Precisar de alguém ou de algo; ser dependente: *O idoso depende do filho para ir ao médico.*

DEPOIS (de - pois) No momento seguinte: *Depois da aula vou ao curso de piano.*

DEPOSITAR (de - po - si - tar) Colocar em depósito ou em outro lugar; guardar: *A bibliotecária depositou os livros na estante.*

DEPÓSITO (de - pó - si - to) Lugar onde são guardadas algumas coisas por um tempo: *O mecânico deixou as ferramentas num depósito.*

DEPRESSA (de - pres - sa) Com pressa, com rapidez, sem demora: *O médico chegou depressa ao hospital.*

DERRAMAR (der - ra - mar) Deixar cair ou virar um líquido; também se diz **espalhar**: *O gato derramou o leite no chão.*

DERRETER (der - re - ter) **1** Passar ao estado líquido: *Mamãe esqueceu a geladeira aberta e o gelo derreteu.* **2** Tornar líquido: *A cozinheira derreteu manteiga para fazer um doce.*

DERROTA (der - ro - ta) Resultado de perder uma guerra, uma luta, um jogo, ou de não se sair bem em qualquer atividade; também se diz **fracasso**: *Depois de tantas derrotas, o time conseguiu vencer.*

DESABOTOAR (de - sa - bo - to - ar) Tirar um botão da casa; abrir um botão (em roupa): *O calor era tanto que papai desabotoou a camisa.*

DESAGRADÁVEL (de - sa - gra - dá - vel) Que não é agradável: *Os irmãos tiveram uma conversa desagradável.*
P Plural: desagradáveis.

DESAJEITADO (de - sa - jei - ta - do) Que não tem jeito para fazer alguma coisa: *Meu pai é muito desajeitado na cozinha.*

DESAMARRAR (de - sa - mar - rar) Soltar o que está amarrado: *Mariana desamarrou o cabelo.*

DESÂNIMO (de - sâ - ni - mo) Falta de ânimo, de energia, de vontade: *Depois de tanto trabalhar, papai ficou com desânimo de passear.*

DESAPARECER (de - sa - pa - re - cer) Deixar de ser visto; sumir: *Um livro desapareceu da biblioteca.*

DESARRUMAR (de - sar - ru - mar) Pôr fora do seu lugar; deixar em desordem: *As crianças desarrumaram o quarto.*

DESASTRE (de - sas - tre) **1** Acontecimento inesperado e que causa sofrimento ou prejuízo: *A inundação deste ano foi o pior desastre que já aconteceu nesta cidade.* **2** O mesmo que **acidente**: *A família sofreu um desastre de carro, mas ninguém se feriu.*

DESCALÇO (des - cal - ço) Sem calçado: *Caio gosta de andar descalço.*

DESCANSAR (des - can - sar) **1** Acabar com o cansaço; dar repouso ao corpo: *Andei tanto que preciso me sentar um pouco para descansar.* **2** Ficar sem preocupações: *A faxineira só descansou depois que comprou uma casa.*

DESCANSO (des - can - so) Ato de descansar; repouso, sossego: *O pedreiro teve um descanso do trabalho.*

DESCARGA (des - car - ga) **1** Ato de tirar a carga de algum lugar, de soltar aquilo que está preso (como água, gás, fumaça): *Nas cidades grandes, a descarga de fumaça dos caminhões piora a poluição.* **2** Bomba que controla a água em uma privada: *Sempre que usar o banheiro, não se esqueça de dar a descarga.*

DESCASCAR (des - cas - car) Tirar a casca: *O cozinheiro descascou e cortou as frutas.*

DESCER (des - cer) Vir de cima para baixo: *O professor desceu a escada para chegar ao pátio.*

DESCIDA (des - ci - da) **1** Ato de descer: *A descida dos passageiros do avião foi demorada.* **2** Terreno inclinado, quando descemos: *Minha casa fica depois daquela descida.*

DESCOBERTA (des - co - ber - ta) Resultado de uma pesquisa: *A vacina contra a gripe foi uma grande descoberta.*

DESCOBRIMENTO (des - co - bri - men - to) Algo que ninguém sabia e que veio ao conhecimento de todos: *O descobrimento do Brasil foi em 22 de abril de 1500.*

DESCOBRIR (des - co - brir) **1** Tirar o que tampa ou o que cobre: *Titia descobriu a panela para ver o que tinha para o almoço.* **2** Achar ou passar a conhecer algo desconhecido: *Os cientistas descobriram um remédio para combater a gripe.*

DESCONHECER (des - co - nhe - cer) Não ter conhecimento, ideia ou informação: *Desconheço o ator desse filme.*

DESCREVER (des - cre - ver) **1** Dizer como é (alguma coisa): *O pintor descreveu o quadro pelo telefone.* **2** Contar com detalhes: *O turista descreveu a viagem inteira.*

DESCRIÇÃO (des - cri - ção) Ato de descrever: *O repórter fez uma descrição completa do lugar do acidente.* **P** Plural: descrições.

DESCULPA (des - cul - pa) **1** Ato de desculpar, de pedir perdão: *O médico pediu desculpa por demorar em atender o doente.* **2** Motivo inventado para não fazer certa coisa: *Afonso deu um monte de desculpas para não vir à festa.*

DESCULPAR (des - cul - par) **1** Tirar a culpa: *A diretora desculpou o aluno pela bagunça na hora do recreio.* **2** Não castigar uma pessoa por ela ter feito alguma coisa errada; também se diz **perdoar**: *O filho quebrou o vaso e o pai o desculpou.* **3** Dizer os motivos que tiram a própria culpa: *O professor desculpou-se pelo atraso.*

DESDE (des - de) A partir de: *Desde ontem nossa classe está na sala cinco.*

DESEJAR (de - se - jar) Ter vontade de que algo especial aconteça: *O Papa deseja que haja união entre as pessoas.*

DESEJO (de - se - jo) Vontade de realizar alguma coisa: *A mulher teve desejo de comer doces.*

DESEMBARCAR (de - sem - bar - car) **1** Sair de uma embarcação ou de outro meio de transporte: *O médico desembarcou do trem com pressa.* **2** Tirar de uma embarcação: *Os trabalhadores desembarcaram as mercadorias do navio.*

DESEMBARQUE (de - sem - bar - que) Ato de desembarcar: *O desembarque dos passageiros do avião demorou por causa da chuva.*

DESENHAR (de - se - nhar) Fazer desenho: *A criança gosta de desenhar casas.*

DESENHO (de - se - nho) Criação ou imitação de objetos, pessoas, animais, lugares com linhas e sombras, geralmente em papel; também se diz **figura** e **ilustração**: *A menina fez um desenho muito bonito de uma boneca.* ⭐ **Desenho animado:** filme feito com desenho em vez de pessoas: *Todas as crianças gostam de ver desenho animado na televisão.*

DESENVOLVER (de - sen - vol - ver) **1** Fazer crescer: *Aprendemos na aula de ciências que a luz do Sol desenvolve as plantas.* **2** O mesmo que **crescer**: *Este menino está se desenvolvendo depressa.* **3** Trazer progresso: *As fábricas de tecidos ajudaram a desenvolver a cidade em que moro.*

DESENVOLVIMENTO (de - sen - vol - vi - men - to) Ato de desenvolver, de melhorar; também se diz **progresso**: *O desenvolvimento da ecologia tem ajudado muito o meio ambiente.*

DESEQUILIBRAR (de - se - qui - li - brar) Perder o equilíbrio: *Caí da árvore porque me desequilibrei naquele galho seco.*

DESERTO (de - ser - to) **1** Região quase sem vegetação, água e seres vivos: *No deserto, é muito importante guardar água.* **2** Sem ninguém por perto: *A rua estava deserta àquela hora da noite.*

DESESPERADO (de - ses - pe - ra - do) Que está muito preocupado: *Minha tia ficou desesperada quando meu primo foi para o hospital.*

DESFAZER (des - fa - zer) **1** Desmanchar o que está pronto: *Assim que chegou de volta das férias, Luís desfez as malas.* **2** Cancelar um acordo: *O casal desfez o noivado.* **3** Derreter (algo que estava sólido): *O sorvete já se desfez porque está muito quente.*

DESFILAR (des - fi - lar) Andar, geralmente em rua, avenida ou tablado, em linha reta: *No dia 7 de setembro, os soldados desfilam nas principais cidades do Brasil.*

DESFILE (des - fi - le) Ato de desfilar: *Ele viu o desfile dos soldados na rua.* ⭐ **Desfile de**

moda: desfile de coleção de roupas: *Minha irmã gosta de assistir a desfiles de moda.*

DESGRAÇA (des - gra - ça) Acontecimento ruim; fato muito triste: *As inundações foram uma desgraça para os moradores do bairro.*

DESISTIR (de - sis - tir) Deixar de fazer o que vinha fazendo; não continuar, abandonar: *Meu amigo desistiu de fazer curso de inglês.*

DESLIGAR (des - li - gar) **1** Fazer parar o funcionamento de um aparelho ou de uma máquina: *Por favor, desligue o computador antes de sair.* **2** Deixar de fazer parte; separar-se: *O professor teve de se desligar da escola este ano.*

DESMAIAR (des - mai - ar) Perder os sentidos: *A professora sentiu-se mal e desmaiou.*

DESMAIO (des - mai - o) Ato de desmaiar; perda das forças, dos sentidos: *A modelo teve um desmaio durante o desfile.*

DESMANCHAR (des - man - char) **1** Desfazer o que estava feito ou arrumado: *O vento desmanchou seu cabelo.* **2** Pôr abaixo o que estava construído: *Os pedreiros desmancharam a velha casa e construíram outra.*

DESOBEDECER (de - so - be - de - cer) Não fazer o que alguém mandou: *A criança desobedeceu à mãe.*

DESOBEDIENTE (de - so - be - di - en - te) Que não obedece; que não aceita ordens: *Minha mãe não permitiu que eu fosse ao passeio porque fui desobediente com ela.*

DESOCUPAR (de - so - cu - par) Deixar de ocupar um lugar: *A família desocupou a casa.*

DESORDEM (de - sor - dem) Falta de ordem; também se diz **confusão**: *A menina foi para a escola e deixou seu quarto na maior desordem.*

DESPEDIR (des - pe - dir) Dar adeus antes de ir embora: *Luciana despediu-se dos pais com lágrimas nos olhos.*

DESPERTADOR (des - per - ta - dor) Relógio que toca uma campainha na hora determinada, em geral para acordar quem dorme: *Ter um bom despertador ajuda a não perder a hora de acordar.* ⓟ Plural: despertadores.

DESPERTAR (des - per - tar) O mesmo que **acordar**: *A mãe desperta os filhos bem cedo.*

DESPIR (des - pir) Tirar a roupa do corpo; ficar nu: *O atleta despiu a camisa.*

DESPREZAR (des - pre - zar) Não dar valor, não ter consideração: *Não devemos desprezar os pobres.*

DESTACAR (des - ta - car) **1** Aparecer mais que os outros por algum motivo: *Marina é a aluna que mais se destaca em matemática.* **2** Arrancar alguma coisa do seu lugar: *Destaquei duas folhas do meu caderno.*

DESTAMPAR (des - tam - par) Tirar a tampa: *O garçom destampou a garrafa.*

DESTINATÁRIO (des - ti - na - tá - rio) Pessoa para quem mandamos alguma coisa: *O correio mandou a carta para o destinatário.*

DESTINO (des - ti - no) **1** Coisas que podem acontecer sem depender de nossa vontade: *O destino quis assim, não podemos mudar nada.* **2** Aquilo que é quase certo que vai acontecer na vida de uma pessoa: *O destino dele é ser uma pessoa importante.* **3** Lugar para onde se vai: *O turista viajou com destino ao Rio de Janeiro.*

DESTRO (des - tro) Pessoa que tem mais habilidade com a mão direita: *Só consigo escrever com a mão direita, então, sou destro.*

DESTRUIÇÃO (des - tru - i - ção) Ato de destruir: *As chuvas causaram muita destruição.* ⓟ Plural: destruições.

DESTRUIR (des - tru - ir) Acabar com alguma coisa ou com alguém: *A bomba destruiu o muro.*

DESVANTAGEM (des - van - ta - gem) Falta de vantagem; situação de estar atrás ou de ser inferior a alguém ou algo: *Se eu não sarar da perna, vou ficar em desvantagem na corrida.* ⓟ Plural: desvantagens.

DESVIO (des - vi - o) **1** Alteração ou mudança de direção: *Por causa da chuva, a polícia fez um desvio no trânsito.* **2** Caminho que sai ou se afasta de uma estrada: *Para irmos ao sítio, papai pega um desvio que sai da estrada e passa ao lado da represa.*

DETALHE (de - ta - lhe) Pequena parte: *O artista conhecia todos os detalhes das pinturas.*

DETERGENTE (de - ter - gen - te) Sabão líquido que tem o poder de limpar: *Uso detergente para lavar as louças.*

DETERMINADO (de - ter - mi - na - do) Indicado de maneira precisa: *Gosto de um determinado tipo de uva: a uva verde.*

DETERMINAR (de - ter - mi - nar) **1** Indicar de maneira precisa, exata: *Não se pode determinar a hora do descobrimento do Brasil.* **2** Dar ordem: *A professora é quem determina onde o aluno deve se sentar.*

DETRÁS (de - trás) Na parte de trás; também se diz **atrás**: *A escola fica detrás daquele prédio.*

DEUS (deus) **1** Para algumas religiões, o ser perfeito que criou tudo o que existe (escreve-se com inicial maiúscula): *Acredito em Deus.* **2** Em algumas crenças, é um ser com poderes sobre o homem: *Shiva é o deus mais cultuado na Índia.*

DEVAGAR (de - va - gar) Sem pressa; de modo lento: *A tartaruga anda devagar.*

DEVER (de - ver) **1** Ter obrigação: *O aluno deve prestar atenção para aprender.* **2** Ter dívidas para pagar: *Comprei algumas coisas na loja e fiquei devendo.* **3** Tarefa para fazer depois da aula: *Só vou brincar depois de fazer meu dever de casa.* ⓟ Plural: deveres.

DEVOLUÇÃO (de - vo - lu - ção) Ato de devolver: *Preciso fazer a devolução do livro que peguei na biblioteca.* ⓟ Plural: devoluções.

DEVOLVER (de - vol - ver) Dar ou mandar de volta: *Preciso devolver o caderno da minha amiga.*

DEZ (dez) Quantidade que é igual a nove unidades mais uma: *Hoje é meu aniversário; vou apagar dez velinhas.*

DEZENA (de - ze - na) Conjunto de dez unidades de uma coisa qualquer: *A caixa contém uma dezena de ovos.*

DEZENOVE (de - ze - no - ve) Quantidade que é igual a dez unidades mais nove: *Este ano fui dezenove vezes ao cinema.*

DEZESSEIS (de - zes - seis) Quantidade que é igual a dez unidades mais seis: *Carla ganhou dezesseis cartões de Natal.*

DEZESSETE (de - zes - se - te) Quantidade que é igual a dez unidades mais sete: *Acertei dezessete questões na prova de matemática.*

DEZOITO (de - zoi - to) Quantidade que é igual a dez unidades mais oito: *Dora ganhou dezoito rosas de presente do seu marido.*

DIA (di - a) **1** Tempo em que há luz do Sol, que vai do nascer do Sol até o anoitecer: *Os dias são mais longos no verão.* **2** Período de 24 horas; tempo que a Terra leva para dar uma volta completa em torno de si mesma: *O ano tem 365 dias.*

DIÁRIO (di - á - rio) **1** Que se faz todos os dias: *Arrumar a casa é um trabalho diário.* **2** Caderno ou livro onde se anotam todos os acontecimentos de cada dia: *Minha irmã não gosta que eu leia o diário dela.*

DICIONÁRIO (di - ci - o - ná - rio) Livro que traz a coleção das palavras de uma língua, em ordem alfabética, com o seu significado na mesma língua ou em outra: *Já tenho um dicionário de português; agora, vou comprar um de inglês.*

DIFERENÇA (di - fe - ren - ça) **1** Resultado de uma subtração: *Subtraí 4 de 10 e a diferença deu 6.* **2** Coisa que não é igual: *Há uma pequena diferença entre os irmãos gêmeos.*

DIFERENTE (di - fe - ren - te) Que não é igual a outra coisa ou pessoa: *Meu tio é bem diferente de meu pai.*

DIFÍCIL (di - fí - cil) **1** Que não é fácil: *É difícil sair da cama cedo no inverno.* **2** De maneira complicada: *O professor fala difícil.* ⓟ Plural: difíceis.

DIFICULDADE (di - fi - cul - da - de) Característica de uma situação difícil de resolver: *Carlos tem dificuldade em fazer os exercícios de matemática.*

DIGERIR (di - ge - rir) Fazer a digestão: *É preciso digerir bem os alimentos.*

DIGESTÃO (di - ges - tão) Atividade no estômago de transformar os alimentos em energia, para que os seres humanos e os animais possam viver: *Precisamos mastigar bem os alimentos para fazer uma melhor digestão.* ⓟ Plural: digestões.

DIGITAL (di - gi - tal) **1** Que tem a ver com os dedos: *A impressão digital é a marca deixada pelo dedo; não existem duas iguais.* **2** Que é representado por números e funciona em certos aparelhos: *Tenho um relógio digital com números grandes; posso ver as horas de longe.* ⓟ Plural: digitais.

DIGITAR (di - gi - tar) Escrever ou fazer qualquer tarefa no computador usando os dedos e o teclado: *Estou aprendendo a digitar minhas lições no computador.*

DIMINUIÇÃO (di - mi - nu - i - ção) **1** Redução em quantidade, tamanho, extensão etc.: *Houve uma diminuição no número de alunos na escola este ano.* **2** O mesmo que **subtração**: *Meu irmão está aprendendo a fazer contas de diminuição.* ⓟ Plural: diminuições.

DIMINUIR (di - mi - nu - ir) **1** Reduzir em quantidade, tamanho, extensão etc.: *Minha irmã diminuiu o tamanho da saia.* **2** O mesmo que **subtrair**: *Diminuí 3 de 5 e o resultado foi 2.*

DINHEIRO (di - nhei - ro) Moeda ou nota que se usa para pagar ou comprar alguma coisa: *José precisa de muito dinheiro para comprar aquela bicicleta.*

DIREÇÃO (di - re - ção) **1** Ato de dirigir, de conduzir um veículo: *O motorista fica muito feliz quando está na estrada, na direção de seu caminhão.* **2** Caminho a seguir: *O turista tomou a direção certa.* ⓟ Plural: direções.

DIREITA (di - rei - ta) **1** A mão direita: *Só sei escrever com a direita.* **2** Lado direito: *O museu fica à direita da rua.*

DIREITO (di - rei - to) **1** Que está do lado contrário ao esquerdo: *Ronaldo chutou a bola com o pé direito.* **2** Que é justo, certo: *Não é direito que ele copie a lição para tirar boas notas.* **3** De atitudes corretas: *Meu pai é um homem direito.* **4** O que a lei determina que deve ser possível às pessoas: *Todas as crianças têm o direito de estudar.*

DIRETO (di - re - to) **1** Que está em linha reta: *Há um caminho direto para a cidade.* **2** Sem desvio: *Depois da escola, vou direto para casa.*

3 Sem ninguém no meio: *O agricultor vendeu direto ao comprador.* **4** Sem parar: *O atleta ficou correndo direto.*

DIRETOR (di - re - tor) Pessoa que dirige: *O professor conversa todos os dias com o diretor da escola.* **P** Plural: diretores.

DIRIGIR (di - ri - gir) **1** Dar direção; também se diz **guiar**: *Meu irmão fez 18 anos e logo vai poder dirigir o carro da família.* **2** Ir para algum lugar: *O aluno dirigiu-se à saída do edifício.*

DISCIPLINA (dis - ci - pli - na) **1** Obediência às regras: *O jovem acostumou-se rapidamente à disciplina do exército.* **2** Matéria escolar: *Minha disciplina preferida é ciências.*

DISCO (dis - co) **1** Objeto de forma redonda e chata: *A caixinha onde guardo meus CDs tem a forma de um disco.* **2** Objeto com essa forma, com música gravada: *Meu avô mandou gravar seus velhos discos em modernos CDs.*

DISCORDAR (dis - cor - dar) Não concordar; ter ideias ou opiniões diferentes: *Titia discorda de tudo o que eu digo ou faço.*

DISCRETO (dis - cre - to) **1** Que não chama a atenção: *Minha irmã usa roupas discretas.* **2** Que sabe guardar segredo: *Só conto meus segredos a uma amiga muito discreta.*

DISCURSO (dis - cur - so) Mensagem falada dirigida a um público qualquer: *Durante as eleições, os candidatos fazem muitos discursos.*

DISCUTIR (dis - cu - tir) **1** Defender ideias e opiniões; brigar (com palavras): *Minha mãe discutiu na feira por causa do preço do tomate.* **2** Dar opiniões e ouvir as dos outros; trocar ideias: *Gosto de discutir a lição com meus colegas.*

DISFARÇAR (dis - far - çar) **1** Usar uma máscara ou uma fantasia: *Na peça do teatrinho da escola, minha colega se disfarçou de bruxa.* **2** Fingir ou modificar algo para tornar desconhecido: *João disfarçou a voz para enganar a mãe.*

DISPARAR (dis - pa - rar) **1** Dar tiro: *O policial disparou o revólver.* **2** Correr rápido: *O corredor disparou na frente de todos.*

DISPOSIÇÃO (dis - po - si - ção) **1** Modo de organizar as coisas: *Esta disposição dos móveis ficou muito boa.* **2** Ânimo para fazer determinada coisa: *Acordei com muita disposição para andar pela praia.*

DISPOSTO (dis - pos - to) Com vontade; animado, cheio de energia: *Hoje eu acordei muito disposto e vou limpar meu quarto.*

DISPUTA (dis - pu - ta) Competição entre duas ou mais pessoas por um título ou por um prêmio: *Hoje é o dia da disputa do título de campeão.*

DISPUTAR (dis - pu - tar) Participar de uma disputa: *Minha prima disputou com vários candidatos e conseguiu o emprego.*

DISTÂNCIA (dis - tân - cia) Espaço que separa duas coisas ou pessoas: *A distância entre minha casa e a praia é muito grande.*

DISTANTE (dis - tan - te) Que está longe; afastado: *Os turistas viajaram para lugares distantes e conheceram pessoas diferentes.*

DISTRAÍDO (dis - tra - í - do) Que não presta atenção: *Este menino tem ficado distraído durante a aula.*

DISTRIBUIR (dis - tri - bu - ir) Repartir alguma coisa entre várias pessoas: *A mãe distribuiu balas entre os irmãos.*

DITADO (di - ta - do) **1** Aquilo que se dita ou se ditou, para outro escrever: *Muitos alunos não gostam de ditado.* **2** O mesmo que **provérbio**: *Um ditado diz: "Quem tem pressa come cru e quente".*

DITAR (di - tar) Dizer em voz alta o que outra pessoa precisa escrever: *A professora ditou o exercício para a classe.*

DIVERSÃO (di - ver - são) Coisa que se faz para se divertir; também se diz **divertimento**: *Naquele parque há diversões para crianças e adultos.* Ⓟ Plural: diversões.

DIVERTIMENTO (di - ver - ti - men - to) O mesmo que **diversão**: *O divertimento preferido dele é jogar bola.*

DIVERTIR (di - ver - tir) Fazer coisas para ter prazer e alegria; também se diz **brincar**: *As crianças divertiram-se muito no zoológico.*

DÍVIDA (dí - vi - da) Conta que não está paga: *Tenho uma dívida de dez reais na lanchonete.*

DIVIDIR (di - vi - dir) **1** Separar em partes: *A professora dividiu a classe em quatro grupos.* **2** Fazer uma divisão: *Se você dividir 6 por 2, o resultado será 3.*

DIVISÃO (di - vi - são) **1** Ato de dividir: *O comerciante fez a divisão do seu dinheiro entre os pobres.* **2** Conta de dividir: *Aquela aluna não sabe fazer divisão.* Ⓟ Plural: divisões.

DIZER (di - zer) Mostrar por palavras, por escrito ou por sinais: *O pai disse ao filho para estudar.*

DÓ (dó) Sentimento de pena pela infelicidade de alguma pessoa: *Fiquei com dó do meu primo, pois ele não conseguiu entrar na faculdade.*

DOBRADURA (do - bra - du - ra) Trabalho que se faz dobrando papel: *A professora de arte ensinou a fazer uma dobradura de pássaro.*

DOBRAR (do - brar) **1** Multiplicar por dois: *Papai dobrou minha mesada.* **2** Virar algo para que uma parte fique por cima da outra: *As crianças dobraram o papel para fazer um avião.*

DOBRO (do - bro) Quantidade duas vezes maior: *Meu primo tem o dobro da minha idade.*

DOCE (do - ce) **1** Alimento em que entra açúcar: *As crianças gostam de doce.* **2** Que tem o sabor como o do açúcar, o do mel: *As uvas que comprei estavam bem doces.*

DOCUMENTO (do - cu - men - to) Coisa escrita ou objeto que serve de prova, de informação: *Ele apresentou os documentos antes de viajar para provar que não era menor de idade.*

DOÇURA (do - çu - ra) Qualidade de doce: *O suco estava uma doçura.*

DOENÇA (do - en - ça) Falta ou problema de saúde: *A doença deixou-a muito fraca.*

DOENTE (do - en - te) Que tem alguma doença: *Marta não foi à escola ontem porque estava doente.*

DOER (do - er) **1** Estar ou ficar com dor: *Minha cabeça dói bastante.* **2** Causar dor: *Dói o coração ver tanta pobreza no mundo.*

DOIDO (doi - do) Que não tem juízo; também se diz **louco**: *O homem ficou doido e só fala e faz bobagens.*

DOIS (dois) Quantidade que é igual a uma unidade mais uma: *Amanda ganhou dois cachorrinhos de sua prima.*

DOMAR (do - mar) Deixar manso (o leão, o tigre e outros animais ferozes): *Os homens da fazenda domam os cavalos ferozes.*

DOMÉSTICO (do - més - ti - co) **1** Da vida da família: *Problemas domésticos se resolvem em casa.* **2** Que vive ou é criado em casa (animal): *O cachorro é o animal doméstico mais comum.*

DOMINGO (do - min - go) O primeiro dia da semana: *Domingo de manhã todos os meus amigos se reúnem para andar de bicicleta no parque.*

DONO (do - no) Pessoa que possui algo; também se diz **proprietário**: *Nosso campo de futebol acabou porque o dono vendeu o terreno.*

DOR (dor) **1** Sensação ruim, causada por doença ou machucado: *A cozinheira sentiu dor ao cortar o dedo.* **2** O mesmo que **sofrimento**: *A dor da separação foi muito grande.* Ⓟ Plural: dores.

DORMIR (dor - mir) Pegar no sono: *Meu pai dormiu no sofá da sala.*

DOUTOR (dou - tor) O mesmo que **médico**: *O doutor disse que minha mãe precisa de descanso.* Ⓟ Plural: doutores.

DOZE (do - ze) Quantidade que é igual a dez unidades mais duas: *O ano tem doze meses.*

DRAGÃO (dra - gão) Animal de fábula, com cauda de serpente, chifres e grandes asas, que solta fogo pela boca: *O filme conta a história de um dragão muito feroz.* Ⓟ Plural: dragões.

DRAMATIZAR (dra - ma - ti - zar) Transformar em peça de teatro: *A professora de arte vai dramatizar com os alunos a história de Chapeuzinho Vermelho.*

DRIBLAR (dri - blar) Enganar os adversários num jogo, numa situação qualquer: *Ronaldo é um jogador que sabe driblar.*

DRIBLE (dri - ble) Ato de driblar: *O atleta fez um belo drible no jogo.*

DROGA (dro - ga) **1** Remédio que só pode ser comprado com receita indicada por um médico: *O médico receitou à Dora uma nova droga contra dor de cabeça.* **2** Aquilo que altera os sentidos, torna-se um vício e prejudica a saúde: *Aquela clínica ajuda pessoas viciadas em drogas a abandonar o vício.* **3** Coisa ruim: *Aquele filme é uma droga.*

DROGARIA (dro - ga - ri - a) O mesmo que **farmácia**: *Na drogaria São José o preço dos remédios está mais baixo.*

DUBLAR (du - blar) Fazer a voz de outra pessoa: *Alguns atores famosos dublam filmes para televisão.*

DUPLA (du - pla) Conjunto de duas coisas ou duas pessoas: *Ouvi uma bonita música com uma dupla de cantores.*

DURAÇÃO (du - ra - ção) Tempo em que alguma coisa acontece: *A duração da aula é de 50 minutos.*

DURANTE (du - ran - te) Naquele período de tempo: *Durante toda a festa, ela não tirou os olhos do namorado.*

DURAR (du - rar) **1** Não se gastar: *O ouro dura séculos.* **2** Continuar por certo tempo: *A viagem durou dez dias.*

DUREZA (du - re - za) Qualidade de duro: *Os metais são conhecidos pela sua dureza.*

DURO (du - ro) **1** Difícil de furar, de cortar: *O couro desta bolsa é muito duro.* **2** O mesmo que **difícil**: *Foi duro fazer esta tarefa de matemática.* ⭐ **Estar duro:** estar sem dinheiro: *Meu irmão não me levou ao cinema pois está duro.*

DÚVIDA (dú - vi - da) **1** Falta de certeza: *Meu irmão estava em dúvida sobre o curso que devia fazer.* **2** Dificuldade para se decidir: *O operário tinha dúvida se devia aceitar o emprego.*

DUVIDAR (du - vi - dar) **1** Estar em dúvida sobre algo, ter dúvida: *Duvido que ele vá à festa.* **2** Não acreditar: *Duvido que ela consiga passar de ano.*

DÚZIA (dú - zia) Conjunto de doze objetos do mesmo tipo: *Comprei uma dúzia de rosas para a professora.*

DVD Abreviatura emprestada da língua inglesa (*Digital Video Disc*) para dar nome a: **1** Tipo de disco que pode conter grande quantidade de sons e imagens: *Ganhei um DVD muito bonito de filmes infantis.* **2** O aparelho que toca esse disco, que apresenta os sons e as imagens numa tela de televisão: *Assim que chegar em casa vou ligar o DVD para assistir a meu desenho favorito.*

E Quinta letra do alfabeto português.

ECO (e - co) Repetição de um som: *Nas montanhas, ouvimos o eco do trovão.*

ECOLOGIA (e - co - lo - gi - a) Ciência que estuda a a relação entre os seres vivos e ambiente em que vivem: *A ecologia nos ensina a respeitar o meio ambiente.*

EDIFÍCIO (e - di - fí - cio) O mesmo que **prédio**: *Aquele edifício novo tem 20 andares.*

EDITORA (e - di - to - ra) Local onde se fazem e se publicam livros e revistas: *Rosana trabalha em uma grande editora.*

EDUCAÇÃO (e - du - ca - ção) **1** O mesmo que **ensino**: *Essa escola é famosa pela educação que oferece aos alunos.* **2** Conhecimento e prática de boas maneiras: *Esta menina não tem educação; não sabe se comportar à mesa e não respeita os colegas.*

EDUCADO (e - du - ca - do) **1** Que recebeu educação: *Ele foi educado em ótimas escolas e com bons professores.* **2** Que tem boa educação, atenção para com os outros, boas atitudes: *Esse menino é muito educado; diz sempre "obrigado" e "por favor".* ⓟ Plural: educações.

EDUCAR (e - du - car) **1** Transmitir conhecimentos ao aluno em uma escola; também se diz **ensinar**: *Os professores dessa escola educam muito bem seus alunos.* **2** Fazer conhecer e praticar boas maneiras: *Os pais precisam educar seus filhos por meio de bons exemplos para que tenham boas atitudes.*

EFEITO (e - fei - to) Resultado de uma ação: *O efeito de cortar árvores é a destruição do meio ambiente.*

ÉGUA (é - gua) Fêmea do cavalo: *Aprendi hoje que a fêmea do boi é a vaca e que a fêmea do cavalo é a égua.*

ELÁSTICO (e - lás - ti - co) **1** Que pode ser esticado, curvado ou apertado: *Titia fez uma fantasia com material elástico.* **2** Pedaço fino de borracha usado para prender coisas: *A modelo prendeu o cabelo com elástico.*

ELEFANTE (e - le - fan - te) Maior animal mamífero terrestre, muito conhecido por sua tromba: *Fui ao zoológico e fiquei impressionado com o tamanho do elefante.*

ELEGER (e - le - ger) Escolher por meio de voto: *O povo elegeu o novo presidente do país.*

ELEIÇÃO (e - lei - ção) Ato de eleger: *O representante da classe foi escolhido por eleição.* ⓟ Plural: eleições.

ELETRICIDADE (e - le - tri - ci - da - de) Força ou energia que produz a luz elétrica e movimenta máquinas e motores, como geladeira, televisão, rádio, freezer, micro-ondas e muitos outros: *Todos os aparelhos de casa funcionam com eletricidade.*

ELÉTRICO (e - lé - tri - co) Que tem energia elétrica; que é movido por eletricidade: *Papai me disse para ter cuidado com aparelhos elétricos.*

ELEVADOR (e - le - va - dor) Cabine para subir ou descer pessoas ou cargas em um edifício: *Preste atenção ao entrar no elevador.* ⓟ Plural: elevadores.

ELIMINAR (e - li - mi - nar) **1** Fazer desaparecer: *Mamãe eliminou da lista de compras tudo o que era caro.* **2** Fazer sair do organismo: *No verão, o corpo elimina mais suor.*

ELOGIAR (e - lo - gi - ar) Dizer palavras que fazem uma pessoa se sentir mais importante: *O professor elogiou a inteligência do aluno.*

EMA (e - ma) Ave brasileira que tem pernas compridas, pescoço longo e não voa: *Já vi um filme que mostrava muitas emas correndo pelos campos no Sul do Brasil.*

E-MAIL (lê-se *imêil*) **1** Correio eletrônico utilizado para enviar mensagens pelo computador: *Gosto de me comunicar por e-mail porque é muito rápido.* **2** Mensagem ou carta enviada ou recebida por correio eletrônico: *Recebi um e-mail de minha amiga que mora na Bahia.* **3** Endereço eletrônico para onde se enviam mensagens: *Se você quiser se comunicar com a Aninha, o e-mail dela é aninha@aninha.com.br.*

EMBAIXO (em - bai - xo) Na parte inferior: *Meu caderno está embaixo daqueles livros.*

EMBARCAÇÃO (em - bar - ca - ção) Veículo próprio para viajar em mar, lago ou rio: *Navio, barco e canoa são embarcações.* ⓟ Plural: embarcações.

EMBARCAR (em - bar - car) Entrar em um trem, ônibus, avião ou qualquer outro veículo para viajar: *Meus pais embarcaram no avião.*

EMBARQUE (em - bar - que) Ato de embarcar: *Houve confusão no embarque por causa do grande número de passageiros.*

EMBORA (em - bo - ra) Palavra que dá a ideia de partir: *Hoje a classe vai embora mais cedo.*

EMBRULHAR (em - bru - lhar) **1** Enrolar em papel ou em qualquer outro material para proteger o que está dentro: *Minha prima pediu para embrulhar o brinquedo para presente.* **2** Não ser honesto com alguém: *O vendedor nos embrulhou no preço.*

EMBRULHO (em - bru - lho) Objeto enrolado em papel ou em qualquer outro material; também se diz **pacote**: *Estou curioso para saber o que tem no embrulho que minha mãe deixou na sala.*

EMENDAR (e - men - dar) Juntar partes para formar um todo: *Minha avó emendou pequenos pedaços de tecido e fez uma colcha maravilhosa.*

EMITIR (e - mi - tir) **1** Produzir luz ou som: *O aparelho devia ter algum defeito pois emitia um som muito fraco.* **2** Enviar alguma coisa para alguém: *Ela emitiu uma carta para a mãe que morava longe.*

EMOÇÃO (e - mo - ção) Sentimento forte, mas passageiro, causado por surpresa, medo ou alegria: *Titia sentiu uma grande emoção ao ver o filho de volta.* ⓟ Plural: emoções.

EMOCIONAR (e - mo - ci - o - nar) **1** Causar emoção: *A história do menino órfão emocionou o mundo inteiro.* **2** Sentir emoção: *Jair emocionou-se ao ver a filha receber o diploma.*

EMPATAR (em - pa - tar) Chegar ao final de um jogo ou competição sem que haja vencedor: *A seleção de futebol do Brasil empatou com a da Argentina.*

EMPATE (em - pa - te) Ato de empatar: *Houve empate entre os times.*

EMPREGADO (em - pre - ga - do) **1** Pessoa que trabalha em algum lugar recebendo um salário; também se diz **funcionário**: *Os empregados de bancos não trabalham aos sábados e domingos.* **2** Que foi usado, utilizado: *No texto, a palavra "jogo" foi empregada querendo dizer "esporte" e não "brincadeira".*

EMPREGAR (em - pre - gar) **1** Dar emprego a alguém: *O dono da loja empregou os parentes.* **2** O mesmo que **usar**: *Os meninos empregaram objetos velhos para fazer brinquedos.*

EMPREGO (em - pre - go) **1** Trabalho que se realiza para receber salário: *O rapaz conseguiu um emprego de motorista.* **2** O local onde se está empregado: *O emprego de minha irmã fica longe de casa.*

EMPRESA (em - pre - sa) Sociedade organizada que fabrica algum produto para vendê-lo ou oferece serviços; também se diz **companhia**: *Meus tios são donos de uma empresa de peças de automóveis.*

EMPRESTAR (em - pres - tar) **1** Entregar alguma coisa a uma pessoa, que deverá devolvê-la depois: *Emprestei meu caderno a uma colega.* **2** Oferecer dinheiro por um tempo a uma pessoa, que deverá pagar de volta: *O patrão emprestou uma grande quantia de dinheiro ao amigo, que prometeu pagar-lhe em dois meses.*

EMPURRÃO (em - pur - rão) Ato de empurrar: *Levei um empurrão no portão do estádio.* ⓟ Plural: empurrões.

EMPURRAR (em - pur - rar) Fazer algo ou alguém se mexer, geralmente com força: *Empurramos a mesa para o outro lado da cozinha.*

ENCHENTE (en - chen - te) Grande quantidade de água devido a chuvas que faz um rio encher muito e invadir casas, ruas etc.; também se diz **inundação**: *A enchente quase destruiu a cidade.*

ENCHER (en - cher) Ficar ou tornar cheio: *Enchi o copo com água e bebi tudo de uma vez, porque estava com muita sede.*

ENCICLOPÉDIA (en - ci - clo - pé - dia) Livro ou coleção de livros para consulta que trazem grande parte dos conhecimentos humanos: *O aluno consultou uma enciclopédia para fazer o trabalho sobre o descobrimento do Brasil.*

ENCOLHER (en - co - lher) **1** Diminuir de tamanho: *Meu pai comprou a calça maior porque ela vai encolher depois de lavada.* **2** Ficar curvado em um canto, geralmente por medo ou vergonha: *Quando está com medo, meu cachorro se encolhe no fundo da casinha.*

ENCONTRAR (en - con - trar) **1** Achar o que se procurava: *Encontrei a tampa da caneta que tinha perdido.* **2** Reunir-se com uma ou mais pessoas: *Os amigos se encontraram na porta do cinema.* **3** Descobrir por acaso: *Encontrei fotos de quando eu era bebê na casa do vovô.*

ENCONTRO (en - con - tro) Ato de encontrar-se com alguém: *Marcamos o encontro no colégio onde estudamos.*

ENCOSTAR (en - cos - tar) **1** Colocar perto ou junto: *O bebê encostou a cabeça no meu ombro e dormiu.* **2** Deixar de lado: *O clube encostou o jogador no banco de reservas.*

ENCURTAR (en - cur - tar) Deixar mais curto: *Antes de ir à festa, Carla encurtou o vestido.*

ENDEREÇO (en - de - re - ço) Nome da rua, número da casa, nome do bairro e da cidade onde se mora: *Na carta que enviou a Paulo, Pedro escreveu seu endereço no espaço do remetente.*

ENERGIA (e - ner - gi - a) **1** Força capaz de produzir eletricidade, calor ou movimento: *Este motor é movido a energia elétrica.* **2** Força do corpo: *As crianças não param de pular porque têm muita energia.*

ENFAIXAR (en - fai - xar) Passar uma faixa em volta de alguma coisa: *Enfaixei o machucado para não sair sangue.*

ENFEITAR (en - fei - tar) Colocar enfeite: *As meninas enfeitaram o salão com flores e pinturas na parede.*

ENFEITE (en - fei - te) Tudo o que se usa para ficar bonito: *Gosto de colocar enfeites coloridos no cabelo.*

ENFERMARIA (en - fer - ma - ri - a) Parte de hospitais, de escolas e de outros lugares onde as pessoas machucadas ou doentes são tratadas: *João torceu o pé e foi levado para a enfermaria da escola.*

ENFERMEIRO (en - fer - mei - ro) Profissão da pessoa que cuida de doentes: *O enfermeiro ficava ao lado daquele doente dia e noite.*

ENFIAR (en - fi - ar) Colocar dentro de algum lugar: *O operário enfiou o prego na madeira.*

ENFRENTAR (en - fren - tar) **1** Colocar ou colocar-se em frente de alguém ou algo, olhar de frente: *Ele enfrentou o inimigo, sem medo.* **2** Competir com uma pessoa, um time ou lutar contra ele: *Os times se enfrentarão hoje na final do campeonato da escola.*

ENGANAR (en - ga - nar) **1** Mentir ou fingir para uma pessoa, fazendo-a acreditar em algo que não é verdadeiro: *O menino enganou a mãe dizendo que ia para a escola e foi brincar.* **2** Fazer alguma coisa errada sem intenção: *Eu me enganei nas contas do problema.*

ENGANO (en - ga - no) Erro praticado por alguém: *A vendedora pediu desculpas pelo engano.*

ENGARRAFAMENTO (en - gar - ra - fa - men - to) **1** Ato de colocar algo dentro de garrafa: *Visitei uma fábrica de engarrafamento de suco.* **2** Grande número de veículos que torna o trânsito ruim: *Por causa da chuva, houve um grande engarrafamento na cidade.*

ENGASGAR (en - gas - gar) Ficar com algo na garganta dificultando a respiração: *Comi muito depressa e me engasguei com o pão.*

ENGATINHAR (en - ga - ti - nhar) Andar com os pés e as mãos no chão: *Ester engatinhou com sete meses de vida.*

ENGENHO (en - ge - nho) Fazenda em que se planta cana-de-açúcar e se fabricam açúcar e álcool: *Os escravos trabalhavam nos engenhos brasileiros.*

ENGOLIR (en - go - lir) **1** Passar da boca para o estômago, comendo ou bebendo; descer pela garganta: *Marco engoliu o comprimido.* **2** Aguentar alguma coisa sem falar nada; também se diz **suportar**: *Já estava cansado de engolir as mentiras daquele menino.*

ENGRAÇADO (en - gra - ça - do) Que tem graça, que faz rir: *Os palhaços daquele circo são muito engraçados.*

ENGRAXAR (en - gra - xar) **1** Dar graxa e brilho (ao calçado): *Meu tio gosta de engraxar seus sapatos.* **2** Passar graxa em peças de máquina: *O mecânico engraxou o motor do carro para ele funcionar melhor.*

ENGRAXATE (en - gra - xa - te) Pessoa que engraxa calçados: *O engraxate da praça deixou meus sapatos brilhando.*

ENORME (e - nor - me) De tamanho muito grande: *A cobra que atacou o boi é enorme.*

ENQUANTO (en - quan - to) No tempo em que: *Enquanto ela estuda, os irmãos brincam.* ★ **Por enquanto:** até agora: *Os meninos disseram que viriam, mas por enquanto não vi ninguém.*

ENROLAR (en - ro - lar) **1** Dar a alguma coisa uma forma parecida com um rolo: *Minha prima enrolou o tapete da sala para poder dançar.* **2** Fazer um embrulho: *André enrolou o presente com um lindo papel colorido.* **3** Enganar alguém: *Não fique me enrolando e faça logo a lição de casa.*

ENSAIAR (en - sai - ar) Treinar com frequência: *O coro ensaiou as músicas novamente.*

ENSAIO (en - sai - o) Repetição de alguma ação diversas vezes: *Faremos vinte ensaios antes de apresentar a peça para toda a escola.*

ENSINAMENTO (en - si - na - men - to) Ato de ensinar: *Não vou me esquecer de nenhum dos ensinamentos de meus pais.*

ENSINAR (en - si - nar) **1** O mesmo que **educar**: *A tarefa da escola é ensinar os alunos, mas a família tem que participar.* **2** Orientar alguém sobre alguma coisa: *O guarda me ensinou como chegar ao hospital.* **3** Dar aulas: *O professor ensinou naquela escola por vinte anos.*

ENSINO (en - si - no) Conhecimento sobre uma disciplina que se passa ao aluno em uma escola; o mesmo que **educação**: *O ensino nas escolas está diferente; hoje as matérias têm relação uma com as outras.*

ENTÃO (en - tão) **1** Nesse ou naquele tempo: *A modelo casou-se e, desde então, nunca mais desfilou.* **2** Nesse caso: *Se você ficar quieto, então poderá escutar a música.*

ENTENDER (en - ten - der) **1** Compreender o sentido do que ouviu, leu ou viu: *Não entendi uma palavra e procurei o significado dela no dicionário.* **2** Saber fazer ou conhecer bem: *Aquela aluna entende de matemática como ninguém.* **3** Combinar bem com outra pessoa: *Elas são boas amigas, porque se entendem em tudo.*

ENTERRAR (en - ter - rar) Colocar debaixo da terra: *O coveiro enterra os mortos.*

ENTRADA (en - tra - da) **1** Participação de alguma atividade em grupo: *A entrada do jogador na seleção alegrou a torcida.* **2** Lugar por onde se entra: *Acendeu os faróis do carro na entrada do túnel.* **3** Ingresso que permite entrar num lugar: *Comprei duas entradas para o cinema.* ✪ **Entrada franca:** ingresso grátis: *No clube, os sócios não precisam pagar, têm entrada franca.*

ENTRAR (en - trar) **1** Ir para dentro de um lugar: *O cachorro entrou em casa porque deixaram a porta aberta.* **2** Participar de atividades com outras pessoas: *Entrei no jogo para ajudar meu time a ganhar.* **3** Iniciar alguma coisa: *Preciso passar de ano antes de entrar em férias.*

ENTRE (en - tre) **1** No meio de: *Entre os vestidos da loja, Marina escolheu o vermelho.* **2** No espaço que separa duas coisas ou duas pessoas: *No cinema, sentei entre minha mãe e meu pai.*

ENTREGA (en - tre - ga) Ato de entregar: *O carteiro faz a entrega de cartas e telegramas todos os dias.*

ENTREGAR (en - tre - gar) **1** Dar alguma coisa para alguém: *João entregará hoje o trabalho de matemática.* **2** Trazer ou levar de volta: *Por favor, entregue-me o livro que emprestei para você.*

ENVELOPE (en - ve - lo - pe) Papel dobrado onde se colocam cartas: *Helena comprou um pacote de envelopes cor-de-rosa para mandar cartas ao namorado.*

ENVIAR (en - vi - ar) Fazer chegar a algum endereço ou a algum lugar: *Meu vizinho enviou um embrulho para a irmã que está no Japão.*

ENXADA (en - xa - da) Ferramenta usada para cavar a terra: *Meu pai cavou um buraco com a enxada para plantar o pé de jabuticaba.*

ENXERGAR (en - xer - gar) Usar a visão para perceber o que está perto ou longe: *Pedro não enxergou o buraco e caiu.*

ENXUGAR (en - xu - gar) Secar o que está molhado: *Clara lavou e enxugou a louça depois do almoço.*

ÉPOCA (é - po - ca) Período de tempo ou momento em que certos fatos acontecem em um lugar ou na vida de uma pessoa: *Na época em que vovô era criança, não existia internet.*

EQUILIBRAR (e - qui - li - brar) Pôr ou ficar em equilíbrio: *O garçom consegue equilibrar a bandeja cheia de copos.*

EQUILÍBRIO (e - qui - lí - brio) Estado em que algo ou alguém se mantém na mesma posição sem se inclinar para nenhum lado, sem balançar: *Os artistas de circo andam em uma corda sem perder o equilíbrio.*

EQUIPE (e - qui - pe) Grupo de pessoas que realizam uma atividade ou participam de uma competição esportiva: *A equipe de natação da minha escola venceu o campeonato da cidade.*

ERGUER (er - guer) Pôr uma coisa ou uma pessoa no alto: *A mãe ergueu o bebê e colocou-o na cama.*

ERRAR (er - rar) **1** Não fazer certo: *Pedro errou várias questões da prova.* **2** Enganar-se em alguma coisa: *Errei ao achar que sabia toda a lição.*

ERRO (er - ro) **1** Aquilo que não se fez do jeito que devia ser feito ou que não está certo: *Elis fez uma redação com poucos erros de português.* **2** Aquilo que não se deve fazer: *Mentir é um erro.*

ERVA (er - va) Planta cheia de folhas, geralmente de baixa altura, que tem o caule sempre verde e mole; muitas são usadas para fazer chá ou temperar comida, outras são venenosas ou prejudicam o desenvolvimento das plantações: *Minha avó toma chá de alguma erva todas as tardes.*

ESCADA (es - ca - da) Conjunto de degraus, um depois do outro, para subir e descer: *Meu pai precisou subir na escada para trocar a lâmpada queimada.*

ESCAMA (es - ca - ma) Cada uma das pequenas lâminas que cobrem o corpo de peixes e outros animais: *Antes de cozinhar, deve-se lavar o peixe, tirar as escamas e temperar.*

ESCAPAR (es - ca - par) **1** Salvar-se de algum perigo ou dificuldade: *O motorista escapou do acidente sem nenhum machucado.* **2** Fugir do lugar onde estava preso: *O ladrão escapou da prisão pelo portão principal.* **3** Sair aos poucos: *Que perigo! O gás estava escapando e ninguém percebeu.*

ESCOLA (es - co - la) O mesmo que **colégio**: *Recebi os primeiros ensinamentos numa escola do interior.*

ESCOLAR (es - co - lar) Referente a tudo aquilo que é da escola: *Comprei o material escolar do meu filho ontem.* ⓟ Plural: escolares.

ESCOLHA (es - co - lha) Ato de escolher: *O professor fez a escolha dos trabalhos que seriam premiados.*

ESCOLHER (es - co - lher) **1** Selecionar alguma coisa ou alguma pessoa para determinada atividade: *O diretor escolheu os melhores alunos para representar o colégio.*

2 Decidir o que se quer fazer: *Meu irmão escolheu ser dentista.*

ESCONDER (es - con - der) **1** Colocar onde não possa ser visto ou encontrado: *O turista escondeu os papéis no fundo da mala.* **2** Manter em segredo, não deixar que se perceba: *O vizinho escondeu os motivos de sua partida.*

ESCONDERIJO (es - con - de - ri - jo) Lugar onde se esconde uma coisa ou pessoa: *A polícia encontrou o esconderijo dos assaltantes.*

ESCORPIÃO (es - cor - pi - ão) Animal que gosta de viver escondido debaixo de pedras, madeiras podres ou enterrado em solo úmido e em lugares quentes como os desertos; sai principalmente à noite para se alimentar de aranhas e insetos, que ele ataca e mata com o veneno da cauda: *Alguns escorpiões têm um veneno tão forte que pode matar um homem.* Ⓟ Plural: escorpiões.

ESCORREGADOR (es - cor - re - ga - dor) Brinquedo de parques infantis em que a criança sobe por uma escada até o topo, de onde desce sentada por uma passagem estreita e inclinada: *Entre todos os brinquedos do parque, prefiro o escorregador.* Ⓟ Plural: escorregadores.

ESCORREGAR (es - cor - re - gar) Mover-se, empurrado pelo próprio peso, em lugar liso: *Escorreguei no chão molhado.*

ESCOVA (es - co - va) Peça de madeira ou de plástico, com pelos mais ou menos duros, com ou sem cabo, usada para pentear o cabelo, dar brilho em sapatos, limpar chão e objetos sujos e muitas outras utilidades: *Ganhei um estojo com espelho, pente e uma escova de cabelo.* ★ **Escova de dentes:** escova com cabo, especial para limpar os dentes: *Troco a minha escova de dentes a cada três meses.*

ESCOVAR (es - co - var) Limpar ou lustrar algo com escova; passar escova: *Meu pai escova os sapatos todos os dias antes de ir trabalhar.*

ESCRAVO (es - cra - vo) Pessoa que não tem liberdade e é obrigada a obedecer a um dono: *Naquela antiga fazenda de café trabalhavam muitos escravos.*

ESCREVER (es - cre - ver) **1** Fazer letras ou sinais em papel ou outra superfície para mostrar suas ideias ou pensamentos ou dar uma informação: *Escreva o seu nome aqui, por favor.* **2** Contar fazendo letras ou sinais: *Vovô escreveu uma história de aventura.* **3** Mandar cartas: *Lucas escreve sempre para o pai, que mora longe.*

ESCRITOR (es - cri - tor) Pessoa que escreve histórias, poesia etc.: *Já li livros de muitos escritores.* Ⓟ Plural: escritores.

ESCURECER (es - cu - re - cer) **1** Tornar escuro: *Para dormir, escureci o quarto fechando a janela.* **2** Ficar escuro: *O dia escureceu com muita rapidez e caiu uma forte chuva.*

ESCURIDÃO (es - cu - ri - dão) Falta de luz: *Ninguém saiu de casa por causa da escuridão da noite.* ⓟ Plural: escuridões.

ESCURO (es - cu - ro) **1** Em que não há luz: *A sala estava escura.* **2** De cor próxima ao preto: *O cabelo de Vivian é muito escuro.* **3** Lugar onde há pouca ou nenhuma luz: *Meu irmãozinho tem medo de escuro.*

ESCUTAR (es - cu - tar) Ouvir com atenção: *Com esse barulho não consigo escutar o que a professora está falando.*

ESFORÇAR (es - for - çar) Fazer esforço: *O doente esforçou-se para sair da cama.*

ESFORÇO (es - for - ço) **1** Uso de força ou energia: *Foi preciso grande esforço para levar esta caixa pesada até a casa de Maria.* **2** Disposição e força de vontade para lutar por um objetivo: *Ele não fez nenhum esforço para conseguir o emprego.*

ESFREGAR (es - fre - gar) Passar repetidas vezes a mão ou outro objeto sobre uma superfície: *O faxineiro esfregou a vassoura para lavar o chão do pátio da escola.*

ESFRIAR (es - fri - ar) Perder o calor, ficar frio: *O café esfriou na xícara.*

ESGOTO (es - go - to) Conjunto de canos para onde vão as águas da chuva e as águas sujas da pia da cozinha, da pia do banheiro, do tanque, da descarga da privada, dos ralos de uma casa ou de um prédio: *O esgoto de São Paulo é enorme.*

ESGUICHAR (es - gui - char) Soltar um líquido com força por um tubo ou furo; também se diz **espirrar**: *A torneira esguichava água por todos os lados.*

ESPAÇO (es - pa - ço) **1** Lugar onde estão as estrelas, os planetas e outros astros celestes; Universo: *O Sol e as outras estrelas giram pelo espaço.* **2** Distância entre duas ou mais pessoas ou coisas: *O espaço entre uma carteira e outra é de meio metro.* **3** Intervalo em branco entre palavras ou linhas: *O professor pede aos alunos que deixem espaço entre as linhas da redação.* **4** Lugar onde se pode acomodar alguma coisa ou alguém: *No meu carro ainda há espaço para mais duas crianças.*

ESPADA (es - pa - da) Arma com uma lâmina comprida e com ponta: *Os guerreiros lutavam com espadas muito pesadas.*

ESPALHAR (es - pa - lhar) **1** Pôr ou jogar coisas em vários lugares: *Enquanto a mãe foi até a cozinha, a criança espalhou os brinquedos pelo quarto.* **2** Deixar cair alguma coisa: *O bebê espalhou a comida pelo chão.* **3** Contar para todo mundo: *A vizinha espalhou os segredos da amiga para todo o bairro.* **4** Ocupar espaço maior: *O fogo se espalhou pela mata por causa do vento.*

ESPANTALHO (es - pan - ta - lho) Boneco que se coloca no meio das plantações para espantar pássaros: *Meu avô fazia espantalhos de palha e punha no meio da plantação de milho.*

ESPANTAR (es - pan - tar) **1** Dar susto em alguém; também se diz **assustar**: *Espantou os irmãos mais novos, fingindo ser um fantasma.* **2** Causar espanto: *A inteligência*

dele me espanta. **3** Fazer fugir: *O caipira espantava as galinhas com uma vara.*

ESPANTO (es - pan - to) Grande surpresa, boa ou má: *Para mim foi um espanto ver meus amigos na festa que mamãe preparou quando fiz dez anos.*

ESPARADRAPO (es - pa - ra - dra - po) Faixa com cola especial, usada para cobrir machucados: *Precisei colocar um esparadrapo no machucado para parar de sair sangue.*

ESPECIAL (es - pe - ci - al) **1** Que só tem uma finalidade: *Este produto é especial para limpeza.* **2** Que pertence a uma só coisa ou pessoa: *O ator mandou fazer uma roupa especial para seu tamanho.* **3** Que é diferente, melhor ou maior do que geralmente é: *Aquela professora nos dava atenção especial.*
P Plural: especiais.

ESPÉCIE (es - pé - cie) **1** Grupo de animais e plantas que têm características parecidas: *Meu tio cria várias espécies de pássaros.* **2** Qualquer coisa comparada a outra que é parecida, mas não é igual: *Aquela bolsa é uma espécie de carteira, só que maior.*

ESPELHO (es - pe - lho) Superfície de vidro especial que reproduz a luz ou as imagens: *A modelo olhou-se no espelho antes de sair.*

ESPERA (es - pe - ra) Ato de esperar, de aguardar: *A espera pelo avião foi grande.*

ESPERANÇA (es - pe - ran - ça) Fé em que algo que se deseja vai acontecer: *Tenho esperança de que dias melhores virão.*

ESPERAR (es - pe - rar) **1** Ter esperança: *Espero que todos colaborem na campanha contra o mosquito da dengue.* **2** Ficar à espera de alguma pessoa: *Carlos está esperando seu irmão chegar para irem ao cinema.* **3** Aguardar um acontecimento: *Estamos todos esperando para ver o jogo do time de futebol da escola.*

ESPERTEZA (es - per - te - za) Ação ou qualidade de pessoa inteligente, sabida: *Que esperteza tem este menino! Aprende tudo muito depressa.*

ESPERTO (es - per - to) **1** Que é inteligente: *Joaquim tira sempre boas notas na escola; ele é muito esperto.* **2** Que faz as coisas com maior rapidez: *Você precisa ser mais esperto na arrumação de seu quarto.* **3** Que consegue o que quer, agindo certo ou errado: *Ele é um homem esperto, mas vai acabar se dando mal.*

ESPETÁCULO (es - pe - tá - cu - lo) Apresentação de teatro, música, circo, cinema, esporte etc.; também se diz **show**: *O espetáculo de dança acontecerá no teatro da escola.*

ESPETAR (es - pe - tar) Furar, ferir ou cutucar com a ponta de alguma coisa: *O espinho da rosa espetou minha mão.*

ESPIAR (es - pi - ar) Olhar sem que os outros percebam: *De longe fiquei espiando o que meu irmão aprontava.*

ESPICHAR (es - pi - char) Alongar ou esticar alguma coisa: *Vovô espichou o corpo no sofá para descansar um pouco.*

ESPIGA (es - pi - ga) Parte do milho, do trigo, do arroz e de outras plantas que contêm os grãos: *A espiga do trigo é muito usada para enfeitar vasos de flores.*

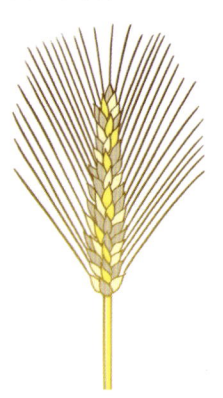

ESPINHO (es - pi - nho) Ponta dura e fina do caule, flores ou frutos de algumas plantas: *A rosa é uma flor que tem espinhos.*

ESPIRAL (es - pi - ral) **1** Linha que faz voltas a partir de um ponto e vai se afastando dele aos poucos: *Desenhei uma espiral no caderno.* **2** Qualquer coisa que tem essa forma: *As folhas de meu caderno ficam presas em uma espiral de plástico.* ⓟ Plural: espirais.

ESPÍRITO (es - pí - ri - to) A parte do ser humano que não se pode tocar: *Muitas pessoas acreditam que o ser humano tem corpo e espírito.*

ESPIRRAR (es - pir - rar) **1** Dar espirros: *Espirrei várias vezes por causa da poeira.* **2** O mesmo que **esguichar**: *Quando ela abriu a torneira, espirrou água por toda parte.*

ESPIRRO (es - pir - ro) Ato de soltar com força o ar pelo nariz e pela boca: *O espirro pode transmitir a gripe.*

ESPONJA (es - pon - ja) **1** Nome de um grande grupo de animais, a maioria do mar, que têm muitos furos no corpo, pelos quais entra e sai a água: *As esponjas vivem no fundo do mar.* **2** Material com furos usado para tomar banho, lavar pratos ou outros objetos: *A esponja de lavar louça precisa estar sempre limpa.*

ESPORTE (es - por - te) Conjunto de exercícios para o corpo, geralmente com regras, que se faz sozinho ou em grupo: *Natação e futebol são esportes muito populares.*

ESPORTIVO (es - por - ti - vo) Próprio do esporte ou que tem relação com ele: *Sempre compro meus tênis em loja de artigos esportivos.*

ESPOSO (es - po - so) O mesmo que **marido**: *O esposo da rainha é o rei.*

ESPREGUIÇAR (es - pre - gui - çar) Esticar os braços e as pernas, bocejando, para tirar a preguiça: *Papai estava se espreguiçando no sofá.*

ESPUMA (es - pu - ma) Pequenas bolhas que se formam sobre líquidos que se agitam (como o mar), que fervem (como a água fervendo) ou que têm sabão ou sabonete: *É gostoso tomar banho e fazer muita espuma com sabonetes perfumados.*

ESQUECER (es - que - cer) **1** Tirar da memória: *Nunca vou esquecer nossa viagem para a praia.* **2** Deixar alguma coisa em um lugar por falta de atenção: *Quando cheguei à escola, vi que tinha esquecido o caderno em casa.* **3** Não fazer alguma coisa por estar distraído: *Eu me esqueci de fazer os exercícios de matemática.*

ESQUECIMENTO (es - que - ci - men - to) Ato de esquecer: *Vovó não fez o bolo que eu adoro e pediu desculpas pelo esquecimento.*

ESQUELETO (es - que - le - to) Conjunto dos ossos do corpo do ser humano e dos animais: *Na aula de ciências a professora mostrou um desenho do esqueleto do corpo humano.*

ESQUENTAR (es - quen - tar) **1** Aumentar o calor de alguma coisa; deixar quente: *Mamãe esquentou água para fazer café.* **2** Perder a calma: *Ele se esquenta sem razão.*

ESQUERDA (es - quer - da) **1** A mão oposta à mão direita: *Não consigo escrever com a esquerda.* **2** Lado esquerdo: *Fique sempre na esquerda da avenida para poder entrar na rua da praça.*

ESQUERDO (es - quer - do) Que está do lado em que bate o coração; do lado contrário ao direito: *A bicicleta passou pelo lado esquerdo da calçada.*

ESQUINA (es - qui - na) Canto onde duas ruas ou avenidas se encontram: *A esquina da rua em que moro é muito movimentada e perigosa.*

ESQUISITO (es - qui - si - to) Diferente do que é comum; também se diz **estranho**: *Que cheiro esquisito tem este lugar!*

ESSENCIAL (es - sen - ci - al) Aquilo que é mais importante; também se diz **fundamental**: *Para saber escrever, é essencial conhecer as letras do alfabeto.* ⓟ Plural: essenciais.

ESTAÇÃO (es - ta - ção) **1** Lugar onde param os trens, os ônibus para os passageiros embarcarem ou desembarcarem: *No final do ano, aumenta o movimento nas estações de trem.* **2** Cada um dos quatro períodos do ano (primavera, verão, outono e inverno): *Minha cidade é bonita nas quatro estações do ano, mas no verão é mais ainda.* ⓟ Plural: estações.

ESTACIONAR (es - ta - ci - o - nar) Parar um veículo em algum lugar: *O motorista estacionou o carro na garagem.*

ESTÁDIO (es - tá - dio) Lugar onde acontecem competições esportivas, com espaço para o público: *O jogo foi realizado no maior estádio do país.*

ESTADO (es - ta - do) **1** Modo de ser ou estar: *Meu tio ficou em ótimo estado depois que fez a cirurgia.* **2** Cada uma das formas que pode ter a matéria (estado sólido, líquido ou gasoso): *A água do rio está no estado líquido, e o vapor de água no estado gasoso.* **3** Conjunto de unidades que formam determinados países: *O maior estado do Brasil é o Amazonas.*

ESTANTE (es - tan - te) Móvel próprio para guardar livros ou outros objetos: *Meu pai comprou uma nova estante para arrumar melhor os livros.*

ESTAR (es - tar) **1** Ter um sentimento, bom ou mau: *Ontem eu estava triste, mas hoje estou feliz.* **2** Ficar em certo lugar por determinado tempo: *Titio estará aqui até amanhã.* **3** Fazer uma visita: *O presidente esteve em nossa cidade.*

ESTENDER (es - ten - der) Deixar esticado para que não fique dobrado: *Minha mãe estende a roupa no varal para secar.*

ESTICAR (es - ti - car) Puxar para ficar mais comprido: *O aluno esticou o braço para pegar a borracha que tinha caído no chão.*

ESTILINGUE (es - ti - lin - gue) Instrumento usado para atirar pedrinhas: *As crianças não brincam mais com estilingue porque podem machucar os pássaros.*

ESTIMAÇÃO (es - ti - ma - ção) Amor especial que se tem por uma pessoa, um animal ou uma coisa: *É muito bom ter um animal de estimação como um gato, um cachorro, uma tartaruga ou um peixinho.*

ESTIMULAR (es - ti - mu - lar) Aumentar a ação ou a energia de alguma coisa: *Esse exercício estimula o cérebro.*

ESTOJO (es - to - jo) Objeto de madeira, tecido, plástico ou outro material que serve para guardar objetos: *Larissa guarda os lápis de cor no seu estojo novo.*

ESTÔMAGO (es - tô - ma - go) Um dos órgãos da digestão: *Comer muito depressa prejudica o estômago.*

ESTOURAR (es - tou - rar) **1** Dar um estouro; também se diz **explodir**: *Sérgio estourou as bexigas e Lucas se assustou.* **2** Fazer arrebentar: *Vou estourar pipoca e ver um filme na televisão.*

ESTOURO (es - tou - ro) Barulho forte de coisa que arrebentou: *O estouro da bexiga assustou o bebê.*

ESTRADA (es - tra - da) Caminho para o trânsito de pessoas e veículos: *A nova estrada vai encurtar o caminho para a escola.*

ESTRAGAR (es - tra - gar) **1** Causar dano: *A chuva forte estragou o telhado da casa.* **2** Estar impróprio para comer por ter ficado podre: *As frutas ficaram fora da geladeira e estragaram.*

ESTRANGEIRO (es - tran - gei - ro) **1** Que é natural de outro país: *Há muitas pessoas estrangeiras no Brasil.* **2** Conjunto de todos os outros países, menos aquele onde estamos: *Minha prima Vivi mora no estrangeiro.*

ESTRANHO (es - tra - nho) **1** Que não é conhecido: *O diretor proíbe a entrada de pessoas estranhas na escola.* **2** O mesmo que **esquisito**: *Aquele chapéu do vovô é muito estranho!*

ESTREITO (es - trei - to) Que é apertado: *O corredor deste hospital é estreito.*

ESTRELA (es - tre - la) **1** Astro que tem luz própria: *Você sabia que o Sol é uma estrela?* **2** Artista muito conhecido de teatro ou cinema: *Aquela atriz é uma estrela muito popular.*

ESTUDANTE (es - tu - dan - te) O mesmo que **aluno**: *Os estudantes vão fazer uma visita ao museu.*

ESTUDAR (es - tu - dar) **1** Usar a inteligência no estudo; ler, pesquisar, buscar compreender um assunto: *A menina precisa estudar matemática para fazer a prova.* **2** Observar com atenção: *A professora estudou o comportamento das abelhas.*

ESTUDO (es - tu - do) Pesquisa sobre um assunto: *O cientista fez um estudo completo sobre o oceano.*

ESTÚPIDO (es - tú - pi - do) **1** Que não é muito inteligente: *Não adianta ensinar, pois aquele cachorro é muito estúpido.* **2** Que não tem educação, é malcriado: *Achei que o novo aluno fosse estúpido, mas ele trata os colegas muito bem.*

ESVAZIAR (es - va - zi - ar) Retirar o conteúdo de alguma coisa; deixar vazio: *Caio estava com sede e esvaziou o copo de refrigerante em poucos segundos.*

ETC. (lê-se *eticétera*) Abreviatura da palavra em latim *et cetera*, que significa "e outras coisas": *Minha mãe foi à feira e comprou tomate, banana, maçã etc.*

EVITAR (e - vi - tar) **1** Tentar não fazer alguma coisa: *Evite sair na chuva, para não ficar resfriado.* **2** Impedir que alguma coisa aconteça: *Precisamos evitar que Gustavo abra a geladeira e veja o bolo que lhe daremos de presente de aniversário.*

EVOLUÇÃO (e - vo - lu - ção) Progresso que se consegue com uma série de mudanças: *A professora percebeu a evolução do aluno quando corrigiu a prova de matemática; ele não errou nenhum problema!* ⓟ Plural: evoluções.

EVOLUIR (e - vo - lu - ir) Ter progresso: *Minha prima evoluiu nos estudos e conseguiu um bom emprego.*

EXAGERAR (e - xa - ge - rar) Aumentar além do necessário ou fazer mais do que o normal: *Pedro sempre exagera quando come, por isso fica com dor no estômago.*

EXAME (e - xa - me) **1** Ato de examinar: *A médica fez um exame no doente.* **2** Prova que se faz na escola; também se diz **avaliação**: *Alfredo foi bem nos exames do final do ano.*

EXAMINAR (e - xa - mi - nar) Observar, estudar os detalhes de alguma coisa com atenção: *Papai examinou bem o terreno antes de comprá-lo.*

EXCELENTE (ex - ce - len - te) Muito bom, ótimo: *Tenha um excelente dia.*

EXCURSÃO (ex - cur - são) Passeio ou viagem que se faz em grupo: *Participei de uma excursão ao zoológico.* ⓟ Plural: excursões.

EXECUÇÃO (e - xe - cu - ção) Ato de executar: *O ladrão falhou na execução do plano.* ⓟ Plural: execuções.

EXECUTAR (e - xe - cu - tar) **1** Fazer alguma coisa seguindo orientação dada: *Nós executamos o projeto para arrecadar dinheiro para a festa de Natal.* **2** Fazer uma apresentação musical: *O artista executou a peça no piano.*

EXEMPLAR (e - xem - plar) **1** Que pode ser seguido como exemplo: *Aquela menina teve uma atitude exemplar: ajudou uma velhinha a atravessar a rua.* **2** Cada indivíduo de certo tipo ou espécie de animal, vegetal ou mineral: *Aquele animal é um exemplar de uma espécie em extinção.* **3** Cada cópia de um livro: *Comprei um exemplar do novo dicionário.* ⓟ Plural: exemplares.

EXEMPLO (e - xem - plo) **1** Tudo o que pode ou deve ser seguido; também se diz **modelo**: *Meus pais sempre ajudam os outros, e isso é um bom exemplo para mim.* **2** Aquilo que serve de lição: *O aluno tirou nota baixa porque não estudou; é bom que ele tome isso como exemplo.*

EXERCÍCIO (e - xer - cí - cio) **1** O mesmo que **ginástica**: *Não gosto de exercícios que precisam de muito esforço.* **2** Trabalho de escola; também se diz **tarefa**, **lição** e **atividade**: *Tenho muitos exercícios de matemática para fazer no fim de semana.*

EXERCITAR (e - xer - ci - tar) Fazer exercícios; também se diz **treinar**: *João exercitou-se para a prova de canto.*

EXÉRCITO (e - xér - ci - to) Conjunto dos soldados de uma nação que são treinados para participar de guerras em terra: *O exército brasileiro também ajuda a salvar vítimas de enchentes.*

EXIBIR (e - xi - bir) **1** Mostrar alguma coisa: *Meu colega vai exibir todos os quadros que pintou.* **2** Mostrar suas próprias qualidades de maneira exagerada: *Minha vizinha põe roupa nova só para se exibir.*

EXISTIR (e - xis - tir) **1** Estar presente em determinado lugar: *Existe uma loja de doces na rua onde moro.* **2** O mesmo que **viver**: *Na floresta existem animais muito perigosos.*

EXPERIÊNCIA (ex - pe - ri - ên - cia) **1** Trabalho feito em laboratório para provar uma lei da ciência ou para inventar alguma coisa: *Adoro ler sobre as experiências que os cientistas fazem no laboratório.* **2** Conhecimento que se ganha com muito estudo, prática e observação de alguma coisa: *É jovem, mas já tem bastante experiência como médico.*

EXPERIENTE (ex - pe - ri - en - te) Que tem experiência: *Francisco é um professor experiente; dá aulas há dez anos.*

EXPERIMENTAR (ex - pe - ri - men - tar) **1** Provar alguma coisa para perceber seu gosto: *Experimentei o café para saber se estava amargo.* **2** Vestir ou calçar algo para ver se serve: *Antes de comprar uma roupa, é melhor experimentá-la.*

EXPLICAÇÃO (ex - pli - ca - ção) **1** Algo que é ensinado a alguém; também se diz **informação**: *A explicação do professor sobre os mamíferos foi muito boa.* **2** Motivo por algo ter acontecido: *Ele é um menino estudioso; com certeza há uma explicação para essa nota baixa.* **P** Plural: explicações.

EXPLICAR (ex - pli - car) **1** Fazer alguém entender o que algo significa ou como se faz alguma coisa; também se diz **informar**: *Meu pai me explicou o que é hélice de avião.* **2** Dar uma razão por ter agido de certa maneira: *Cheguei atrasado e fui me explicar, mas ela não quis me ouvir.*

EXPLODIR (ex - plo - dir) O mesmo que **estourar**: *Assisti a um filme de guerra em que muitas bombas explodiam.*

EXPLORAR (ex - plo - rar) Viajar para conhecer as coisas de determinado lugar: *Os turistas estrangeiros foram explorar a Amazônia.*

EXPLOSÃO (ex - plo - são) Estouro muito violento: *A explosão de gás destruiu o restaurante.* **P** Plural: explosões.

EXPOSIÇÃO (ex - po - si - ção) Apresentação de uma ideia, objetos ou obras de arte: *Fui ver a exposição dos quadros que minha colega pintou.* **P** Plural: exposições.

EXPRESSÃO (ex - pres - são) **1** Maneira de dizer, de mostrar pensamentos e sentimentos, com gestos ou palavras escritas e faladas: *Algumas expressões populares da língua portuguesa são bem divertidas, como "Filho de peixe peixinho é".* **2** Traços do rosto de uma pessoa que mostram seu estado de saúde, seus sentimentos: *Quando soube que os primos iam chegar, sua expressão foi de alegria.* **P** Plural: expressões.

EXPULSÃO (ex - pul - são) Ato de expulsar: *A expulsão do jogador fez o técnico ficar bravo com o juiz.* **P** Plural: expulsões.

EXPULSAR (ex - pul - sar) Fazer sair de um lugar: *Os fazendeiros expulsaram os invasores de suas terras.*

EXTENSÃO (ex - ten - são) Tamanho que determina a área ocupada por algo: *A estrada tem duzentos quilômetros de extensão.* ⓟ Plural: extensões.

EXTERIOR (ex - te - ri - or) **1** A parte ou o lado de fora: *Meu vizinho pintou o exterior da casa de azul.* **2** As nações estrangeiras: *O cientista estudou no exterior.*

EXTERNO (ex - ter - no) Que está na parte ou no lado de fora: *A pintura externa da casa precisa ser refeita.*

EXTINÇÃO (ex - tin - ção) Desaparecimento de certas espécies de animais e plantas: *Várias espécies de animais estão ameaçadas de extinção.* ⓟ Plural: extinções.

EXTRA (ex - tra) Em maior quantidade: *Ganhei um dinheiro extra pelo trabalho.*

EXTRAORDINÁRIO (ex - tra - or - di - ná - rio) Fora do normal; excelente: *A apresentação de teatro com as crianças foi extraordinária.*

EXTREMIDADE (ex - tre - mi - da - de) Parte ou ponto mais afastado de alguma coisa; também se diz **ponta**: *O salva-vidas foi correndo até a extremidade da praia.*

Ff

F Sexta letra do alfabeto português.

FÁBRICA (fá - bri - ca) Lugar onde se produzem mercadorias, como automóveis, óculos ou outros objetos: *Meu pai trabalha em uma fábrica de brinquedos.*

FABRICANTE (fa - bri - can - te) Pessoa que fabrica: *Antes de usar o brinquedo, leia as instruções do fabricante.*

FABRICAR (fa - bri - car) Produzir mercadorias numa fábrica para vender: *Meu tio fabrica sapatos.*

FÁBULA (fá - bu - la) Pequena história na qual animais ou objetos falam e que transmite ensinamentos: *A professora leu um livro de fábulas para os alunos.*

> OLHE ISSO AQUI.
>
> Veja o nome de algumas fábulas famosas:
>
> *A lebre e a tartaruga*
> *A cigarra e a formiga*
> *O leão e o ratinho*
> *O corvo e a raposa*
>
> Que tal pedir para seu(sua) professor(a) contar algumas delas?

FACA (fa - ca) Instrumento que serve para cortar, formado de lâmina e cabo: *Minha mãe cortou a carne com a faca.*

FACÃO (fa - cão) Instrumento semelhante à faca, mas de tamanho maior: *Os galhos da árvore foram cortados com facão.* ⓟ Plural: facões.

FACE (fa - ce) O mesmo que **rosto**: *A avó beijou a face do neto.*

FÁCIL (fá - cil) Que se entende ou se faz sem esforço ou sem dificuldade: *Este problema é fácil de resolver.* ⓟ Plural: fáceis.

FACILIDADE (fa - ci - li - da - de) Qualidade do que é fácil: *Alguns alunos têm mais facilidade para aprender.*

FACILITAR (fa - ci - li - tar) Tornar algo fácil: *O guarda parou o trânsito para facilitar a passagem dos pedestres.*

FADA (fa - da) Personagem de lendas e histórias, representada por uma mulher bondosa com poderes mágicos: *Gosto quando minha avó conta histórias de fadas.*

FAIXA (fai - xa) **1** Tira de pano que se usa em volta da cintura ou da cabeça para prender ou enfeitar a roupa ou o cabelo: *Ana foi à festa com um lindo vestido branco com faixa azul.* **2** Qualquer coisa semelhante a uma tira: *Nas eleições, as ruas ficam cheias de faixas fazendo propaganda dos candidatos.*

FALAR (fa - lar) **1** Comunicar-se por meio de palavras: *Gabriela começou a falar com um ano.* **2** Conversar sobre alguma coisa: *Os alunos falavam sobre a aula de matemática.*

FALHA (fa - lha) **1** Defeito que não deixa alguma coisa funcionar de maneira correta: *O acidente aconteceu por falha do freio.* **2** Erro apontado em algo: *O técnico tentou corrigir as falhas do jogo.*

FALHAR (fa - lhar) **1** Não dar o resultado que se quer: *O plano dos assaltantes falhou.* **2** Deixar de funcionar: *O motor da geladeira falhou.*

FALSIDADE (fal - si - da - de) O que parece verdade, mas não é: *Eu pensei que ela fosse minha amiga, mas era falsidade.*

FALSO (fal - so) **1** Que não é verdadeiro: *Ele espalhou notícias falsas.* **2** Pessoa que finge dizer a verdade: *João é muito falso; não acredite no que ele diz.*

FALTAR (fal - tar) **1** Não haver, não existir: *Naquela casa falta alimento.* **2** Não ir: *Pedro faltou ao trabalho.* **3** Ser necessário para completar um número ou uma coisa: *Ainda faltam 15 dias para o Natal.*

FAMA (fa - ma) **1** Qualidade daquilo que é muito conhecido: *Ele é um cientista de fama mundial.* **2** Opinião geral sobre alguém: *Pedro tem fama de valente.*

FAMÍLIA (fa - mí - lia) **1** Grupo de pessoas que vivem sob o mesmo teto, especialmente o pai, a mãe e os filhos: *Minha família viaja nos finais de semana.* **2** Parentes que não pertencem ao grupo formado por pais e filhos, como tios, avós, primos etc.: *A família dos Martins costuma se reunir no Natal.*

FAMILIAR (fa - mi - li - ar) **1** Que tem relação com família: *Não convidei meus colegas porque era uma reunião familiar.* **2** Pessoa da família: *Recebi a visita de um familiar.* ⓟ Plural: familiares.

FAMINTO (fa - min - to) Que tem muita fome: *João comeu todo o lanche, pois estava faminto.*

FAMOSO (fa - mo - so) Que tem fama, que é muito conhecido: *O herói do filme é interpretado por um ator famoso.*

FANTASIA (fan - ta - si - a) **1** O que é criado pela imaginação: *As crianças se divertem com as fantasias de Monteiro Lobato.* **2** Roupa que se usa no carnaval e outras festas: *Comprei uma fantasia de palhaço para você usar no carnaval.*

FANTASMA (fan - tas - ma) O mesmo que **assombração**: *Vovó Judith tem medo de fantasmas.*

FANTÁSTICO (fan - tás - ti - co) **1** Que só existe na fantasia, na imaginação: *Gosto muito de histórias fantásticas.* **2** Fora do comum: *O carro atingiu uma velocidade fantástica.*

FANTOCHE (fan - to - che) Boneco que é movimentado pelas mãos das pessoas:

A professora levou os alunos para assistirem a um teatro de fantoches.

FARINHA (fa - ri - nha) Pó feito de grãos, sementes e raízes moídos (farinha de trigo, de milho, de abóbora etc.): *Ela fez pão com farinha de trigo.*

FARMACÊUTICO (far - ma - cêu - ti - co) Pessoa que prepara remédios ou que trabalha em farmácia: *O farmacêutico não tinha o remédio receitado pelo médico.*

FARMÁCIA (far - má - cia) Lugar onde se preparam ou se vendem remédios; também se diz **drogaria**: *Vou até a farmácia comprar um remédio para dor de cabeça.*

FAROL (fa - rol) **1** Luz dos automóveis para iluminar o caminho: *O motorista deve ligar os faróis do carro quando escurece.* **2** O mesmo que **semáforo**: *Quando o farol está vermelho, os carros devem parar.* **3** Torre localizada perto do mar que dá sinais de luz para orientar navios à noite: *O farol orientou o navio que estava perdido no mar.* Ⓟ Plural: faróis.

FASE (fa - se) Período ou espaço de tempo com características próprias: *A infância é uma fase de descobertas.*

FATIA (fa - ti - a) Pedaço fino de pão ou de outro alimento: *Comi várias fatias de bolo.*

FATO (fa - to) Alguma coisa que acontece: *O sumiço de meu cachorrinho foi um fato da minha infância de que ainda me lembro.*

FAUNA (fau - na) Conjunto de animais característicos de uma região: *O papagaio é uma ave da fauna brasileira.*

FAVELA (fa - ve - la) Conjunto de barracos ou casas pobres, feitos de madeira ou outros materiais: *No morro próximo à escola há uma grande favela.*

FAVO (fa - vo) Parte da colmeia em que as abelhas depositam o mel: *As abelhas constroem os favos com a cera que elas produzem.*

FAVOR (fa - vor) Aquilo que se faz de boa vontade para alguém sem ser obrigado: *Renato fez o favor de ajudar o amigo a levar as malas.*

FAXINA (fa - xi - na) Serviço de limpeza geral: *Após a faxina, as salas ficaram mais agradáveis.*

FAXINEIRO (fa - xi - nei - ro) Pessoa que faz faxina: *As faxineiras da escola limparam as salas de aula.*

FAZENDA (fa - zen - da) Extensão de terra na zona rural usada para plantação ou criação de gado e outros animais: *Vou passar as férias na fazenda da Isabel.*

FAZENDEIRO (fa - zen - dei - ro) Dono de fazenda: *O fazendeiro planta café em suas terras.*

FAZER (fa - zer) **1** Realizar uma atividade: *Fazer exercício é bom para a saúde.* **2** Executar uma tarefa: *Está na hora de fazer a lição de casa.* **3** Construir utilizando vários materiais: *O pedreiro que fez minha casa é muito bom.* **4** Completar uma idade, no aniversário: *Eu faço sete anos hoje.*

FÉ (fé) **1** Forte sentimento que leva a acreditar no poder dos ensinamentos de uma religião: *A pessoa que tem fé enfrenta qualquer situação difícil.* **2** Sentimento de confiança em alguma coisa ou em alguém: *Tenho fé que vou passar de ano porque só tenho tirado notas boas.*

FEBRE (fe - bre) Elevação da temperatura do corpo acima do normal: *Não posso ir para a escola porque estou gripado e com febre.*

FECHAR (fe - char) **1** Trancar uma porta, gaveta e outros objetos com chave ou outra coisa, por proteção. *O último a sair feche a porta, por favor.* **2** Unir as duas partes de alguma coisa: *A criança fechou os lábios para não tomar o remédio.* **3** Tampar uma abertura: *Fechei a garrafa antes de guardá-la.*

FEDER (fe - der) Ter mau cheiro: *O alimento estragado começou a feder.*

FEDIDO (fe - di - do) Que tem mau cheiro: *A água fedida do rio é motivo de reclamações.*

FEDOR (fe - dor) Cheiro ruim: *O fedor dos alimentos estragados tomou conta do ambiente.*

FEIJÃO (fei - jão) Grão usado como alimento: *Os brasileiros gostam de comer arroz com feijão.* Ⓟ Plural: feijões.

FEIJOADA (fei - jo - a - da) Prato brasileiro feito com feijão preto, carne de porco e outros ingredientes: *Sábado é dia de comer feijoada.*

FEIO (fei - o) Que não tem beleza, de aparência desagradável: *Pedro morava num lugar feio e perigoso.*

FEIRA (fei - ra) Lugar público (geralmente uma rua) onde se vendem mercadorias, principalmente alimentos: *Minha mãe compra frutas e verduras na feira.*

FEITICEIRO (fei - ti - cei - ro) Pessoa que faz feitiços; também se diz **bruxo**: *Feiticeiros são personagens de lendas e contos populares.*

FEITIÇO (fei - ti - ço) Utilização de forças mágicas para fazer o bem ou o mal; também se diz **bruxaria**: *Algumas pessoas têm medo de feitiços.*

FELICIDADE (fe - li - ci - da - de) **1** Sentimento de quem está feliz, alegre: *As pessoas vivem em busca da felicidade.* **2** Boa sorte: *Para minha felicidade, a professora adiou a prova.*

FELIZ (fe - liz) Que tem felicidade, que está alegre por algum motivo: *Gustavo está feliz porque passou de ano.* Ⓟ Plural: felizes.

FÊMEA (fê - mea) Qualquer animal do sexo feminino: *A galinha é a fêmea do galo.*

FEMININO (fe - mi - ni - no) Próprio de mulher ou de fêmea: *Os perfumes femininos são mais suaves que os masculinos.*

> Algumas palavras, mesmo sendo femininas, nem sempre têm a terminação em "a".
>
> a passagem
> a dengue
> a lente (dos óculos)
> a febre
> a cor
>
> FIQUE ATENTO!

FENÔMENO (fe - nô - me - no) **1** Tudo o que pode ser observado na natureza: *O arco-íris é um dos fenômenos mais bonitos que se formam no céu.* **2** Alguém que, ao fazer algo muito bem, é admirado: *Aquele jogador de futebol é um fenômeno.*

FERA (fe - ra) Qualquer animal feroz: *A onça é uma fera perigosa.*

FERIADO (fe - ri - a - do) Dia em que não se trabalha e não se vai à escola: *No feriado de 7 de Setembro, comemora-se a independência do Brasil.*

FÉRIAS (fé - rias) Período de descanso de trabalhadores e estudantes: *Nas férias escolares, vou aproveitar para brincar bastante.* ⓟ Plural: férias.

FERIDA (fe - ri - da) O mesmo que **machucado**: *Paulo está com uma ferida no pé e por isso vai ao médico.*

FERIR (fe - rir) O mesmo que **machucar**: *O garoto caiu da escada e feriu a perna.*

FEROZ (fe - roz) Que é muito bravo: *Tigres e leões são animais ferozes.* ⓟ Plural: ferozes.

FERRAMENTA (fer - ra - men - ta) Utensílio para trabalhar, como o martelo, a enxada e outros: *Papai comprou algumas ferramentas para consertar a torneira.*

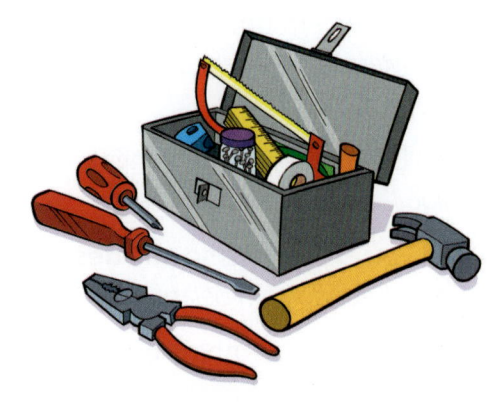

FERRO (fer - ro) **1** Metal duro, forte, de muita utilidade, usado em construções, peças para automóveis, para fazer portões nas residências e outros objetos: *Meu vizinho mandou fazer um portão de ferro.* **2** Objeto para passar roupa: *O ferro estava muito quente e queimou a roupa.*

FERVER (fer - ver) Esquentar líquidos até formar bolhas: *Minha mãe ferveu a água para fazer chá.*

FESTA (fes - ta) Reunião de pessoas para comemorar algum acontecimento, data especial ou apenas para se divertir: *Vou convidar meus colegas para minha festa.*

FESTEJAR (fes - te - jar) Comemorar com festa: *Maria convidou os amigos para festejar seu aniversário.*

FEZES (fe - zes) Restos de alimentos não aproveitados e eliminados pelo organismo: *Foram encontradas fezes de rato no quintal da casa de Marcelo.*

FICAR (fi - car) **1** Permanecer em algum lugar: *Vou ficar em casa.* **2** Estar com alguém: *Na festa da escola, Pedro e Ana ficaram juntos.* **3** Passar a um estado diferente daquele em que se estava antes: *Minha mãe ficou cansada depois de fazer ginástica.*

FICÇÃO (fic - ção) Obra da imaginação: *Contos infantis são obras de ficção.* ⓟ Plural: ficções.

FICHA (fi - cha) Cartão ou papel para anotar informações: *A professora registra as notas dos alunos em uma ficha.* ⭐ **Preencher ficha:** escrever, em uma ficha, os dados pedidos: *Meu pai preencheu a ficha de matrícula da escola.*

FIEL (fi - el) Em quem se pode confiar: *João é um amigo fiel.* ⓟ Plural: fiéis.

FIGURA (fi - gu - ra) O mesmo que **desenho**: *Este livro é ilustrado com belas figuras.*

FIGURINHA (fi - gu - ri - nha) Pequena figura colorida, impressa em papel, que se cola em álbum: *As crianças ganharam muitas figurinhas para o álbum de animais da floresta.*

FILHO (fi - lho) Pessoa do sexo masculino em relação aos pais: *Pedro é filho de meu professor de história.*

FILHOTE (fi - lho - te) Filho de animal: *A cadela protege seus filhotes.*

FILMAR (fil - mar) Gravar em filme: *Meu pai vai filmar nossa apresentação de dança.*

FILME (fil - me) **1** Material usado para registrar imagens fotográficas: *A máquina fotográfica está sem filme.* **2** Qualquer sequência de cenas filmadas para apresentar no cinema ou na televisão: *Os alunos assistiram a um filme sobre cuidados com a saúde.*

FILTRAR (fil - trar) Fazer um líquido atravessar algum material, como pano, papel ou outro objeto especial, para que ele fique mais puro, mais limpo: *Em minha casa, filtramos a água que bebemos.*

FIM (fim) **1** O momento em que alguma coisa termina; também se diz **final**: *O fim do filme foi emocionante.* **2** Ponto que marca o limite de espaço ou tempo; também se diz **final**: *Chegamos ao fim da aula de hoje.* **3** O mesmo que **finalidade**: *Este livro tem por fim ensinar o significado das palavras.* ⓟ Plural: fins.

FINAL (fi - nal) **1** O último jogo de uma competição em que o vencedor é o campeão: *A final do campeonato será no sábado.* **2** Que representa a última parte de alguma coisa: *No final da minha rua tem uma praça.* **3** O mesmo que **fim**: *Mamãe não perdeu o final da novela.* ⓟ Plural: finais.

FINALIDADE (fi - na - li - da - de) Objetivo que se quer alcançar; também se diz **fim**: *Meu pai trabalha com a finalidade de sustentar a família.*

FINGIMENTO (fin - gi - men - to) Ato de fingir: *A amizade de Paula era só fingimento.*

FINGIR (fin - gir) **1** Fazer de conta com a intenção de enganar: *Marta fingia que era boazinha, mas na verdade era muito má.* **2** Fazer de conta sem a intenção de enganar: *Vamos fingir que eu sou o professor e você é o aluno.*

FINO (fi - no) **1** Que não é grosso: *Os pelos do gato são muito finos.* **2** Que tem boa qualidade: *Minha mãe decorou a casa com móveis finos.* **3** De bons modos: *Minha professora é muito fina, trata todos com delicadeza.*

FIO (fi - o) **1** Material fino e comprido, semelhante à linha: *Minha tia cortou alguns fios de cabelo.* **2** Linha ou cabo através do qual passa a energia elétrica: *A pipa ficou presa nos fios da rua.* ⭐ **Fio dental:** fio usado na limpeza dos dentes: *Devemos usar fio dental para retirar restos de alimentos que ficam entre os dentes.*

FITA (fi - ta) Tira ou faixa estreita e comprida, geralmente de tecido, usada como enfeite ou para amarrar objetos: *Minha irmã amarrou o cabelo com uma fita.*

FIXAR (fi - xar) Pregar em algum lugar: *O professor fixou no mural os desenhos das crianças.*

FIXO (fi - xo) **1** Que não se move: *O cartaz está fixo na parede.* **2** Que não muda: *As regras do campeonato são fixas.*

FLECHA (fle - cha) Pequena vara com ponta fina, usada como arma: *Os índios lançam flechas para atingir a caça.*

FLOR (flor) Parte bonita e em geral colorida de certas plantas: *As flores embelezam o jardim da escola.* ⓟ Plural: flores.

FLORA (flo - ra) Conjunto de plantas características de uma região: *A flora brasileira é bastante variada.*

FLORESTA (flo - res - ta) Conjunto de árvores que cobrem grande área de terra; também se diz **selva**: *A floresta amazônica é a maior do mundo.*

FLORICULTURA (flo - ri - cul - tu - ra) Lugar onde se vendem flores: *Vítor comprou rosas brancas na floricultura para sua mãe.*

FLUTUAR (flu - tu - ar) Ficar na superfície da água, sem ir para o fundo: *O barquinho flutuava calmamente no rio.*

FOCA (fo - ca) Animal mamífero do mar, com as patas da frente curtas enquanto as de trás são usadas para nadar; vive em regiões frias: *Gostei muito de nossa viagem, principalmente do show com focas!*

FOCINHO (fo - ci - nho) Parte da cabeça de certos animais que compreende a boca e o nariz: *Gosto de fazer carinho no focinho do meu cachorro.*

FOGÃO (fo - gão) Aparelho usado para cozinhar e aquecer alimentos: *Crianças não devem mexer em panelas que estão em cima do fogão.* ⓟ Plural: fogões.

FOGO (fo - go) Calor e luz em forma de chama que serve para esquentar, ferver, queimar objetos ou cozinhar alimentos: *Quem brinca com fogo pode se queimar.*

FOGUEIRA (fo - guei - ra) Monte de lenha em chamas: *Na festa junina, vamos fazer uma fogueira.*

FOLHA (fo - lha) **1** Parte da planta, geralmente verde, que cresce presa nos galhos: *As folhas das árvores caem no outono.* **2** Pedaço de papel para escrever ou desenhar: *Os alunos fizeram desenhos em folhas coloridas.*

FOLHEAR (fo - lhe - ar) Virar as folhas de livro, jornal, revista: *As crianças folhearam a revista em busca de figuras para recortar.*

FOME (fo - me) Necessidade de comer: *Comi pouco porque estava sem fome.*

FORA (fo - ra) **1** Que fica na parte externa: *Deixei meus brinquedos lá fora, no quintal.* **2** Em lugar diferente daquele em que se está: *Hoje minha família vai jantar fora.*

FORÇA (for - ça) **1** Capacidade de mover alguma coisa pesada: *Não tive força para empurrar a geladeira.* **2** Energia elétrica: *As lâmpadas estão apagadas porque não há força.*

FORMA (for - ma) **1** Figura exterior dos corpos e objetos: *A mesa tem forma quadrada.* **2** Maneira de fazer as coisas: *A professora não gostou da forma como ele falou.*

FÔRMA (fôr - ma) **1** Vasilha em que se assam tortas, bolos, pudins e outros alimentos: *Gosto de assar a torta nesta fôrma porque não deixa queimar a massa.* **2** Recipiente com divisões quadradas ou redondas em que se coloca água para fazer gelo na parte de cima da geladeira: *Precisei de uma fôrma inteira de gelo porque a jarra de suco era muito grande.*

FORMAR (for - mar) **1** Dar forma a alguma coisa: *Os artistas recortaram os papéis para formar figuras.* **2** Oferecer educação de qualidade: *Essa escola forma bons alunos.* **3** Concluir um curso: *Fernanda se formou em medicina.*

FORMATO (for - ma - to) Forma ou tamanho de algum objeto: *Guardo o livro na mochila porque ele tem um formato pequeno.*

FORNO (for - no) **1** Parte do fogão onde se assam bolos e outros alimentos: *Depois de misturar os ingredientes, leve ao forno para assar.* **2** Aparelho usado para cozinhar: *É difícil cozinhar sem um bom forno.* **3** Lugar muito quente: *O professor abriu a janela, pois a sala estava um forno.*

FORTE (for - te) Que tem força: *Um homem forte carregou os móveis.*

FÓSFORO (fós - fo - ro) Palito usado para acender fogo: *Na ponta do palito de fósforo existe uma substância que pega fogo quando é passada numa superfície áspera.*

FOTO (fo - to) O mesmo que **fotografia**: *Tirei várias fotos na minha festa de aniversário.*

FOTOGRAFIA (fo - to - gra - fi - a) **1** Meio de formar e fixar a imagem de pessoas, animais, objetos e lugares: *Aprendi a tirar fotografia muito jovem.* **2** A imagem que se obtém dessa maneira; também se diz **foto** e **retrato**: *Tirei uma fotografia de meus pais para guardar como lembrança.*

FOZ (foz) Lugar onde um rio termina, em outro rio ou no mar: *Os turistas fizeram uma viagem até a foz do rio São Francisco.* Ⓟ Plural: fozes.

FRACASSO (fra - cas - so) Mau resultado: *O seu fracasso na prova aconteceu porque você não estudou.*

FRACO (fra - co) **1** Que não tem força: *Os mais fracos não conseguiram carregar o material.*

2 Que não tem saúde: *Vovô está fraco; precisa de um bom tratamento médico.*

FRANGO (fran - go) **1** Filhote crescido da galinha, antes de ser galo: *No almoço, vamos comer frango assado.* **2** No futebol, bola fácil de defender, que o goleiro deixa passar: *O goleiro do meu time engoliu um frango.*

FRAQUEZA (fra - que - za) Qualidade ou estado de fraco: *A fraqueza de meu avô é consequência da doença.*

FRASE (fra - se) Conjunto de palavras que formam um sentido completo: *Frases curtas são mais fáceis de entender.*

FREAR (fre - ar) Interromper o movimento de um veículo ou diminuir sua velocidade; também se diz **brecar** e **parar**: *O motorista freou o caminhão para não atropelar os animais na estrada.*

FREEZER (lê-se *frízer*) Aparelho que mantém a temperatura muito fria: *Minha mãe guarda o peixe no freezer para ele não estragar.*

FREGUÊS (fre - guês) Pessoa que costuma fazer suas compras no mesmo lugar; também se diz **cliente**: *O dono da lanchonete atende os fregueses com atenção.* **P** Plural: fregueses.

FREIO (frei - o) Peça que para uma máquina ou um veículo; também se diz **breque**: *O motorista pisou no freio quando viu o sinal vermelho.*

FRENTE (fren - te) Parte dianteira de qualquer objeto: *A frente da casa está voltada para a rua.*

FREQUÊNCIA (fre - quên - cia) Repetição de algo em curto espaço de tempo: *Participo das atividades de aula com frequência.*

FREQUENTAR (fre - quen - tar) Ir sempre a um mesmo lugar; visitar repetidas vezes: *Alguns colegas frequentam minha casa.*

FREQUENTE (fre - quen - te) Que se repete: *Tenho sonhos frequentes com amigos.*

FRIGIDEIRA (fri - gi - dei - ra) Panela larga e rasa, com cabo comprido, usada para fritar: *Os ovos são fritos na frigideira.*

FRIO (fri - o) **1** Baixa temperatura: *Comprei um cobertor para me proteger do frio.* **2** Sensação produzida pela falta de calor: *A criança sentiu frio ao sair de casa.*

FRIORENTO (fri - o - ren - to) Que sente muito frio: *Meu irmão é friorento; está sempre de casaco.*

FRITAR (fri - tar) Cozinhar em óleo ou gordura quente, na frigideira: *A empregada usa pouco óleo para fritar os ovos.*

FRITO (fri - to) Que foi cozinhado em gordura quente: *Minha avó prepara bolinhos de chuva fritos no óleo bem quente.*

FRUTA (fru - ta) Parte do fruto que se come, geralmente de sabor doce; também se diz **fruto**: *A maçã é uma fruta rica em vitaminas.*

FRUTEIRA (fru - tei - ra) Recipiente onde se colocam as frutas: *A empregada colocou as bananas na fruteira.*

FRUTÍFERO (fru - tí - fe - ro) Que produz frutos: *Plantamos várias árvores frutíferas no quintal da casa de vovó.*

FRUTO (fru - to) **1** Parte da planta que contém a semente: *O tomate é o fruto do tomateiro.* **2** O mesmo que **fruta**: *A laranja é um fruto muito saboroso.*

FUGIR (fu - gir) **1** Retirar-se depressa para escapar de alguém ou de algum perigo: *A raposa conseguiu fugir do caçador.* **2** Sair de perto para evitar alguém ou alguma coisa: *Fuja de confusões.*

FUMAÇA (fu - ma - ça) Vapor que resulta de alguma coisa em chamas: *A floresta estava pegando fogo, e via-se a fumaça de longe.*

FUMO (fu - mo) Planta da qual se retiram as folhas que são usadas, por exemplo, em cigarros e cachimbos: *O homem colocou fumo em seu cachimbo.*

FUNÇÃO (fun - ção) **1** Atividade própria de uma máquina, órgão ou aparelho: *O coração tem a função de fazer o sangue passar por todo o corpo.* **2** Tarefa que pertence a uma profissão: *A função do motorista é dirigir.* ⓟ Plural: funções.

FUNCIONAMENTO (fun - ci - o - na - men - to) Ato de funcionar: *A fábrica entrou em funcionamento.*

FUNCIONAR (fun - ci - o - nar) **1** Executar sua função: *O relógio parou de funcionar porque acabou a bateria.* **2** Estar em atividade: *O comércio vai funcionar no próximo domingo.* **3** Dar o resultado esperado: *O plano do delegado para prender os ladrões funcionou.*

FUNCIONÁRIO (fun - ci - o - ná - rio) O mesmo que **empregado**: *Mamãe é a nova funcionária daquela empresa.*

FUNDAMENTAL (fun - da - men - tal) O mesmo que **essencial**: *Para conhecer a língua portuguesa é fundamental ter um bom dicionário.* ⓟ Plural: fundamentais.

FUNDO (fun - do) **1** Que apresenta grande distância de cima para baixo; também se diz **profundo**: *Os bombeiros retiraram o cachorro que caiu em um buraco fundo.* **2** A parte mais embaixo: *A camisa está no fundo da gaveta.*

FURACÃO (fu - ra - cão) Vento muito forte que pode causar grande estrago e destruição: *O furacão arrancou o telhado de várias casas.* ⓟ Plural: furacões.

FURAR (fu - rar) Fazer furo: *Meu pai furou a parede com um prego.*

FURO (fu - ro) Abertura feita com a ponta de algum objeto: *A minha camisa tem um furo nas costas.*

FUTEBOL (fu - te - bol) Jogo de bola praticado com os pés por duas equipes de onze jogadores cada uma, que têm o objetivo de fazer entrar a bola na área do gol do adversário, que é defendido pelo goleiro: *Futebol é o esporte preferido de Arnaldo.*

FUTURO (fu - tu - ro) O tempo que ainda virá: *Somente o estudo pode garantir sucesso no futuro.*

G Sétima letra do alfabeto português.

GADO (ga - do) Conjunto de animais, em geral criados em fazenda, como cabritos, cavalos, carneiros e bois: *Tome cuidado, pois o gado está solto no pasto.*

GAGO (ga - go) Pessoa que tem dificuldade para pronunciar as palavras, repetindo várias vezes e com esforço cada sílaba: *O menino era gago e, por isso, demorou para explicar o que tinha acontecido.*

GAIOLA (gai - o - la) Casinha feita de pequenas varas de metal ou madeira para prender passarinhos ou outros pequenos animais: *O pássaro conseguiu fugir da gaiola.*

GALERA (ga - le - ra) Grupo ou reunião de pessoas amigas; também se diz **turma**: *Toda a galera riu da piada que contei.*

GALHO (ga - lho) Ramo de árvore: *Vou cortar os galhos daquela árvore.* ⭐ **Quebrar o galho:** ajudar a resolver um problema: *Estava sem lápis e meu colega me quebrou o galho emprestando o dele.*

GALINHA (ga - li - nha) Ave que produz ovos e é fêmea do galo: *As galinhas botam ovo todos os dias.*

GALO (ga - lo) **1** Ave que é o macho da galinha, tem bico pequeno, crista vermelha na cabeça, asas curtas e largas: *O galo canta logo cedo.* **2** Pequeno inchaço causado por batida na cabeça: *A pedrada que levei formou um galo na minha cabeça.*

GANHAR (ga - nhar) **1** Receber de presente: *Ganhei um lindo brinquedo no Natal.* **2** Ser vencedor num campeonato: *O time de futebol de nossa escola ganhou o jogo no último minuto.* **3** Receber dinheiro em pagamento por serviço realizado: *Flávio ganha 500 reais por mês na empresa em que trabalha.*

GARAGEM (ga - ra - gem) Lugar onde se guardam automóveis: *No prédio em que moro há duas garagens e estão sempre cheias de carros.* Ⓟ Plural: garagens.

GARÇOM (gar - çom) Empregado que atende as pessoas em uma lanchonete ou restaurante: *O garçom trouxe o lanche que pedi.* Ⓟ Plural: garçons. Ⓕ Feminino: garçonete.

GARFO (gar - fo) Objeto feito geralmente de metal, com dentes na ponta, usado para levar alimentos à boca: *Não preciso mais de colher, pois já aprendi a usar o garfo para comer.*

GARGANTA (gar - gan - ta) Parte do pescoço por onde passam os alimentos depois de serem mastigados: *Maira não conseguiu comer porque estava com dor de garganta.*

GAROA (ga - ro - a) Chuva fina: *A cidade de São Paulo é conhecida como a terra da garoa.*

GAROTO (ga - ro - to) O mesmo que **menino**: *Aquele garoto joga bola todos os dias.*

GARRA (gar - ra) Unhas resistentes e curvadas de alguns animais: *O leão ataca outros animais com suas garras.*

GARRAFA (gar - ra - fa) Recipiente de boca estreita, feito geralmente de vidro, louça ou plástico, para guardar líquidos: *Meu tio ganhou uma garrafa de vinho.*

GARRANCHO (gar - ran - cho) Letra feia e difícil de ler: *Não consegui ler o bilhete porque estava cheio de garranchos.*

GÁS (gás) Matéria em forma de fumaça ou vapor: *Não gosto do cheiro de gás de cozinha.* Ⓟ Plural: gases.

GASOLINA (ga - so - li - na) Líquido usado para movimentar o motor dos veículos: *O carro parou porque faltou gasolina.*

GASOSO (ga - so - so) Que contém gás ou se apresenta no estado de gás: *O refrigerante é uma bebida gasosa.*

GASTAR (gas - tar) **1** Usar dinheiro: *Meu tio gastou tudo o que tinha para comprar a casa.* **2** Causar estrago em alguma coisa de tanto usá-la: *Gastei o sapato de tanto usá-lo para ir à escola.* **3** Usar o tempo para fazer alguma coisa: *Gastei mais de uma hora para ir a pé da escola até minha casa.*

GATO (ga - to) Animal mamífero doméstico, de quatro patas, pelos de várias cores e bom caçador de ratos: *O gato preto da Vera toma leite todos os dias.*

GAVETA (ga - ve - ta) Caixa sem tampa que faz parte do guarda-roupa e de outros móveis, onde se guardam objetos: *Guardo meus livros na gaveta do armário.*

GELADEIRA (ge - la - dei - ra) Aparelho que conserva alimentos em baixa temperatura: *A manteiga estraga se ficar fora da geladeira.*

GELADO (ge - la - do) Muito frio: *O doce de abacaxi fica mais gostoso se estiver gelado.*

GELO (ge - lo) **1** Água que se tornou dura por causa do frio: *Coloquei água numa fôrma no freezer e ela virou gelo em pouco tempo.* **2** Frio muito forte: *Aqui fora da casa está um gelo.*

GEMA (ge - ma) A parte amarela do ovo: *Mamãe fritou o ovo e deixou a gema dura.*

GÊNIO (gê - nio) **1** Modo de ser de cada pessoa: *Meu primo tem um gênio difícil.* **2** Grande poder de criar: *O escritor Monteiro Lobato era um gênio.*

GENTE (gen - te) **1** Grupo de pessoas: *Encontrei muita gente na festa.* **2** Conjunto de habitantes de um determinado lugar: *É uma cidade pequena e só tem gente educada.*

GEOGRAFIA (ge - o - gra - fi - a) Ciência que estuda a Terra, seu solo, seu clima, seus rios, sua vegetação etc.: *Paula conheceu muitos rios no livro novo de geografia.*

GERAL (ge - ral) **1** Comum a um grande número ou à maior parte: *Os trabalhadores da fábrica disseram que vão fazer greve geral.* **2** O lugar de menor preço nos teatros, estádios de futebol ou outros locais de espetáculos: *Eu assisti ao jogo sentado na geral.* ⓟ Plural: gerais. ✪ **Em geral:** que acontece com frequência: *No final do ano em geral chove.*

GERALMENTE (ge - ral - men - te) Na maioria das vezes: *Quando vou à praia, geralmente faço castelos de areia.*

GESTAÇÃO (ges - ta - ção) O mesmo que **gravidez**: *Minha irmã está com nove meses de gestação e logo minha sobrinha deve nascer.* ⓟ Plural: gestações.

GESTO (ges - to) Sinal para mostrar ou dizer alguma coisa: *O gesto do professor com a cabeça mostrou que ele concordou com o que falei.*

GIBI (gi - bi) Revista em quadrinhos que conta história com textos e desenhos: *Eu me divirto muito lendo gibis.*

GIGANTE (gi - gan - te) **1** Homem muito grande: *O pequeno Davi venceu o gigante Golias.* **2** Qualquer coisa com tamanho maior que o comum: *Fizeram um bolo gigante para o aniversário da cidade.* **3** Um ser enorme, criado pela imaginação, que aparece em alguns contos infantis: *João subiu no pé de feijão e se assustou com o gigante que lá morava.*

GINÁSTICA (gi - nás - ti - ca) Exercícios para deixar o corpo mais forte e saudável; também se diz **exercício**: *Depois que comecei a fazer ginástica, tenho mais ânimo durante o dia.*

GIRAFA (gi - ra - fa) Animal mamífero, alto, de pescoço bem comprido: *Só havia uma girafa no zoológico.*

GIRAR (gi - rar) **1** Fazer rodar: *O menino consegue girar o pião na mão.* **2** Mover em círculos: *Amélia girou tanto que acabou caindo.*

GÍRIA (gí - ria) Maneira de falar especial usada por certos grupos de pessoas: *Entrar numa fria significa, na gíria, ficar numa situação difícil.*

GIRO (gi - ro) **1** Ato de girar: *O menino se diverte vendo o giro do pião.* **2** O mesmo que **passeio**: *Os noivos foram dar um giro por aí.*

GIZ (giz) Pedaço de pedra especial, geralmente branco, usado para escrever no quadro-negro: *A professora de português sempre quebra o giz quando escreve na lousa.* ⓟ Plural: gizes.

GLOBO (glo - bo) **1** O planeta em que vivemos, a Terra: *Povos de numerosos pontos do globo comemoram a chegada do Natal.* **2** Objeto em formato de bola: *O lustre da minha sala é um globo branco.*

GLÓRIA (gló - ria) Fama que uma pessoa obtém por seu talento: *Francisco atingiu a glória com sua carreira de cabeleireiro.*

GOL (gol) **1** No futebol, espaço onde se deve jogar a bola para marcar um ponto: *A área do gol pertence ao goleiro.* **2** O ponto marcado, no futebol: *Os adversários fizeram cinco gols em vinte minutos.* ⓟ Plural: gols.

GOLEIRO (go - lei - ro) No futebol, e em outros esportes, jogador que defende o gol: *O goleiro do meu time pegou todas as bolas difíceis.*

GOLPE (gol - pe) **1** Pancada forte com algum objeto: *O ladrão foi atingido com um golpe na cabeça.* **2** Ato ruim que prejudica alguém: *As quadrilhas vivem dando golpes nas pessoas.*

GORDO (gor - do) Que não é magro: *O médico disse que meu pai está muito gordo e pode ter problemas de saúde.*

GORDURA (gor - du - ra) Substância oleosa encontrada nos animais e vegetais: *Minha avó usa gordura de porco para cozinhar alguns alimentos.*

GORRO (gor - ro) Peça que cobre a cabeça, geralmente feita de lã, para proteger do frio: *Estou usando gorro porque está muito frio.*

GOSTAR (gos - tar) **1** Achar bom ou bonito: *Nós dois gostamos de azul.* **2** Ter amizade ou amor por alguém: *Gosto muito da minha professora de matemática.*

GOSTO (gos - to) **1** O sabor dos alimentos: *O gosto da comida está muito bom.* **2** Prazer em fazer determinada coisa: *Faço isso com muito gosto.* **3** Preferência por alguma coisa: *Meu gosto por roupas não combina com o seu.*

GOSTOSO (gos - to - so) Que tem gosto ou sabor bom: *Geralmente as crianças acham que o chocolate é o doce mais gostoso que existe.*

GOTA (go - ta) Porção muito pequena de um líquido que cai; também se diz **pingo**: *Você deve tomar duas gotas desse remédio.*

GOTEIRA (go - tei - ra) Buraco no telhado de onde cai água dentro de casa quando chove: *Tem uma goteira no meu quarto.*

GOVERNADOR (go - ver - na - dor) Aquele que governa um estado: *O governador construiu mais uma escola no estado.* ⓟ Plural: governadores.

GOVERNAR (go - ver - nar) **1** Tomar conta: *Mamãe sabe como governar nossa casa muito bem.* **2** Cuidar de um estado, de um país, de uma cidade: *O prefeito governa a cidade, o governador governa o estado e o presidente governa o país.*

GOVERNO (go - ver - no) **1** Ato de governar: *O prefeito fez um bom governo.* **2** Conjunto das pessoas que governam: *Esse governo é melhor do que eu esperava.*

GRAÇA (gra - ça) **1** Coisa engraçada: *O palhaço fica fazendo graça o dia inteiro.* **2** Beleza dos gestos: *Aquela modelo desfilou com muita graça.* ✪ **De graça:** Sem necessidade de pagar: *Os ingressos para o jogo eram de graça e mesmo assim muita gente não foi.*

GRAMA (gra - ma) Planta que se espalha pelo chão, plantada em jardins ou campos de esportes: *A grama do jardim da minha casa cresceu muito por causa da chuva.*

GRAMÁTICA (gra - má - ti - ca) **1** Conjunto de normas para falar e escrever em uma língua: *Preciso estudar mais gramática de inglês.* **2** Livro de gramática: *Clóvis é autor de uma gramática de língua portuguesa.*

GRANDE (gran - de) **1** Que tem tamanho acima do normal: *Meu irmão caçula é um bebê muito grande.* **2** Que tem ótimas qualidades: *Antônio é um grande professor.*

GRÃO (grão) **1** Semente de algumas plantas, como trigo, feijão, milho, ervilha e outras: *Na espiga de milho há muitos grãos.* **2** Pedaço minúsculo: *Caminhei pela praia pisando em grãos de areia.* ⓟ Plural: grãos.

GRÁTIS (grá - tis) De graça, que não precisa pagar: *Recebi grátis o ingresso para o cinema.*

GRAVAR (gra - var) **1** Guardar na memória: *Gravei tudo o que o professor falou.* **2** Guardar na memória do computador, em disco, CD, DVD: *A banda gravou um novo CD.*

GRAVATA (gra - va - ta) Tira de tecido que se coloca pendurada no pescoço e que faz parte do vestuário masculino: *O noivo usava uma bonita gravata azul.*

GRAVE (gra - ve) **1** Que pode ter resultado desagradável: *A doença dele não é grave.* **2** De tom baixo e forte: *Todos podiam ouvir a voz grave do diretor.*

GRÁVIDA (grá - vi - da) Mulher que espera bebê ou fêmea de animal que espera filhote: *Titia está grávida de 5 meses.*

GRAVIDEZ (gra - vi - dez) Período em que o bebê se desenvolve dentro da mãe ou o filhote se desenvolve dentro da fêmea do animal, até o nascimento; também se diz **gestação**: *A mulher fica muito sensível durante a gravidez.*

GRAXA (gra - xa) **1** Pasta que dá brilho: *Comprei uma boa graxa para os meus sapatos.* **2** Pasta para engraxar peças de máquinas: *Com a graxa, a máquina dura muito mais tempo.*

GRIPE (gri - pe) Doença muito comum, causada por vírus, que costuma deixar a pessoa desanimada, com febre, dor no corpo e dor de cabeça: *Vovó pegou uma gripe muito forte.*

GRITAR (gri - tar) O mesmo que **berrar**: *Precisei gritar para ele me ouvir.*

GRITO (gri - to) O mesmo que **berro**: *Aquele grito me assustou.*

GROSSO (gros - so) **1** De grande volume: *Comprei um caderno bem grosso para escrever todas as lições nele.* **2** De som grave: *Aquela cantora tem voz grossa.* **3** Que é mal-educado: *Seus amigos são educados, menos aquele, que é muito grosso.*

GRUPO (gru - po) **1** Conjunto de pessoas reunidas: *Um grupo de estudantes resolveu pintar a escola.* **2** Conjunto de objetos: *Nesta sala vai ficar um grupo de cadeiras de plástico.*

GUACHE (gua - che) Um tipo de tinta: *Anita pintou seu desenho com guache.*

GUARANÁ (gua - ra - ná) Planta da região do Amazonas que produz uma semente que tem vários usos na medicina e com a qual se faz a bebida que tem o mesmo nome da planta: *No verão, adoro tomar refrigerante feito de guaraná.*

GUARDA (guar - da) **1** Pessoa que guarda ou vigia: *O guarda cuida da segurança daquela empresa.* **2** O mesmo que **policial**: *Meu irmão quer ser guarda quando crescer.*

GUARDA-CHUVA (guar - da - chu - va) Objeto com varas móveis, cobertas de pano ou outro material, para proteger da chuva: *Papai vai se molhar porque saiu sem guarda-chuva.* ⓟ Plural: guarda-chuvas.

GUARDAR (guar - dar) **1** Vigiar, para defender ou proteger: *O patrão guarda aquele cofre bem trancado.* **2** Conservar, manter em bom estado: *Vovó guarda algumas bonecas de pano do seu tempo de criança.* **3** Colocar em algum lugar: *O professor guardou as provas no armário da escola.* **4** Saber de determinadas coisas, mas não dizer a ninguém: *Minha vizinha não consegue guardar segredos.* **5** Manter na memória: *Meu avô ainda guarda o nome de sua primeira namorada.*

GUARDA-ROUPA (guar - da - rou - pa) Móvel onde se guardam roupas: *Guardo as minhas meias na gaveta do guarda-roupa.* ⓟ Plural: guarda-roupas.

GUERRA (guer - ra) Luta com armas entre povos ou países: *Todos comemoraram o fim da guerra.*

GUIAR (gui - ar) **1** Dar orientação: *O professor guiou os alunos pelo museu.* **2** Dirigir veículo: *Meu primo é jovem, mas já sabe guiar carro.*

GURI (gu - ri) O mesmo que **menino**: *Aquele guri é muito esperto!* Ⓕ Feminino: guria.

H Oitava letra do alfabeto português.

HABILIDADE (ha - bi - li - da - de) Talento que uma pessoa tem ou desenvolveu para fazer alguma coisa: *Minha irmã tem habilidade com trabalhos manuais; sabe bordar coisas lindas.*

HABITAÇÃO (ha - bi - ta - ção) O mesmo que **casa**: *Este bairro tem habitações grandes e bonitas.* Ⓟ Plural: habitações.

HABITANTE (ha - bi - tan - te) Pessoa que mora em certo lugar: *Os habitantes das grandes cidades devem enfrentar o problema da poluição.*

HABITAR (ha - bi - tar) Morar ou viver em algum lugar: *Meus avós habitam uma bela fazenda em Mato Grosso.*

HÁBITO (há - bi - to) Alguma coisa que se faz de maneira repetida, com frequência, que virou costume: *Mamãe tem o hábito de ler antes de dormir.*

HÁLITO (há - li - to) Cheiro da boca: *A dentista tem um hálito bom de hortelã.*

HAMBÚRGUER (ham - búr - guer) **1** Carne moída, temperada, em formato de bolinho grande, redondo, geralmente frito: *Quero comer arroz e hambúrguer.* **2** Sanduíche com pão redondo e hambúrguer: *Pedi um hambúrguer na lanchonete.* Ⓟ Plural: hambúrgueres.

HAVER (ha - ver) **1** Ter alguma coisa em algum lugar: *Há sorvete de flocos na geladeira.* **2** Falar sobre alguma coisa que acontece ou aconteceu: *Houve um acidente de carro na estrada.* **3** Existir na realidade ou na imaginação: *Onde há fumaça, há fogo.*

HERANÇA (he - ran - ça) Dinheiro ou qualquer outra coisa, como um carro ou uma casa, por exemplo, que se recebe de parente que morreu: *Meu avô deixou a fazenda como herança para meu pai.*

HERÓI (he - rói) **1** Homem fantástico, de muita coragem, que faz coisas que ninguém consegue fazer, como os personagens das histórias em quadrinhos: *Acho que o Homem Aranha é o herói mais esperto de todos.* **2** Homem corajoso que consegue realizar uma tarefa muito difícil, como salvar vidas: *Aquele bombeiro é um verdadeiro herói.* Ⓕ Feminino: heroína.

HIGIENE (hi - gi - e - ne) Limpeza como forma de manter a saúde: *Tomar banho todos os dias é um hábito de higiene.*

HINO (hi - no) Música feita para festejar principalmente uma nação ou um time: *Todos os alunos precisam saber cantar o "Hino Nacional Brasileiro".*

HIPOPÓTAMO (hi - po - pó - ta - mo) Animal muito grande, que vive na água dos rios e lagos durante o dia, para fugir do sol, e à noite vai para a terra procurar ervas e vegetais para se alimentar: *O hipopótamo pesa entre 3 mil e 4 mil quilos.*

HISTÓRIA (his - tó - ria) **1** Parte da vida da humanidade, de um povo, de uma pessoa ou da existência de um país: *Na escola aprendemos a história do Brasil.* **2** Sequência de fatos reais ou da imaginação, que falam da vida de um personagem ou de um assunto: *Gosto de ouvir histórias de fadas e bruxas.*

HOJE (ho - je) **1** No dia em que estamos: *Hoje nós vamos ter aula de poesia.* **2** No tempo de agora: *Hoje, muitas crianças sabem usar o computador.*

HOMEM (ho - mem) **1** Ser humano do sexo masculino: *O homem normalmente tem mais força que a mulher.* **2** Ser humano em geral, homem ou mulher: *O homem é um ser inteligente.* Ⓟ Plural: homens.

HONESTO (ho - nes - to) Pessoa correta, em que se pode confiar: *Aquele pintor é um homem honesto.*

HORA (ho - ra) **1** Tempo de 60 minutos; uma das 24 partes em que se divide o dia: *A que horas nós vamos sair?* **2** Melhor momento para alguma coisa: *Esta é a hora de resolver seu problema!* ✪ **Hora extra:** hora que se trabalha a mais, depois do período normal de trabalho: *Com o dinheiro que ganhou pelas horas extras, meu pai trocou de carro.*

HORÁRIO (ho - rá - rio) Marcação do tempo em horas: *Qual é o horário do trem?*

HORIZONTE (ho - ri - zon - te) Linha onde o céu parece que se junta com a terra ou com o mar: *No horizonte, o céu parece tocar a terra.*

HORÓSCOPO (ho - rós - co - po) Tentativa de adivinhar os acontecimentos da vida de uma pessoa observando a posição dos astros e a data e a hora do nascimento: *Titia lê o horóscopo no jornal todos os dias.*

HORRÍVEL (hor - rí - vel) Que é muito feio ou muito ruim: *É horrível ficar internado no hospital.* Ⓟ Plural: horríveis.

HORROR (hor - ror) **1** Grande sensação de medo: *Tenho horror a montanha-russa.* **2** Sentimento de ódio de alguma coisa: *Sinto verdadeiro horror ao lembrar as maldades que o assaltante fez.* Ⓟ Plural: horrores.

HORTA (hor - ta) Terreno onde se cultivam vegetais para comer: *Vovó tem uma pequena horta no fundo do quintal.*

HORTELÃ (hor - te - lã) Tipo de erva aromática que serve para fazer principalmente chá, balas e doces: *Chá de hortelã é muito bom para crianças e adultos.*

HOSPITAL (hos - pi - tal) Lugar onde se tratam pessoas doentes: *O hospital recebeu muitas pessoas gripadas neste final de semana.* ⓟ Plural: hospitais.

HOTEL (ho - tel) Lugar que oferece refeição e quarto para dormir, próprio para receber pessoas em viagem de negócios ou de férias: *Fiquei em um hotel bem grande quando fui para Salvador.* ⓟ Plural: hotéis.

HUMANIDADE (hu - ma - ni - da - de) Conjunto de todos os seres humanos: *A humanidade se uniu para ajudar as pessoas que sofreram com o terremoto.*

HUMANO (hu - ma - no) **1** Que pertence ao homem: *Temos que respeitar os direitos humanos.* **2** Que tem bom coração; que se preocupa com os outros: *Rose é muito humana; está sempre preocupada com os problemas dos amigos e da família.*

HUMILDE (hu - mil - de) **1** Que não exibe suas qualidades; também se diz **modesto**: *Meu pai sabe fazer de tudo, mas sempre foi humilde.* **2** O mesmo que **pobre**: *Aquele menino tão inteligente é de família humilde.*

HUMOR (hu - mor) **1** Estado de espírito: *Júlia está sempre de bom humor.* **2** Aquilo que faz rir, que é engraçado: *O humor desses palhaços agrada a todas as crianças.*

I Nona letra do alfabeto português.

IDA (i - da) Movimento de ir de um lugar ao outro: *A nossa ida ao circo foi muito legal.*

IDADE (i - da - de) Tempo de vida de alguém ou alguma coisa; número de anos: *Qual é a sua idade?*

IDEIA (i - dei - a) **1** Capacidade de imaginar ou criar alguma coisa: *Tive uma ideia para a nossa brincadeira nova.* **2** Intenção de realizar algo: *Tenho ideia de estudar para ser médico.*

IDÊNTICO (i - dên - ti - co) Perfeitamente igual: *Nossa, esse anel é idêntico ao meu!*

IDOSO (i - do - so) O mesmo que **velho**: *Meus avós são bem idosos.*

IGREJA (i - gre - ja) Lugar onde se reúnem as pessoas que têm a mesma religião: *Todas as semanas vou à igreja com meus pais.*

IGUAL (i - gual) Que tem o mesmo valor, forma, tamanho ou quantidade que outro: *A minha altura é igual à altura do meu primo.*
Ⓟ Plural: iguais.

ILHA (i - lha) Pedaço de terra cercado de água por todos os lados: *A ilha de Marajó fica no Estado do Pará.*

ILUMINAR (i - lu - mi - nar) Espalhar luz, encher de luz algum lugar: *O prefeito vai iluminar as ruas no final do ano.*

ILUSTRAÇÃO (i - lus - tra - ção) O mesmo que **desenho**: *Ziraldo fez lindas ilustrações para este dicionário.*

ILUSTRAR (i - lus - trar) Dar exemplo de alguma coisa com figura ou apenas enfeitar o texto ou trabalho com desenho: *Um artista vai ilustrar o trabalho de ciências.*

IMAGEM (i - ma - gem) **1** Forma ou aspecto de uma pessoa, paisagem ou coisa, reproduzida por meio de desenho, pintura, fotografia etc.: *A imagem da Lua ficou gravada na máquina fotográfica.* **2** O que se vê na tela do cinema, do computador ou da televisão: *A imagem no cinema é muito boa.*

IMAGINAÇÃO (i - ma - gi - na - ção) Capacidade de criar alguma coisa com a mente: *Que imaginação as crianças têm!* **P** Plural: imaginações.

IMAGINAR (i - ma - gi - nar) Criar alguma coisa com a mente: *Vamos imaginar uma viagem para um lugar bem longe?*

IMENSO (i - men - so) Que é muito grande; também se diz **gigante** e **enorme**: *O mar é imenso.*

IMITAR (i - mi - tar) Copiar alguma coisa ou alguém; fazer igual a alguém: *Fábio gosta de imitar o pai.*

IMOBILIZAR (i - mo - bi - li - zar) Fazer ficar imóvel, sem movimentar: *O médico imobilizou meu pé quebrado.*

IMÓVEL (i - mó - vel) **1** Sem movimento: *O carro está imóvel.* **2** Qualquer construção: *Tiago comprou seu primeiro imóvel: uma casa na praia.* **P** Plural: imóveis.

ÍMPAR (ím - par) Número que não pode ser dividido por dois sem deixar resto: *É difícil fazer conta com números ímpares.* **P** Plural: ímpares.

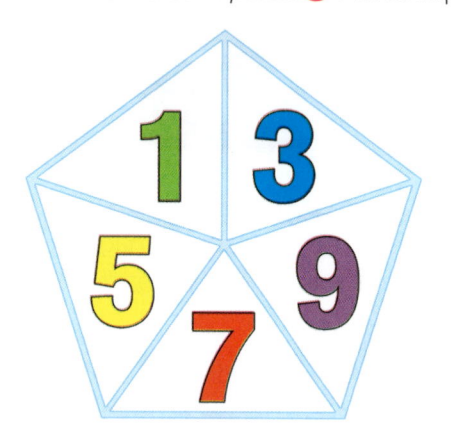

IMPEDIR (im - pe - dir) **1** Não permitir alguma coisa: *A mãe vai impedir a filha de ir à festa.* **2** Fechar a passagem: *O acidente impediu que os carros passassem pela avenida.*

IMPOR (im - por) Colocar como uma ordem: *O prefeito vai impor uma nova norma para a limpeza pública.*

IMPORTÂNCIA (im - por - tân - cia) Grande valor; interesse especial: *Vamos estudar a importância da água para nosso planeta.*

IMPORTANTE (im - por - tan - te) Que tem muito valor; que é necessário: *A escola é um lugar importante para mim.*

IMPORTAR (im - por - tar) **1** Ser de interesse, ter valor ou fazer bem: *Tirar nota alta na prova importa muito para Caroline.* **2** Trazer algo de outro país para vender no seu país: *O Brasil importa muitos produtos da China.*

IMPOSSÍVEL (im - pos - sí - vel) Que não é possível, que não dá para ser ou fazer: *É impossível ficar sem fazer a tarefa da escola.* **P** Plural: impossíveis.

IMPRÓPRIO (im - pró - prio) Que não é indicado para determinadas pessoas, idades ou ocasiões por causa do conteúdo: *Este filme é impróprio para crianças.*

IMUNDO (i - mun - do) Muito sujo: *Você está imundo, menino, precisa de um banho.*

INCAPAZ (in - ca - paz) Que não é capaz de fazer algo, que não sabe ou não consegue fazer: *O professor seria incapaz de mentir.* ⓟ Plural: incapazes.

INCENDIAR (in - cen - di - ar) **1** Colocar fogo em alguma coisa: *Não sabemos quem incendiou a mata.* **2** Pegar fogo: *A loja incendiou-se.*

INCÊNDIO (in - cên - dio) Grande quantidade de fogo que queima e destrói as coisas: *O incêndio destruiu o edifício.*

INCHAÇO (in - cha - ço) Qualquer aumento de volume em parte do corpo por causa de batida, acidente ou doença: *Marco ficou com um inchaço grande na perna por ter levado um chute no futebol.*

INCHAR (in - char) Aumentar de volume: *A criança caiu e machucou o pé, que inchou logo em seguida.*

INCLINAR (in - cli - nar) Sair da posição reta, ficando torto: *Ele inclinou-se para pegar uma moeda no chão.*

INCOMODAR (in - co - mo - dar) Provocar raiva em alguém: *Pare de me incomodar!*

INCÔMODO (in - cô - mo - do) **1** Que provoca raiva, irritação: *Aquela bronca foi uma coisa incômoda.* **2** Doença passageira: *Estou melhor; foi apenas um incômodo, uma dor que já passou.*

INCORRETO (in - cor - re - to) Que não está certo; também se diz **errado**: *Jogar papel na rua é incorreto.*

INCRÍVEL (in - crí - vel) Em que não se pode acreditar ou que não se pode explicar: *Vovô gosta de contar histórias incríveis.* ⓟ Plural: incríveis.

INDECISO (in - de - ci - so) Que não tem certeza sobre alguma coisa: *Estou indeciso, não sei se nas férias fico em casa ou viajo.*

INDEPENDENTE (in - de - pen - den - te) Que não precisa de permissão ou não depende de ninguém para fazer alguma coisa: *Alexandre foi sempre independente; amarrava os sapatos sozinho desde pequeno.*

INDICAR (in - di - car) **1** Mostrar por meio de gestos: *O caipira indicou o caminho da cidade.* **2** O mesmo que **sugerir**: *Titia me indicou um bom professor de natação.*

INDÍGENA (in - dí - ge - na) **1** O mesmo que **índio**: *Os indígenas brasileiros receberam bem os portugueses.* **2** Que tem relação com o índio: *Gostaria de conhecer uma tribo indígena.*

ÍNDIO (ín - dio) Primeiro habitante do continente americano: *Os índios já habitavam o Brasil antes de os portugueses chegarem.*

INDISCIPLINA (in - dis - ci - pli - na) Falta de observação às normas de funcionamento de uma empresa, uma escola etc.: *A classe está com problema de indisciplina.*

INDIVIDUAL (in - di - vi - du - al) Que pertence a uma só pessoa: *Este trabalho escolar é individual.* Ⓟ Plural: individuais.

INESPERADO (i - nes - pe - ra - do) Que não era esperado; que aconteceu de surpresa: *Este passeio ao parque foi inesperado!*

INFÂNCIA (in - fân - cia) Período da vida do ser humano que vai desde o nascimento até a adolescência: *João teve uma infância feliz na fazenda da família Castro.*

INFANTIL (in - fan - til) Que é próprio de crianças: *Podem assistir pois este filme é infantil.* Ⓟ Plural: infantis.

INFERIOR (in - fe - ri - or) **1** Que está abaixo ou para baixo: *A classe fica no andar inferior.* **2** Que tem pouco ou menos valor; de baixa qualidade: *Este papel é inferior ao outro, pois rasga muito fácil.* Ⓟ Plural: inferiores.

INFIEL (in - fi - el) Que não é fiel; que é uma pessoa em quem não se pode confiar: *Ele foi infiel ao amigo.* Ⓟ Plural: infiéis.

INFORMAÇÃO (in - for - ma - ção) **1** O mesmo que **aviso**: *Não recebi a informação, por isso não fui à festa.* **2** O mesmo que **explicação**: *Vim pedir informações sobre o curso.* Ⓟ Plural: informações.

INFORMAR (in - for - mar) **1** O mesmo que **avisar**: *A auxiliar informou a todos sobre o dia da prova.* **2** O mesmo que **explicar**: *Os professores precisam informar os pais sobre as mudanças no ensino.*

INGREDIENTE (in - gre - di - en - te) Substância que se usa para preparar alguma receita de comida ou remédio: *Qual o ingrediente que falta para o bolo?*

INGRESSO (in - gres - so) Bilhete para entrada em teatro, cinema, estádio de futebol e lugares semelhantes: *Onde está o seu ingresso para assistir ao filme?*

INICIAL (i - ni - ci - al) **1** Primeira letra de uma palavra: *Pedro, a inicial do seu nome é P.* **2** Que inicia ou está no início de algo: *No campeonato de futebol, o diretor deu o pontapé inicial do jogo.* Ⓟ Plural: iniciais.

INICIAR (i - ni - ci - ar) **1** Dar início a alguma atividade; também se diz **começar**: *Quando vão iniciar as aulas?* **2** Receber os primeiros conhecimentos: *Aquela escola inicia os alunos na pintura.*

INÍCIO (i - ní - cio) Primeira parte de uma atividade; também se diz **começo**: *O início da prova será depois do lanche.*

INIMIGO (i - ni - mi - go) Aquele que não é amigo; também se diz **adversário**: *Papai tornou-se inimigo do vizinho por causa do cachorro dele, que latia a noite toda.*

INJEÇÃO (in - je - ção) Remédio líquido que se introduz no corpo através de agulha: *Gilmar tem medo de tomar injeção.* Ⓟ Plural: injeções.

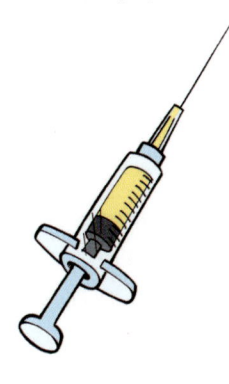

INOCENTE (i - no - cen - te) **1** Sem culpa: *O juiz considerou-o inocente.* **2** Que não tem maldade: *Minha amiga é uma pessoa inocente.*

INSETO (in - se - to) Classe de pequenos animais geralmente com duas asas e três pares de pernas: *A mosca e a barata são insetos que incomodam muito.*

INSTANTE (ins - tan - te) **1** Espaço de tempo bem pequeno: *Quando soube da festa, levantou-se da cama em um instante.* **2** Momento em que alguma coisa acontece: *No instante em que mamãe me viu, ficou alegre.*

INSTRUÇÃO (ins - tru - ção) **1** Conhecimento recebido ou dado: *João é um homem de grande instrução.* **2** Orientação com clareza sobre algo que deve ser feito: *O professor de natação já deu todas as instruções para a prova.* ⓟ Plural: instruções.

INSTRUMENTO (ins - tru - men - to) **1** Máquina, objeto ou utensílio que serve para executar uma obra ou trabalho: *A serra é o instrumento de trabalho de muitos operários.* **2** Objeto para fazer sons musicais: *Eu quero aprender a tocar um instrumento, violão ou violino.*

INTEIRO (in - tei - ro) Que tem todas as suas partes, que não foi dividido, quebrado ou destruído: *O prato caiu no chão, mas continua inteiro.*

INTELIGÊNCIA (in - te - li - gên - cia) Capacidade de entender, pensar, aprender com facilidade: *Alfredo tem muita inteligência.*

INTELIGENTE (in - te - li - gen - te) Que tem inteligência; também se diz **esperto**: *Na minha classe todos os alunos são inteligentes.*

INTENÇÃO (in - ten - ção) Vontade de fazer alguma coisa: *Estamos todos com a intenção de visitar o Museu da Língua Portuguesa.* ⓟ Plural: intenções.

INTENCIONAL (in - ten - ci - o - nal) Em que há intenção de se fazer alguma coisa: *A briga não foi intencional; ele foi provocado pelo aluno da outra classe.* ⓟ Plural: intencionais.

INTERESSANTE (in - te - res - san - te) Aquilo que causa interesse, que desperta a atenção: *O professor contou uma história muito interessante sobre o povo antigo do Egito.*

INTERESSE (in - te - res - se) Curiosidade, gosto por alguma coisa ou alguém: *Laura tem interesse em aprender outras línguas, pois sabe que é importante para seu futuro.*

INTERIOR (in - te - ri - or) **1** A parte que está dentro: *Gosto de comer o interior da maçã; não gosto da casca.* **2** Região que fica longe do centro de um estado; é o contrário de capital: *Meu tio mudou-se para uma pequena cidade do interior.* ⓟ Plural: interiores.

INTERNET (in - ter - net) Comunicação feita entre computadores de todo o mundo, que são ligados uns aos outros para troca de informações, envio e recebimento de *e-mail* entre muitas outras coisas: *Converso com meus amigos pela internet depois que termino minhas tarefas escolares.*

INTERNO (in - ter - no) Que está dentro, no interior de algo: *A sala de espera fica na parte interna do prédio.*

INTERROGAR (in - ter - ro - gar) O mesmo que **perguntar**: *Paulo interrogou-me se Marta ainda estava em casa.*

INTERROMPER (in - ter - rom - per) Fazer parar por algum tempo: *Ela interrompeu minha conversa para pedir informação.*

INTERRUPÇÃO (in - ter - rup - ção) Ato de interromper ou de fazer alguém interromper algo, de não continuar: *A conversa entre os alunos causou uma interrupção na aula.* ⓟ Plural: interrupções.

INTERVALO (in - ter - va - lo) Tempo entre dois fatos: *Houve um intervalo de duas horas entre um jogo e outro.*

INTESTINO (in - tes - ti - no) Órgão em forma de um tubo comprido e com muitas voltas, que é responsável por eliminar as substâncias que não são aproveitadas pelo organismo: *O bom funcionameto do intestino é importante para a saúde.*

INTRODUÇÃO (in - tro - du - ção) **1** Começo de qualquer coisa: *A banda tocou só a introdução da música e o público reclamou.* **2** Parte inicial de um livro em que o autor fala sobre a obra: *Ler a introdução de um dicionário é muito importante para descobrir como ele pode ser mais útil para você.* ⓟ Plural: introduções.

INTRODUZIR (in - tro - du - zir) **1** Pôr dentro: *A costureira introduziu a linha na agulha.* **2** Dar início: *Ontem não deu tempo de discutir o tema; o professor apenas introduziu o assunto.*

INTROMETER (in - tro - me - ter) Cuidar de assuntos de outras pessoas: *Não se intrometa onde não é chamado.*

INUNDAÇÃO (i - nun - da - ção) O mesmo que **enchente**: *Todos os moradores desta cidade sofreram com a inundação deste ano.* ⓟ Plural: inundações.

INUNDAR (i - nun - dar) O mesmo que **alagar**: *O rio inundou quase toda a cidade.*

INVADIR (in - va - dir) **1** Entrar à força; tomar com violência: *A polícia invadiu o esconderijo dos ladrões.* **2** Espalhar-se por algum lugar: *Os mosquitos invadiram a cabana.*

INVASOR (in - va - sor) Pessoa que invade: *A polícia prendeu o invasor daquela casa.* ⓟ Plural: invasores.

INVEJA (in - ve - ja) Forte desejo de possuir o que é de outra pessoa: *Ana tem inveja do belo cabelo da irmã.*

INVENÇÃO (in - ven - ção) **1** Criação de alguma coisa por meio de pesquisa: *A invenção do avião pelo brasileiro Santos Dumont facilitou as viagens de longa distância.* **2** O mesmo que **mentira**: *Não acredite, o que ele disse para a mãe é invenção.* ⓟ Plural: invenções.

INVENTAR (in - ven - tar) **1** Criar alguma coisa nova, ser o primeiro a ter a ideia: *Quem inventou a lâmpada foi Thomas Edison.* **2** Contar coisas falsas: *Paula inventou uma história para não estudar com a gente.*

INVERNO (in - ver - no) Estação do ano em que o tempo é mais frio: *No inverno, uso roupas que esquentam mais.*

INVERTEBRADO (in - ver - te - bra - do) Que não possui vértebras: *Os insetos são animais invertebrados.*

IR (ir) **1** Mover-se de um lugar para outro: *Para onde devo ir quando a aula terminar?* **2** Ser enviado a algum lugar: *O pacote foi pelo correio; deve chegar em dois dias.* **3** Chegar a um resultado, que pode ser bom ou não: *Estou certo de que Henrique irá bem na prova, porque estudou muito.*

IRMÃO (ir - mão) **1** Filho do mesmo pai e da mesma mãe, ou só do mesmo pai, ou só da mesma mãe: *Tenho dois irmãos mais novos.* **2** Pessoa que faz parte de um grupo religioso: *Eu e meus pais vamos à igreja e lá conversaremos com os irmãos.* ⓟ Plural: irmãos. Ⓕ Feminino: irmã.

IRRITAR (ir - ri - tar) Provocar raiva: *Suas brincadeiras me irritam.*

ISCA (is - ca) Tudo aquilo que se usa para pegar peixe: *Meu pai usa minhoca como isca.*

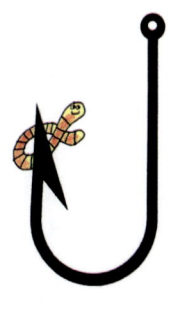

ISOLAR (i - so - lar) Separar-se de tudo ou de todos; ficar ou deixar sozinho: *Meus vizinhos isolaram o cachorro com medo de que ele estivesse doente.*

J Décima letra do alfabeto português.

JÁ (já) Agora, neste momento: *Vou fazer a lição já.*

JABUTI (ja - bu - ti) Animal terrestre muito parecido com a tartaruga que, como ela, chega a viver até 100 anos e que pode ser encontrado no Brasil: *É proibido matar jabutis porque é uma espécie que está desaparecendo.*

JACARÉ (ja - ca - ré) Animal que tem boca muito grande e cheia de dentes, chega a ter seis metros de comprimento, 100 quilos de peso e vive entre 80 e 100 anos; alimenta-se de qualquer tipo de carne e é encontrado em rios e lagoas do Brasil: *No rio Amazonas existem muitos jacarés.*

JANELA (ja - ne - la) Abertura na parede de casa ou edifício que serve para a passagem de ar e de luz: *Todo dia, quando acordo, abro a janela.*

JANGADA (jan - ga - da) Tipo de barco pequeno, feito de paus, usado por pescadores, principalmente no Nordeste brasileiro: *Já andei de jangada com meu tio.*

JANTAR (jan - tar) **1** Fazer a refeição da noite: *As crianças jantaram e depois terminaram a lição.* **2** Refeição da noite: *Hoje o jantar será na casa da vovó.*

JARDIM (jar - dim) Terreno para cultivar flores, plantas e árvores: *Que lindo o jardim da sua casa!* ⓟ Plural: jardins.

JARRO (jar - ro) Recipiente alto, com asa para segurá-lo e bico para sair o líquido que nele é colocado; também se diz **jarra**: *Mamãe colocou o jarro de água na geladeira.*

JAULA (jau - la) Espécie de gaiola grande fechada que serve para prender animais ferozes: *O leão foi levado ao zoológico dentro de uma jaula.*

JEGUE (je - gue) O mesmo que **jumento**: *Ele foi de uma cidade a outra montado em seu jegue.*

JEITO (jei - to) **1** Modo ou maneira de ser ou agir: *Se não der certo dessa maneira, tente de outro jeito.* **2** Talento natural para algo: *Minha prima tem jeito para a pintura.*

JEJUM (je - jum) Período em que uma pessoa fica sem comer e beber, por algum motivo: *Estou em jejum, pois tenho que fazer exame de sangue.*

JENIPAPO (je - ni - pa - po) Fruto de miolo amarelo e casca com muitas rugas, do qual se fazem doces e bebidas: *Doce de jenipapo é uma delícia, mas não é fácil de fazer.*

JERIMUM (je - ri - mum) O mesmo que **abóbora**: *Minha tia sempre faz torta de jerimum nas festas da família.* ⓟ Plural: jerimuns.

JIBOIA (ji - boi - a) Cobra sem veneno que mede até quatro metros, vive em matas ou em lugares secos e quentes e se alimenta em geral de outros animais: *O tamanho da jiboia assusta qualquer pessoa. Ela pode engolir um boi.*

JOELHO (jo - e - lho) Região que fica na parte inferior da coxa com a qual podemos movimentar e dobrar a perna: *Geraldo machucou o joelho durante o jogo de futebol.*

JOGAR (jo - gar) **1** Participar de um jogo: *Gosto de jogar futebol.* **2** Arriscar no jogo; fazer aposta: *Titia jogou muito dinheiro nas cartas.* **3** Atirar alguma coisa ou a si mesmo: *O menino jogou uma pedra no rio.*

JOGO (jo - go) **1** Competição com regras determinadas em que há um vencedor no final: *O jogo de xadrez estimula o cérebro.* **2** Atividade que se realiza como divertimento: *Este jogo da memória está muito divertido.*

JOIA (joi - a) **1** Objeto de enfeite em geral feito de ouro ou prata: *Cida usou uma joia muito cara no seu casamento.* **2** Usa-se também para coisas ou pessoas de muito valor: *A professora é uma joia de pessoa!*

JORNAL (jor - nal) **1** Publicação que traz notícias geralmente todos os dias: *Walter lê o jornal todos os dias para saber as notícias do Brasil e do mundo.* **2** Programa de rádio ou televisão que dá notícias: *Todas as noites papai gosta de ver o jornal da televisão.* **P** Plural: jornais.

JOVEM (jo - vem) Que não é adulto, mas também não é mais criança; também se diz **moço** e **rapaz**: *Pedro ainda é muito jovem para viajar sozinho.* **P** Plural: jovens.

JUIZ (ju - iz) Pessoa que tem autoridade e poder para decidir algo, fazendo obedecer às leis: *O juiz mandou prender o ladrão.* **P** Plural: juízes. **F** Feminino: juíza.

JULGAMENTO (jul - ga - men - to) Exame dos atos de um indivíduo, na frente de um juiz, para decidir, pelo voto, se é inocente ou culpado: *O julgamento daquele homem será hoje.*

JULGAR (jul - gar) Dar opinião sobre algo ou alguém: *Não devemos julgar as pessoas por sua aparência.*

JUMENTO (ju - men - to) Animal mamífero, parecido com o cavalo, porém menor e de orelhas compridas, utilizado para transportar carga; também se diz **jegue**: *Usamos um jumento para transportar lenha para o sítio da vovó.*

JUNTAR (jun - tar) **1** Colocar perto: *Juntaram as mesas para que todos pudessem sentar.* **2** Não gastar muito para economizar: *Meu primo juntou o dinheiro para comprar a bicicleta.* **3** Montar uma coleção: *Tiago juntou uma a uma as figurinhas do álbum.*

JUNTO (jun - to) Ao lado, muito perto: *Fique junto de mim para não se perder.*

JURAR (ju - rar) Afirmar que está dizendo a verdade: *Juro que vi um rato grande sair do buraco.*

JUSTIÇA (jus - ti - ça) **1** O certo e o correto, de maneira a dar a cada um aquilo que é seu, em prêmio ou castigo: *O ladrão foi preso; a justiça foi feita.* **2** O conjunto das pessoas que fazem obedecer às leis: *A justiça resolveu que a empresa estava certa.*

JUSTO (jus - to) **1** Que é correto; que segue a justiça: *A nota do professor foi justa porque não acertei toda a prova.* **2** Que está apertado: *A modelo usa uma calça muito justa.*

JUVENTUDE (ju - ven - tu - de) **1** Período da vida que vai da adolescência até o início da idade adulta: *Tenho lembranças felizes da minha juventude.* **2** Conjunto das pessoas jovens: *A juventude deve respeitar a maneira de pensar das pessoas mais velhas.*

Kk

K Décima primeira letra do alfabeto português.

KARAOKÊ (ka - ra - o - kê) Atividade de lazer em que se toca a melodia de uma música para que qualquer pessoa possa cantá-la, seguindo a letra da música que aparece numa tela: *Os japoneses gostam muito de participar de campeonatos de karaokê.*

KART (kart) Pequeno carro esportivo que pode ser usado por crianças e adultos: *Meu pai vai me ensinar a correr de kart.* ⓟ Plural: karts.

KETCHUP (lê-se *quetchâp*) Molho de tomate temperado com vinagre e outros ingredientes, de sabor um pouco adocicado: *Tenho o costume de pôr ketchup na batata frita; fica delicioso!* ⓟ Plural: ketchups.

kg Símbolo de **quilograma**.

KIWI (lê-se *quiuí*) Fruto de casca marrom com pequenos pelos, com a parte interna verde, pequenas sementes pretas e de sabor um pouco azedo: *Quando faz calor, é uma delícia comer kiwi bem maduro e gelado.*

km Símbolo de **quilômetro**.

KUNG FU (lê-se *cunguifu*) Arte desenvolvida na China para combate e autodefesa; as pessoas praticam essa atividade como exercício para o corpo e para a mente: *Com a prática do kung fu, aprendi a ser mais organizado com todas as coisas.*

L Décima segunda letra do alfabeto português.

LÃ (lã) **1** Pelo animal, especialmente de ovelhas e carneiros: *A lã daquele carneiro é bem branquinha.* **2** Tecido feito desse pelo: *No inverno, uso roupa de lã para me aquecer.*

LÁBIO (lá - bio) Cada uma das partes que contornam a boca; também se diz **beiço**: *O costume de pintar os lábios tem origem no Egito.*

LABORATÓRIO (la - bo - ra - tó - rio) Lugar com aparelhos e materiais necessários para experiências e pesquisas ligadas às ciências: *O laboratório da escola ganhará novos aparelhos de pesquisa.*

LAÇO (la - ço) Nó não muito apertado que se desfaz com facilidade: *A menina tinha um lindo laço azul nos cabelos.*

LADEIRA (la - dei - ra) Caminho muito inclinado: *Para ir à escola preciso subir uma ladeira.*

LADO (la - do) Parte lateral de alguma coisa; também se diz **banda**: *Um quadrado tem quatro lados.*

LADRÃO (la - drão) O mesmo que **assaltante**: *O ladrão foi preso pela polícia.* **P** Plural: ladrões. **F** Feminino: ladra, ladrona.

LAGARTO (la - gar - to) Animal de corpo alongado, com pequenas escamas e rabo comprido: *Algumas espécies de lagartos comem plantas, enquanto outras comem pequenos animais.*

LAGO (la - go) Porção de água cercada de terras: *Meu pai me ensinou a nadar no lago.*

LÁGRIMA (lá - gri - ma) Gota de líquido salgado que mantém a umidade dos olhos e que escorre dos olhos quando choramos: *Ele bateu o dedo no pé da mesa e as lágrimas escorreram dos seus olhos.*

LAMA (la - ma) Mistura mole de terra e água: *O carro não conseguia sair da lama.*

LAMBER (lam - ber) Passar a língua sobre algo: *A menina lambeu o sorvete.*

LÂMINA (lâ - mi - na) **1** Parte cortante de objetos como a faca, a espada e outros: *Cuidado com a lâmina da faca porque ela está muito afiada.* **2** Chapa bem fina: *As escamas são pequenas lâminas que cobrem o corpo dos peixes.*

LÂMPADA (lâm - pa - da) Utensílio ou aparelho para iluminar: *Mamãe comprou uma lâmpada colorida para o meu quarto.*

LAMPIÃO (lam - pi - ão) Tipo de lanterna grande, que serve para iluminar: *O lampião está aceso e ilumina o quarto.*
Ⓟ Plural: lampiões.

LANÇA (lan - ça) Arma feita de uma vara terminada por uma lâmina de ferro cortante e pontuda: *A lança quase acertou o pobre animal.*

LANCHE (lan - che) Pequena refeição que se faz entre as refeições principais; também se diz **merenda**: *Na hora do lanche comi pão com queijo e tomei suco de laranja.*

LANCHEIRA (lan - chei - ra) Pequena mala que serve para carregar o lanche: *Na minha lancheira sempre levo uma fruta.*

LANCHONETE (lan - cho - ne - te) Lugar onde se servem refeições rápidas, lanches, salgados e bebidas: *Passei na lanchonete e comi um pão de queijo antes da aula.*

LANTERNA (lan - ter - na) Pequena lâmpada que funciona com pilha elétrica ou bateria, e pode ser carregada na mão: *Quando falta eletricidade em casa, usamos uma lanterna.*

LÁPIS (lá - pis) Instrumento de madeira, longo e fino, usado para escrever ou desenhar: *Preciso apontar meus lápis de cor.* ⓟ Plural: lápis.

LARANJA (la - ran - ja) **1** Fruto redondo e rico em vitamina C, com sabor entre o doce e um pouco azedo; quando está maduro é muito usado para fazer sucos e doces: *Tomo suco de laranja todos os dias de manhã.* **2** O mesmo que **alaranjado**: *Esta roupa laranja ficou muito bem em você.*

LARGAR (lar - gar) **1** Deixar de segurar alguma coisa: *Largue meu braço!* **2** Não querer mais fazer determinada coisa: *Largar os estudos não é bom.*

LARGO (lar - go) **1** Que tem grande extensão de lado a lado: *Este campo é bem largo!* **2** Que não está apertado: *Esta roupa está larga.*

LATA (la - ta) **1** Folha ou lâmina de metal: *Este tambor é de lata.* **2** Objeto feito desse material para colocar alimentos, óleo, produtos de limpeza etc.: *Vovó comprou duas latas de óleo.*

LATIDO (la - ti - do) Voz do cão: *Os latidos do cão me acordaram.*

LATIM (la - tim) Língua que deu origem a várias outras, como o português: *Muitas palavras e frases em latim são usadas em documentos a respeito de lei.*

LATIR (la - tir) Dar latidos: *O cão do vizinho late muito e não deixa ninguém dormir.*

LAVAR (la - var) Tirar a sujeira com água: *Titia lavou e passou meu uniforme de escola.*

LAZER (la - zer) **1** Tempo livre para diversão e descanso: *Papai trabalha muito e quase não tem lazer.* **2** Atividade que se tem durante esse tempo livre: *Meu lazer é ir ao cinema.*

LEÃO (le - ão) Animal mamífero, feroz e forte: *O leão é o rei dos animais.* ⓟ Plural: leões.

LEGAL (le - gal) **1** O que é determinado por lei: *No Estado de São Paulo, não é legal fumar em ambientes fechados como bares e restaurantes.* **2** Que é bom e agradável: *Meu novo amigo é muito legal.* ⓟ Plural: legais.

LEGUME (le - gu - me) Vegetal cultivado em horta ou no campo, que é usado como alimento: *A batata é um dos legumes de que mais gosto.*

LEI (lei) Conjunto de regras determinadas por autoridades com poder para isso e que devem ser seguidas por todos: *A Lei Áurea determinou o fim da escravidão no Brasil.*

LEITE (lei - te) Líquido branco produzido pela mulher e pelas fêmeas dos animais mamíferos: *O leite materno é o mais saudável para a criança.*

LEITOR (lei - tor) Aquele que lê ou tem o hábito da leitura: *Acho que já sou um bom leitor.* ⓟ Plural: leitores.

LEITURA (lei - tu - ra) **1** Ato ou hábito de ler: *A leitura estimula a imaginação.* **2** Aquilo que se lê: *Este romance é uma leitura bem interessante.*

LEMBRANÇA (lem - bran - ça) **1** Algo que a memória conserva: *Tenho boas lembranças de quando morava no interior.* **2** Objeto próprio de algum lugar que se dá ou se recebe de presente: *Viajei e trouxe algumas lembranças para os parentes.*

LEMBRAR (lem - brar) Trazer à mente: *Não consigo me lembrar do nome do diretor da escola.*

LENÇO (len - ço) Pedaço de pano usado para limpar o nariz, cobrir a cabeça ou enfeitar o pescoço: *Ana estava linda com um lenço azul na cabeça.*

LENDA (len - da) História oral ou escrita criada pela imaginação: *Gosto muito da lenda do saci e não tenho medo.*

> Aprenda mais sobre algumas lendas brasileiras:
>
> *Lenda do Curupira:* O Curupira é um indiozinho que tem os pés virados para trás e aparece e desaparece, de repente, fazendo barulhos misteriosos que assustam os caçadores e destruidores da floresta. É conhecido como o defensor das matas.
>
> *Lenda do Caipora:* O Caipora é um menininho que tem o corpo coberto de pelos e percorre as matas montado em um porco ou em um cavalo selvagem, assustando os caçadores. É o guardião dos animais que vivem na floresta.

LENHA (le - nha) Pedaço de madeira seca usado para queimar: *Usamos toda a lenha para fazer a fogueira da festa junina.*

LENTO (len - to) Que não é rápido: *Meu cachorro engordou e ficou muito lento.*

LEOPARDO (le - o - par - do) Animal mamífero feroz, de movimentos muito rápidos e de pelo amarelo com manchas escuras: *Vi um leopardo no zoológico da cidade.*

LER (ler) **1** Conhecer as letras do alfabeto e saber o que está escrito: *Você já sabe ler? Que legal!* **2** Dizer em voz alta o que está escrito: *Aninha vai ler o texto para toda a classe.*

LESTE (les - te) Ponto ou direção onde nasce o Sol. Fica do lado contrário do oeste: *Meu amigo mora na região leste da cidade.*

LETRA (le - tra) Cada um dos sinais escritos do alfabeto: *As letras A, B e C são as primeiras do alfabeto.* ✪ **Letra cursiva:** letra escrita à mão, com um traço único formando as letras da palavra; também se diz **letra de mão:** *Mamãe só escreve em letra cursiva.* ✪ **Letra de imprensa:** letra muito usada nos livros, jornais, revistas, placas etc. É a primeira que a criança aprende a ler e a escrever; também se diz **letra de fôrma**: *A letra de imprensa maiúscula também pode ser chamada de letra bastão.*

LEVANTAR (le - van - tar) **1** Ficar de pé: *A professora pediu que todos se levantassem quando o diretor chegasse.* **2** Mover alguém ou alguma coisa para o alto: *Levantei o menino e o sentei na cadeira.* **3** Sair da cama: *Meus avós levantam cedo todos os dias.* **4** Erguer uma construção: *O pedreiro levantou o muro em três dias.*

LEVAR (le - var) **1** Passar algo ou alguém de um lugar para outro: *Papai levou a televisão para o quarto.* **2** Gastar o tempo em uma atividade: *Levou quase duas horas para fazer a prova.*

LEVE (le - ve) Que tem pouco peso: *O pacote está leve, posso carregar sozinha.*

LIBERDADE (li - ber - da - de) **1** Direito de fazer o que se quer, respeitando as leis: *A liberdade é um direito de todos.* **2** Condição de pessoa que não está presa pela justiça: *O ladrão já está em liberdade.*

LIÇÃO (li - ção) **1** Matéria da escola ensinada pelo professor aos alunos: *Vamos fazer a lição, crianças!* **2** Experiência que serve de ensinamento: *Espero que a derrota lhe sirva de lição.* ⓟ Plural: lições.

LICENÇA (li - cen - ça) Permissão para fazer alguma coisa: *Pedi licença ao professor para ir ao banheiro.*

LÍDER (lí - der) **1** Chefe de um grupo: *Augusto é o líder do movimento de jovens.* **2** Pessoa ou time que está na primeira posição em uma competição: *Meu time agora é o líder do campeonato.* ⓟ Plural: líderes.

LIGAR (li - gar) **1** Juntar o que está separado: *Vamos ligar um varal ao outro?* **2** Pôr em funcionamento um aparelho: *Titia ligou a televisão.* **3** Comunicar-se por telefone: *Ligue para mim à noite.* **4** Dar importância a alguma coisa: *Não ligue para isso.*

LIMÃO (li - mão) Fruto de sabor azedo, muito usado para fazer sucos: *Suco de limão é muito bom para a saúde.* ⓟ Plural: limões.

LIMITE (li - mi - te) **1** Linha ou ponto que divide duas coisas: *O muro marca o limite dos dois terrenos.* **2** Momento em que algo tem fim: *Minha paciência chegou ao limite.* **3** O ponto máximo que se pode atingir: *Não corra assim porque o limite de velocidade nesta estrada é de 80 quilômetros por hora.*

LIMPAR (lim - par) Tirar a sujeira: *Vovô limpa o quintal todos os dias.*

LIMPEZA (lim - pe - za) Ato de limpar alguma coisa: *A limpeza da sala já foi feita.*

LIMPO (lim - po) Que não tem sujeira: *O meu quarto está sempre limpo.*

LINDO (lin - do) Muito bonito: *Que lindo o seu caderno novo!*

LÍNGUA (lín - qua) **1** Órgão da boca que serve para sentir o gosto e que ajuda a engolir e, no caso do ser humano, a falar: *Cuidado com alimentos muito quentes, pois eles podem queimar a língua!* **2** O conjunto de palavras usadas por um povo para se comunicar: *Meu amigo Walter fala muitas línguas.*

LINGUAGEM (lin - gua - gem) Meio de se comunicar ideias e sentimentos por meio de sinais escritos, da fala ou dos gestos: *Eu conheço a linguagem dos surdos.* ⓟ Plural: linguagens.

LINHA (li - nha) **1** Fio usado para costura: *Usei linha branca para costurar a meia.* **2** Fio para amarrar: *Onde está a minha linha de pipa?*

LÍQUIDO (lí - qui - do) Substância que corre, que não tem forma: *A água, o leite, o café, os refrigerantes e os sucos são líquidos.*

LISO (li - so) **1** Que tem superfície plana: *O chão estava tão liso que quase escorreguei.* **2** Que é reto e esticado: *O cabelo de Ana é liso.* **3** De uma só cor e sem desenhos: *Os tecidos lisos estão na moda.*

LISTA (lis - ta) Relação de nomes de pessoas ou objetos: *Saiu a lista dos alunos aprovados.*

LISTRA (lis - tra) Linha ou traço em pano, papel, muro ou qualquer outra superfície: *A zebra tem a pele cheia de listras.*

LITERATURA (li - te - ra - tu - ra) A arte de escrever; conjunto de obras escritas em versos ou em forma de narrativa: *A literatura brasileira é muito conhecida no mundo inteiro.*

LITORAL (li - to - ral) Região situada à beira do mar: *Meus vizinhos passaram as férias no litoral.*

LITRO (li - tro) **1** Unidade usada para medir líquidos: *Esta panela pode conter dois litros de água.* **2** Garrafa ou outro objeto que contém essa medida: *Marcos comprou um litro de leite.*

LIVRARIA (li - vra - ri - a) Loja de livros: *Papai foi à livraria comprar um livro de presente para meu irmão.*

LIVRE (li - vre) **1** Que tem permissão: *Cristina está livre para ir à festa de hoje.* **2** Que está vago: *O quarto do hotel está livre?* **3** Que não é proibido: *Vamos ao cinema? Esse filme é livre.*

LIVRO (li - vro) Conjunto organizado de páginas, costuradas ou coladas de um lado, com capa, e que contém textos e, às vezes, ilustrações: *Meu pai sempre compra livros de histórias para mim.*

LIXO (li - xo) Restos de comida ou qualquer material; também se diz **sujeira**: *Os trabalhadores já limparam todo o lixo das ruas.*

LOBISOMEM (lo - bi - so - mem) Figura representada por um homem que, segundo a imaginação popular, à meia-noite das sextas-feiras de lua cheia, se transforma em lobo: *O professor leu uma história sobre lobisomem.* (P) Plural: lobisomens.

LOBO (lo - bo) Animal mamífero selvagem, semelhante ao cão: *O lobo atacou as ovelhas na fazenda de Marta.*

LOCAL (lo - cal) **1** Lugar não determinado: *Júlio andou por vários locais.* **2** Lugar onde ocorre alguma coisa: *Neste local será construído um prédio.* (P) Plural: locais.

LOCALIZAR (lo - ca - li - zar) Encontrar o lugar que se procura: *O turista conseguiu localizar a cidade no mapa.*

LOJA (lo - ja) Lugar para venda de mercadorias: *A loja de sapatos do meu tio fica no centro da cidade.*

LONGE (lon - ge) Afastado no espaço ou no tempo; que não é perto: *Sua casa é longe da minha.*

LONGO (lon - go) **1** Que é bem comprido: *Ana tem o cabelo longo; chega até a cintura.* **2** Que demora muito: *Este filme é muito longo.*

LOTERIA (lo - te - ri - a) Espécie de jogo em que se concorre a prêmios em dinheiro: *O meu primo Mateus sempre joga na loteria.*

LOUÇA (lou - ça) Objeto em que se servem alimentos: *A louça do jantar já está limpa.*

LOUCO (lou - co) **1** Que perdeu a razão: *Ele teve que ser internado, pois ficou louco e começou a quebrar os móveis da casa.* **2** Que está com uma vontade muito grande de algo, sem controle do desejo: *Vítor está louco para andar na bicicleta nova.*

LOUSA (lou - sa) Superfície plana onde se escreve ou se desenha com giz; também se diz **quadro-negro**: *Quem quer escrever o exercício na lousa?*

LUA (lu - a) **1** Satélite que gira ao redor da Terra e que recebe luz do Sol (escreve-se com inicial maiúscula): *Leandro gosta de ficar olhando para a Lua.* **2** Qualquer corpo celeste, sem luz própria, que gira em torno de um outro planeta: *O planeta Júpiter tem muitas luas.*

LUGAR (lu - gar) **1** O mesmo que **local**: *Márcio viajou para um lugar distante.* **2** Local determinado para colocar alguma coisa: *Este é o lugar para guardar os sapatos.* **3** Espaço ocupado por alguém ou por um objeto: *Rosa perdeu seu lugar na fila.* **4** Posição conquistada numa competição, num concurso, numa prova: *Meu filho tirou o primeiro lugar no concurso de poesia.* ⓟ Plural: lugares.

LUTAR (lu - tar) **1** Agredir com socos e pontapés; também se diz **brigar**: *A luta assustou as pessoas que passavam.* **2** Enfrentar um adversário por esporte: *Caíque lutou na competição de kung fu e venceu.* **3** Fazer grande esforço para conseguir alguma coisa: *Ele precisa lutar pela vida.*

LUZ (luz) **1** Aquilo que produz a iluminação ou torna as coisas possíveis de se ver: *A luz do Sol iluminou o quarto.* **2** Brilho de certos corpos ou objetos: *Adoro ficar olhando para a luz das estrelas.* **3** A própria fonte de luz, como vela, lâmpada: *A luz da sala está muito fraca.* ⓟ Plural: luzes.

M Décima terceira letra do alfabeto português.

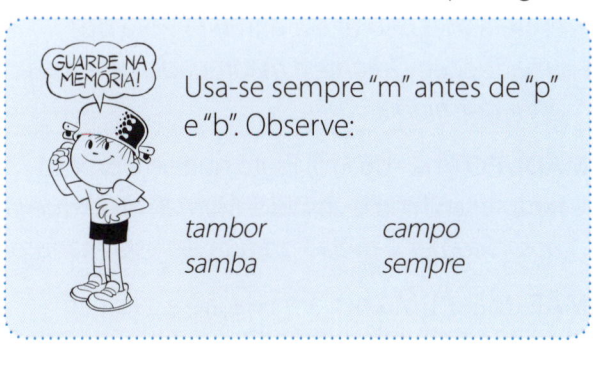

> **GUARDE NA MEMÓRIA!**
> Usa-se sempre "m" antes de "p" e "b". Observe:
>
> tambor   campo
> samba   sempre

MAÇÃ (ma - çã) Fruta comestível, de casca verde ou vermelha que pode ser comida inteira ou usada para fazer sucos, tortas e outras receitas: *Adoro bolo de maçãs.*

MACACO (ma - ca - co) **1** Animal mamífero, de corpo peludo, braços longos e rabo comprido, com a inteligência próxima da do ser humano: *Macaco gosta de comer banana.* **2** Máquina para levantar pesos: *João usou um macaco para levantar o carro e trocar o pneu que estava furado.*

MAÇANETA (ma - ça - ne - ta) Peça por onde se abre ou fecha uma porta ou janela: *A maçaneta da porta quebrou.*

MACARRÃO (ma - car - rão) Tipo de massa feita com farinha, geralmente de trigo, e com ovos, que pode ser cortada em tiras finas e compridas, em pequenos tubos etc.: *O macarrão foi inventado na China há mais de quatro mil anos.* ⓟ Plural: macarrões.

MACAXEIRA (ma - ca - xei - ra) O mesmo que **mandioca**: *Minha avó sabe fazer um delicioso doce de macaxeira.*

MACHADO (ma - cha - do) Ferramenta usada principalmente para cortar lenha: *Assisti a um filme do século passado e vi como os homens cortavam as árvores com machado.*

MACHO (ma - cho) Qualquer animal do sexo masculino: *O boi é o macho da vaca.*

MACHUCADO (ma - chu - ca - do) Arranhão, batida ou corte causado por um acidente; também se diz **ferida**: *Trate bem deste machucado na perna.*

MACHUCAR (ma - chu - car) Provocar machucado em alguém ou em si mesmo; também se diz **ferir**: *João machucou o irmão sem querer.*

MACIO (ma - ci - o) **1** Suave ao tato: *O pelo do gato é macio.* **2** Que não é duro: *Gosto de dormir com travesseiro macio.*

MAÇO (ma - ço) Pacote que contém a porção de alguma coisa: *Ganhei um maço de figurinhas.*

MADEIRA (ma - dei - ra) A parte principal do tronco e dos galhos da maioria das plantas, usada para fazer móveis: *A mesa da professora é feita de madeira.*

MADRINHA (ma - dri - nha) Mulher que é escolhida para ser testemunha em uma ocasião especial, religiosa ou não: *Minha irmã é madrinha da minha filha.* Ⓜ Masculino: padrinho.

MADRUGADA (ma - dru - ga - da) Período entre a meia-noite e a primeira hora do amanhecer: *Durante a madrugada, devemos estar dormindo.*

MADURO (ma - du - ro) Fruto que está pronto para ser colhido e comido: *Mamãe disse que já posso comer o melão porque ele está maduro.*

MÃE (mãe) **1** Mulher em relação a cada um dos seus filhos: *A mãe sempre alimenta os filhos.* **2** Fêmea de animal que teve filhotes: *O cãozinho não sai de perto da mãe.*

MÁGICA (má - gi - ca) Técnica de esconder ou fazer aparecer objetos sem que ninguém perceba: *Gosto de ver a mágica de fazer sair um lenço da manga da camisa.*

MÁGICO (má - gi - co) **1** Homem que faz mágicas: *O mágico trabalho no circo que chegou à cidade.* **2** Que é encantador: *Esta noite foi mágica para mim, pois foi a primeira vez que fui ao teatro.*

MAGRO (ma - gro) Que tem pouca ou nenhuma gordura: *Esse menino está muito magro.*

MAIOR (mai - or) **1** Superior a outro em duração, espaço, número, tamanho: *Minha casa é maior que a sua.* **2** Pessoa que tem mais de dezoito anos: *Só os maiores podem dirigir carro.* ⓟ Plural: maiores.

MAIORIA (mai - o - ri - a) A maior parte de alguma coisa, o maior número: *A maioria dos alunos já entregou os trabalhos para a professora.*

MAIS (mais) Em maior número, em maior quantidade: *Paulo tem mais brinquedos do que eu.*

MAIÚSCULA (mai - ús - cu - la) Letra grande que inicia uma frase, nomes de pessoas, de países ou de lugares: *O nome das pessoas começa com letra maiúscula.*

Use sempre a letra maiúscula:

- Para começar a frase:
  Minha amiga está viajando.

- Para nomes de países, estados e cidades:
  Conhecia todo o Brasil.
  Foi para Minas Gerais e visitou Sabará.

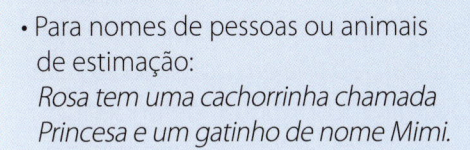

- Para nomes de pessoas ou animais de estimação:
  Rosa tem uma cachorrinha chamada Princesa e um gatinho de nome Mimi.

- Para nomes de ruas, rios, mares, montanhas:
  Moro na rua Tiradentes.
  O rio Tietê está poluído.
  O oceano Atlântico banha o Brasil.

- Para nomes de livros, filmes, músicas:
  A professora leu um capítulo do livro O Menino Maluquinho.
  Assisti ao filme A Pequena Sereia.

MAL (mal) **1** O que é contrário ao bem; o que é ruim e causa desgraça ou prejuízo: *Não devemos desejar o mal para os outros.* **2** Qualquer doença: *Meu vizinho tinha um mal que ninguém conseguia curar.* ⓟ Plural do significado 2: males.

MALA (ma - la) Espécie de caixa para transporte de roupas e outros objetos em viagem: *Cláudia arrumou a mala e foi para o aeroporto.*

MALCRIADO (mal - cri - a - do) Pessoa que trata as outras com falta de educação: *Meu colega de classe foi malcriado com a professora.*

MALDADE (mal - da - de) Aquilo que é feito com intenção ruim: *João fez uma maldade com o colega.*

MAL-HUMORADO (mal - hu - mo - ra - do) Que tem mau humor, está sempre bravo: *Ele é um menino muito mal-humorado, só fica reclamando.* ⓟ Plural: mal-humorados.

MALTRATAR (mal - tra - tar) Tratar mal, ofendendo ou batendo: *Não podemos maltratar os animais.*

MALUCO (ma - lu - co) Louco ou que parece louco: *Que menino maluco! Ele subiu no muro e pode cair!*

MALVADO (mal - va - do) Que é capaz de fazer coisas ruins: *Aquele menino malvado puxou o rabo do gato.*

MAMADEIRA (ma - ma - dei - ra) Pequena garrafa com bico de borracha, usada para dar leite e outras bebidas aos bebês: *Minha irmãzinha bebe leite na mamadeira.*

MAMÃE (ma - mãe) Tratamento carinhoso que os filhos dão à mãe: *Mamãe é tudo para mim.*

MAMAR (ma - mar) Chupar o leite da mãe ou da mamadeira: *Os bebês precisam mamar várias vezes por dia.*

MAMÍFERO (ma - mí - fe - ro) Animal que alimenta os filhotes com leite: *A baleia é um mamífero que vive na água.*

MANCHA (man - cha) Marca de cor diferente em algum lugar: *Havia uma mancha de tinta no meu vestido.*

MANDAR (man - dar) **1** Dar ordens a alguém: *A professora mandou a classe fazer a lição em silêncio.* **2** Enviar algo: *Mandei uma carta para minha prima.*

MANDIOCA (man - di - o - ca) Planta que tem raízes que se pode comer frita, cozida ou na forma de farinha; também se diz **aipim** e **macaxeira**: *Vovô gosta de comer feijão com farinha de mandioca.*

MANEIRA (ma - nei - ra) Jeito de fazer alguma coisa: *Resolvi o problema de matemática de maneira diferente dos meus colegas, mas cheguei ao mesmo resultado.*

MANGA (man - ga) **1** Parte da roupa que cobre o braço: *O mecânico sujou a manga da camisa.* **2** Fruta de sabor doce e com um grande caroço no meio: *Gosto muito de suco de manga.*

MANGUEIRA (man - guei - ra) **1** Árvore que produz manga: *Plantamos uma mangueira em nossa chácara.* **2** Cano de borracha, plástico ou outro material que leva água, gás ou ar: *Todas as manhãs minha mãe rega as plantas usando uma mangueira bem comprida.*

MANHÃ (ma - nhã) Tempo que vai do nascer do Sol até o meio-dia: *Fiquei a manhã toda na escola.*

MANIA (ma - ni - a) Costume de falar ou fazer algumas coisas muitas vezes: *Meu irmão tem mania de piscar o olho toda hora.*

MANSO (man - so) Que não é feroz: *Meu cachorro é manso, só late para pessoas estranhas.*

MANTEIGA (man - tei - ga) Produto feito da nata do leite que é usado no pão e em outras receitas: *Minha família come pão com manteiga no café da manhã.*

MANTER (man - ter) **1** Deixar de certa maneira: *Devemos manter a classe limpa.* **2** Sustentar alguém: *O pai trabalha em dois lugares para manter a família.* **3** Continuar defendendo uma opinião: *Lucas manteve a promessa e ficou em casa estudando.*

MANUAL (ma - nu - al) **1** Feito à mão: *A professora nos deu um trabalho manual para praticarmos.* **2** Livro que explica tudo sobre uma ciência, sobre uma arte ou sobre o funcionamento de algum aparelho: *Onde está o manual da televisão nova?* ⓟ Plural: manuais.

MÃO (mão) Parte do corpo com que tocamos ou seguramos as coisas: *É preciso lavar as mãos antes das refeições.* ⓟ Plural: mãos.
★ **Dar uma mão:** ajudar: *Meu pai vai cortar a grama e me chamou para dar uma mão.*

MAPA (ma - pa) Desenho que representa a Terra, um país, uma cidade e outros lugares: *A professora desenhou um mapa do Brasil.*

MÁQUINA (má - qui - na) Aparelho para produzir alguma coisa ou realizar um trabalho: *Minha tia comprou uma máquina de costura.*

MAR (mar) Grande porção de água salgada que cobre a maior parte da Terra: *Gosto de ir à praia para ver o mar.* ⓟ Plural: mares.

MARCA (mar - ca) **1** Sinal feito em alguma coisa para que se possa saber de quem é: *Jonas fez uma marca nos seus brinquedos para não os confundir com os do irmão.* **2** Sinal deixado na pele por uma doença: *Tive catapora e fiquei com algumas marcas.* **3** Rótulo dos produtos fabricados: *Mamãe sempre compra sabonete da mesma marca.*

MARCAR (mar - car) Pôr marca ou sinal: *O professor pediu para marcar a página do livro em que está escrita a poesia.*

MARÉ (ma - ré) Movimento das águas do mar: *Durante a noite a maré sobe e é perigoso nadar.*

MARGEM (mar - gem) **1** Terreno que fica ao lado de um rio ou lago: *O rio inundou a margem por causa das chuvas.* **2** Espaço em branco de cada um dos lados da folha de papel: *A professora disse para não escrevermos nas margens.* ⓟ Plural: margens.

MARIDO (ma - ri - do) Homem em relação à mulher com quem está casado; também se diz **esposo**: *Quando crescer, minha irmã quer ter um marido legal como o papai.*

MARRECO (mar - re - co) Ave da família do pato, de tamanho menor, que passa boa parte de seu tempo na superfície da água: *Vovô tem uma criação de marrecos no sítio.*

MARROM (mar - rom) Da cor da terra: *Vou à festa da escola de calça marrom e blusa branca.*

MARTELO (mar - te - lo) Ferramenta de ferro, com cabo de madeira, usada para bater, pregar ou quebrar: *Leandro usou o martelo para pregar o prego na tábua.*

MASCAR (mas - car) Mastigar sem engolir: *Mascar chiclete estraga os dentes.*

MÁSCARA (más - ca - ra) Objeto usado para proteger, esconder ou enfeitar o rosto: *O bombeiro colocou a máscara para se proteger do fogo.*

MASCULINO (mas - cu - li - no) Próprio de homem ou de macho: *Este calçado é masculino.*

> **VEJA ISSO.**
> Algumas palavras, mesmo sendo masculinas, nem sempre têm a terminação em "o".
> Observe:
> o guard**a**
> o telefonem**a**
> o guaran**á**
> o crach**á**
> o cinem**a**

MASSA (mas - sa) Mistura de farinha com água ou outro líquido, formando pasta: *A massa do bolo já está pronta para assar.*

MASTIGAR (mas - ti - gar) Reduzir a minúsculos pedaços com os dentes: *Ana mastiga muito bem a comida antes de engolir.*

MATA (ma - ta) Terreno cheio de árvores silvestres e várias outras plantas: *A nossa mata precisa ser respeitada.*

MATAR (ma - tar) **1** Tirar a vida: *Papai matou a barata.* **2** Fazer parar: *Só água consegue matar a minha sede.* **3** Faltar à aula sem motivo: *Aquele menino gosta de matar aulas de ciências.*

MATEMÁTICA (ma - te - má - ti - ca) Ciência que trata dos números e das contas: *Meu primo é muito bom em matemática.*

MATÉRIA (ma - té - ria) **1** Qualquer corpo que tenha a forma líquida, sólida ou gasosa: *A pedra é uma matéria dura.* **2** Assunto que se estuda na escola; também se diz **disciplina**: *A matéria de que mais gosto é português.*

MATERIAL (ma - te - ri - al) **1** Objetos usados para realizar uma atividade: *A professora entregou o material de desenho para os alunos.* **2** Aquilo de que é feita alguma coisa: *Existem bolsas de diversos materiais: couro, pano, plástico e outros.* ⓟ Plural: materiais.

MATO (ma - to) Terreno onde nascem plantas que não foram cultivadas: *O mato cresceu naquela casa abandonada.*

MAU (mau) **1** Que prejudica os outros: *Aquele aluno é mau porque bate nos colegas e põe a culpa em outro.* **2** Que faz as coisas com maldade: *O ladrão é sempre um homem mau.* Ⓕ Feminino: má.

MÁXIMO (má - xi - mo) **1** Que é o maior de todas as outras coisas do mesmo tipo: *Parabéns, você tirou a nota máxima na prova!* **2** A maior quantidade de uma coisa: *Consigo beber no máximo dois copos de refrigerante em uma festa.*

MECÂNICO (me - câ - ni - co) Pessoa que conserta carros e outras máquinas: *Meu pai levou o carro ao mecânico.*

MEDICINA (me - di - ci - na) Ciência que trata das doenças: *Alfredo estudou medicina e hoje é médico em um hospital infantil.*

MÉDICO (mé - di - co) Pessoa que estudou medicina; também se diz **doutor**: *Meu avô ficou doente e teve que ir ao médico.*

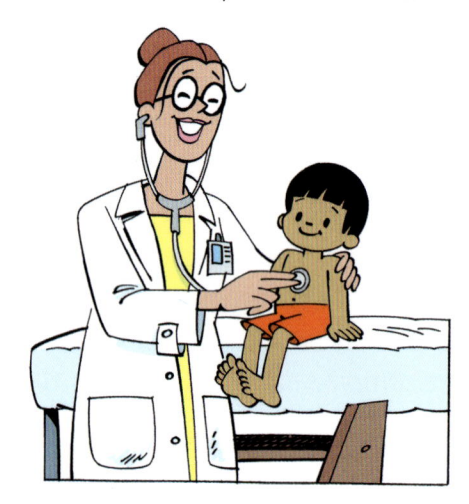

MEDIDA (me - di - da) Valor que indica o tamanho de alguma coisa: *Mamãe usa a colher de sopa como medida para fazer café.*

MEDIR (me - dir) Calcular a medida: *O pintor mediu as paredes para saber quanta tinta ia ter que comprar.*

MEDO (me - do) Temor diante de uma situação de perigo: *Tenho medo de chegar em casa tarde; a rua é muito escura.*

MEIA (mei - a) Peça de roupa que cobre o pé e parte da perna: *Ganhei um par de meias brancas.*

MEIA-NOITE (mei - a - noi - te) Instante em que o dia acaba e um novo dia começa: *Chegamos muito tarde do cinema; já era quase meia-noite.*

MEIO (mei - o) **1** Que é a metade de um todo: *O garçom cortou a laranja ao meio.* **2** O ponto que fica no centro: *O aluno sentou-se no meio da sala de aula.* **3** Maneira utilizada para alcançar o que se quer: *Estudar é o único meio para você passar de ano.* **4** Um pouco: *Hoje estou meio cansada porque fui dormir tarde ontem.*

MEIO-DIA (mei - o - di - a) Momento entre a manhã e a tarde que representa a metade do dia: *Não se atrase porque o almoço será ao meio-dia.*

MEL (mel) Substância doce que as abelhas fabricam a partir das flores e que serve como alimento: *Todos os dias tomo uma colher de mel.*

MELANCIA (me - lan - ci - a) Fruta grande, de casca dura e verde, com a parte interior vermelha e muita água: *Suco de melancia é uma delícia no verão.*

MELÃO (me - lão) Fruta doce, de casca amarela ou verde, com muita água na parte interna: *Melão é uma fruta muito usada para fazer sucos.* Ⓟ Plural: melões.

MELHOR (me - lhor) Superior a outro em qualidade: *Este caderno é melhor do que aquele.* Ⓟ Plural: melhores.

MELHORAR (me - lho - rar) **1** Tornar algo melhor: *A professora não entendeu o que eu escrevi e pediu que eu melhorasse minha letra.* **2** Ter sido curado de uma doença: *Vovó melhorou da gripe.*

MELODIA (me - lo - di - a) Sequência de sons de uma música: *Ouvi a nova música da minha banda favorita e achei a melodia muito legal.*

MEMBRO (mem - bro) **1** Parte do corpo ligada ao tronco do ser humano e de certos animais: *No ser humano, as pernas são membros inferiores e os braços membros superiores.* **2** Pessoa que faz parte de um clube, grupo ou família: *Vovô é um membro muito querido de minha família.*

MEMÓRIA (me - mó - ria) **1** Lembrança de alguma coisa ou de alguém: *Minha avó está sempre em nossa memória.* **2** Facilidade para guardar os fatos e as ideias: *Essa menina tem boa memória; lembra tudo o que aprende.*

MENDIGO (men - di - go) Pessoa que pede esmola ou comida para viver: *Nas grandes cidades brasileiras há muitos mendigos.*

MENINO (me - ni - no) Criança do sexo masculino; também se diz **garoto** e **guri**: *Os meninos gostam de usar bermuda.*

MENOR (me - nor) **1** Inferior a outro em duração, espaço, número, tamanho: *Minha amiga e eu temos a mesma idade, mas sou menor do que ela.* **2** Pessoa que ainda não tem dezoito anos: *Não pude assistir àquele filme porque ele é proibido para menores.* Ⓟ Plural: menores.

MENOS (me - nos) Em menor número, em menor quantidade: *Ganhei menos balas do que você.*

MENSAGEM (men - sa - gem) Recado ou notícia que se dá ou passa a alguém: *Pedro enviou uma mensagem para mim pela internet.* Ⓟ Plural: mensagens.

MENSAL (men - sal) **1** Que dura ou se refere a um mês: *Este é o seu pagamento mensal.* **2** Que acontece de mês em mês: *Alunos, vocês vão fazer uma prova mensal.* Ⓟ Plural: mensais.

MENTE (men - te) Lugar da inteligência, da imaginação e do pensamento do ser humano: *Uma ideia me veio à mente: vamos trabalhar em equipe?*

MENTIR (men - tir) Dizer mentiras: *É feio mentir para os outros.*

MENTIRA (men - ti - ra) Tudo o que não é verdade, que é o contrário do que se faz ou pensa; também se diz **invenção**: *A mentira é um grande mal, pois pode prejudicar alguém.*

MERCADO (mer - ca - do) Lugar onde se compram alimentos e outras coisas: *Meus pais vão ao mercado com uma lista de tudo o que têm que comprar.*

MERCADORIA (mer - ca - do - ri - a) Tudo o que é vendido ou comprado: *As mercadorias daquela loja são muito caras.*

MERENDA (me - ren - da) O mesmo que **lanche**: *Os alunos daquela escola comem a merenda às 10 horas.*

MÊS (mês) Cada uma das doze divisões do ano: *As férias dos meus pais são no mês de janeiro.* ⓟ Plural: meses.

MESA (me - sa) Móvel que serve para escrever, trabalhar, jogar, comer: *Titia arrumou a mesa para o almoço.*

MESADA (me - sa - da) Dinheiro que alguns pais dão aos filhos todo mês: *Ele gastou toda a mesada comprando figurinhas.*

MESMO (mes - mo) **1** A própria pessoa: *O rapaz de quem você falou sou eu mesmo.* **2** Que é idêntico: *Tenho a mesma idade que você.*

MESTRE (mes - tre) **1** O mesmo que **professor**: *Meu mestre preferido é o de educação física.* **2** Aquele que conhece uma ciência: *O diretor é mestre em Educação.* Ⓕ Feminino: mestra.

METADE (me - ta - de) Cada uma das duas partes iguais em que se divide um todo: *A metade do lanche é para mim e a outra para meu irmão.*

METAL (me - tal) Material resistente como o ferro, usado nas construções e para fazer vários objetos: *O carro tem muitas peças de metal.* ⓟ Plural: metais.

METER (me - ter) **1** Guardar alguma coisa em algum lugar: *Papai meteu a carteira no bolso e saiu.* **2** Pôr-se escondido: *O macaco meteu-se na floresta e ninguém o achou depois.* **3** Fazer entrar: *Meu irmão meteu a chave na porta e foi entrando sem se preocupar com o barulho.* **4** Dizer ou fazer alguma coisa sem que alguém tenha pedido: *Não gosto de pessoas que se metem na vida dos outros.*

METRO (me - tro) **1** Unidade de comprimento, de medida: *Quantos metros de fita preciso comprar?* **2** Peça que serve para medir e que tem o comprimento de um metro: *O pedreiro pegou o metro e mediu todo o terreno.*

METRÔ (me - trô) Sistema de transporte de passageiros, quase sempre por baixo da terra: *O metrô é um meio de transporte rápido e moderno.*

MEXER (me - xer) **1** Misturar o conteúdo de alguma coisa: *Mexa o mingau para que fique bem cremoso.* **2** Tirar algo do lugar: *Quem mexeu no meu dicionário?* **3** Fazer movimentos: *Menino, pare de se mexer um pouco!*

MIADO (mi - a - do) A voz do gato: *Esse miado em cima do telhado não me deixa dormir.*

MIAR (mi - ar) Soltar miados: *Por que o gato não para de miar?*

MICRO (mi - cro) O mesmo que **microcomputador**: *Uso o micro do meu pai para fazer pesquisas escolares na internet.*

MICROCOMPUTADOR (mi - cro - com - pu - ta - dor) Computador pequeno, usado em casas, escolas, locais de trabalho; também se diz **micro**: *Vou ganhar um microcomputador no final do ano.* ⓟ Plural: microcomputadores.

MICRO-ONDAS (mi - cro - on - das) Espécie de forno elétrico que prepara ou esquenta os alimentos de maneira rápida: *Minha mãe fez pipoca no micro-ondas.* ⓟ Plural: micro-ondas.

MILAGRE (mi - la - gre) **1** Fato que não se consegue explicar pelas coisas que acontecem na natureza: *A vizinha estava muito doente e vovó acredita que foi um milagre ela ter sarado.* **2** Coisa ou fato que espanta: *Foi um milagre titia nos visitar depois de tanto tempo.*

MILHO (mi - lho) Planta que produz um cereal de grãos amarelos, usado como alimento: *A pamonha é feita de milho.*

MILITAR (mi - li - tar) Aquele que serve o exército: *Meu tio é militar, mas nunca participou de uma guerra.* ⓟ Plural: militares.

MINA (mi - na) **1** Buraco na terra de onde se tiram minerais e outros produtos: *A mina de ouro explodiu.* **2** Nascente de água: *Quando falta água, vamos à mina perto daqui.*

MINERAL (mi - ne - ral) Substância, geralmente sólida, que é encontrada na superfície da Terra: *A água e o mercúrio são os únicos minerais líquidos.* ⓟ Plural: minerais.

MINGAU (min - gau) Alimento cremoso feito com leite, farinha de certos cereais e açúcar: *Minha mãe faz mingau de aveia todos os dias para minha irmã mais nova.* ⓟ Plural: mingaus.

MÍNIMO (mí - ni - mo) **1** Que é o menor de todas as outras coisas do mesmo tipo: *Você tirou a nota mínima no trabalho?* **2** A menor quantidade de uma coisa: *Quero o mínimo de sorvete.*

MINÚSCULA (mi - nús - cu - la) Letra pequena que não é usada no começo de frases, nomes de pessoas, de países, de lugares: *O nome dos objetos começa com minúscula.*

MINÚSCULO (mi - nús - cu - lo) Muito pequeno; também se diz **miúdo**: *Eu deixo os jogos de peças minúsculas longe do meu irmão de dois anos, para ele não engolir as peças.*

MINUTO (mi - nu - to) **1** Período de tempo com sessenta segundos: *Aquele filme dura noventa minutos.* **2** Momento muito breve: *Você disse que viria num minuto, mas demorou demais.*

MISÉRIA (mi - sé - ria) **1** Falta das coisas básicas para viver: *Grande parte das pessoas no mundo vive na miséria.* **2** Quantidade muito pequena de qualquer coisa: *Mas que miséria de bolo você me deu!*

MISTÉRIO (mis - té - rio) Tudo o que a razão não pode explicar ou compreender: *É um mistério como isto apareceu aqui.*

MISTURA (mis - tu - ra) **1** Resultado de misturar coisas diferentes: *A mistura do azul com o amarelo dá a cor verde.* **2** Prato quente que é preparado para acompanhar o arroz, o feijão ou o macarrão durante uma refeição: *Minha mistura preferida aos domingos é frango assado.*

MISTURAR (mis - tu - rar) Juntar coisas ou seres diferentes: *Vamos misturar os ingredientes da feijoada?*

MIÚDO (mi - ú - do) O mesmo que **minúsculo**: *Gabi pescou um peixe miúdo e o devolveu para o rio.*

MOCHILA (mo - chi - la) Tipo de bolsa feita de tecido, couro, plástico ou outro material, que se carrega nas costas e serve para o transporte de objetos: *O menino ganhou uma mochila nova.*

MOÇO (mo - ço) O mesmo que **jovem**: *Bruno ainda é muito moço para casar.*

MODA (mo - da) 1 Comportamento, expressão ou modo de se vestir que permanece por algum tempo: *Usar tênis sempre está na moda.* **2** Maneira como cada um faz as coisas: *O aluno fez o exercício à sua moda.*

MODELO (mo - de - lo) 1 Objeto ou desenho que serve para ser copiado: *Onde está o modelo do seu mapa?* **2** Pessoa que mostra roupas em um desfile: *Aquela modelo brasileira é muito famosa no mundo todo.*

MODERNO (mo - der - no) Dos tempos mais atuais; que existe há pouco tempo: *Este corte de cabelo é bem moderno.*

MODIFICAR (mo - di - fi - car) Fazer mudar o jeito de ser: *O dono da casa modificou a janela.*

MODO (mo - do) 1 Forma ou maneira de ser: *O seu modo de pensar não combina com o meu.* **2** Maneira ou forma especial de fazer as coisas ou de falar: *O palhaço fala de modo engraçado.*

MOEDA (mo - e - da) Peça, geralmente de metal, que é usada para comprar ou pagar alguma coisa: *Estou guardando moedas no meu cofrinho para comprar um brinquedo.*

MOER (mo - er) Reduzir alguma coisa em pedaços bem pequenos ou até virar pó: *É preciso moer a cana para fazer o açúcar.*

MOLE (mo - le) 1 Que não é duro: *A massa do bolo ainda está mole.* **2** Aquele que faz tudo devagar, que é lento: *Deixe de ser mole e vamos sair logo!*

MOLEQUE (mo - le - que) O mesmo que **menino**, usado geralmente para quem gosta só de brincar: *Aquele aluno ainda é um moleque, só pensa em brincar e não quer estudar.*

MOLEZA (mo - le - za) Falta ou perda de forças: *Depois de comer eu sinto uma moleza!*

MOLHAR (mo - lhar) Pôr ou receber líquido: *A professora tomou chuva e molhou toda a roupa.*

MOLHO (mo - lho) Caldo que acompanha comidas: *Molho de tomate fica muito bom com carne.*

MOMENTO (mo - men - to) 1 Espaço curto de tempo: *Sentou por um momento antes de continuar a limpar a casa.* **2** Instante em que algo acontece: *Agora é o momento de fazer silêncio.*

MONITOR (mo - ni - tor) 1 Pessoa que cuida da disciplina ou que orienta a escola na maneira de ensinar: *O monitor precisa ter muita paciência com as crianças.* **2** Tela de computador, semelhante à de televisão: *Quero um monitor maior e mais moderno.* ⓟ Plural: monitores.

MONSTRO (mons - tro) Ser muito feio, criado pela imaginação, que provoca medo: *Fiquei com medo dos monstros que vi no filme, mas sei que não são reais.*

MONTANHA (mon - ta - nha) Monte muito alto: *O atleta subiu a montanha, porque queria olhar lá do alto.*

MONTAR (mon - tar) **1** Pôr-se em cima de um animal e usá-lo como meio de transporte: *Titio adora montar o seu cavalo quando vai ao sítio.* **2** Juntar peças de maneira correta para formar alguma coisa: *Breno juntou várias peças e montou um relógio.*

MONTE (mon - te) **1** Parte de um terreno que fica acima do solo: *O pastor subiu ao monte para pegar sua ovelhinha.* **2** Quantidade grande de alguma coisa: *Comprei um monte de roupas novas.*

MORAR (mo - rar) Viver em algum lugar: *Lígia mora perto da escola.*

MORCEGO (mor - ce - go) Mamífero que voa durante a noite e vive de dez a trinta anos: *A maioria dos morcegos se alimenta de frutas.*

MORDER (mor - der) Apertar ou ferir com os dentes: *O pequeno garoto tem mania de morder os coleguinhas.*

MORNO (mor - no) Não muito quente: *Leite morno antes de dormir é muito bom.*

MORRER (mor - rer) Parar de viver: *Muitas pessoas morreram no acidente de trem.*

MORTE (mor - te) O fim da vida: *A morte do vizinho foi uma surpresa, porque ele estava bem.*

MORTO (mor - to) Que está sem vida, que morreu: *Encontrei um rato morto na porta de casa.*

MOSCA (mos - ca) Inseto pequeno de duas asas que geralmente vive em lugares com restos de comida e carrega nas patas toda a sujeira por onde passa, transmitindo doenças: *Aqui deve ser muito sujo, porque está cheio de moscas.*

MOSQUITO (mos - qui - to) Inseto pequeno de duas asas e pernas longas e finas que pode transmitir doenças: *Cubram as comidas; os mosquitos estão por toda parte.*

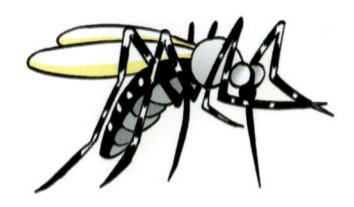

MOSTRAR (mos - trar) **1** Fazer ver: *Bárbara me mostrou sua boneca nova.* **2** Dar sinal: *Titio correu duzentos metros e já mostra cansaço.* **3** Explicar claramente: *O guarda nos mostrou a saída corretamente.* **4** Querer se exibir: *Ela faz isso só para se mostrar.*

MOTIVO (mo - ti - vo) O que faz algo acontecer: *O cigarro é o motivo de muitas doenças.*

MOTOR (mo - tor) Conjunto de peças que fazem funcionar um veículo ou uma máquina: *O motor do carro está com problemas.* ⓟ Plural: motores.

MOTORISTA (mo - to - ris - ta) Pessoa que dirige um veículo a motor: *Meu tio é motorista de ônibus.*

MOUSE (lê-se *máuzi*) Peça móvel, de plástico, em forma de ratinho (rato, em inglês é *mouse*), que faz parte do computador: *Os* mouses *sem fio são muito comuns hoje.*

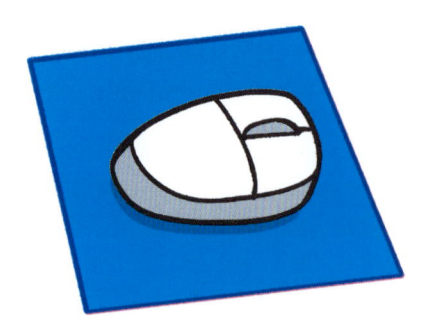

MÓVEL (mó - vel) **1** Que se pode mover; que não está fixo: *Aquela ponte de ferro é móvel; ela pode subir e descer.* **2** Peça grande, geralmente de madeira, que é usada para guardar ou apoiar objetos: *Meu pai comprou um móvel novo para a sala.* Ⓟ Plural: móveis.

MOVER (mo - ver) Fazer movimento: *Não se mova, pois quero tirar uma fotografia sua.*

MOVIMENTO (mo - vi - men - to) Mudança de uma pessoa, de um animal ou de um objeto de um lugar para outro: *O movimento da tartaruga é lento.*

MUDANÇA (mu - dan - ça) **1** Ação que faz uma pessoa ter uma atitude diferente da que tinha: *João se comportou melhor este mês e a professora percebeu a mudança.* **2** Transporte de todas as coisas de uma casa para outra onde se vai morar, na mesma cidade ou não: *A nossa mudança vai ser cansativa.*

MUDAR (mu - dar) **1** Modificar a maneira como alguma coisa era feita: *O professor decidiu mudar João para a carteira da frente, pois ele tem problema de visão.* **2** Trocar de um lugar para outro: *Nós vamos nos mudar para a capital de Pernambuco.* **3** Fazer ficar diferente; também se diz **transformar**: *Andreia mudou a cor dos cabelos e ficou linda!*

MUDO (mu - do) **1** Aquele que não consegue falar: *A comunicação dos mudos é feita por gestos.* **2** Aquele que resolve não falar por vontade própria: *O que deu nesse menino que está mudo há um bom tempo?* **3** Que não produz som: *Ontem choveu muito e o telefone ficou mudo.*

MULHER (mu - lher) **1** Pessoa adulta do sexo feminino: *A modelo é uma mulher muito bonita.* **2** A esposa de um homem: *O zelador tem uma mulher muito esforçada.*

MULTIDÃO (mul - ti - dão) Grande quantidade de pessoas: *A multidão estava reunida na praça para assistir ao show.* Ⓟ Plural: multidões.

MULTIPLICAÇÃO (mul - ti - pli - ca - ção) Conta de multiplicar: *Quem conseguiu fazer a multiplicação?* Ⓟ Plural: multiplicações.

MULTIPLICAR (mul - ti - pli - car) **1** Fazer uma multiplicação: *Se você multiplicar cinco por dois, o resultado será dez.* **2** Aumentar o número; crescer em número: *A pobreza multiplicou-se na África nos últimos anos.*

MUNDIAL (mun - di - al) Que ocorre no mundo inteiro: *Os livros de Ziraldo são um sucesso mundial.*

MUNDO (mun - do) **1** Conjunto de todos os astros e planetas: *O homem é minúsculo diante do tamanho do mundo.* **2** O planeta Terra: *Cuidar da natureza é a melhor maneira* *de salvar o mundo.* **3** Grande quantidade de coisas ou pessoas: *Vi um mundo de gente indo para a festa no parque.*

MURAL (mu - ral) Quadro que se coloca em muro ou parede para exposição: *A professora pediu para os alunos colarem os cartazes no mural.* ⓟ Plural: murais.

MURCHAR (mur - char) Ficar murcho: *As flores murcharam com o calor.*

MURCHO (mur - cho) **1** Que perdeu a força, a beleza: *As flores estão murchas pois esqueci de colocar água.* **2** Que ficou vazio, sem ar: *A bola furou e ficou murcha.*

MURO (mu - ro) Parede forte que protege um local ou separa um lugar de outro: *Os pedreiros construíram o muro da escola.*

MURRO (mur - ro) Pancada com a mão fechada; também se diz **soco**: *O patrão ficou bravo e deu um murro na mesa.*

MÚSCULO (mús - cu - lo) Órgão que move as partes do corpo humano: *O atleta sentiu dores nos músculos da perna.*

MUSEU (mu - seu) Lugar onde ficam os objetos de arte, cultura, ciências, história: *A nossa escola fará uma excursão ao museu.*

MÚSICA (mú - si - ca) **1** Expressão dos sons numa sequência agradável aos ouvidos: *A música lenta me deixa calmo.* **2** Qualquer obra musical: *Adoro ouvir esta música!*

MUSICAL (mu - si - cal) **1** Que tem ligação com a música: *O violão é um instrumento musical muito usado no Brasil.* **2** Peça de teatro ou filme em que os personagens cantam e dançam: *Não pensei que fosse tão bom; foi o melhor musical que já assisti.*

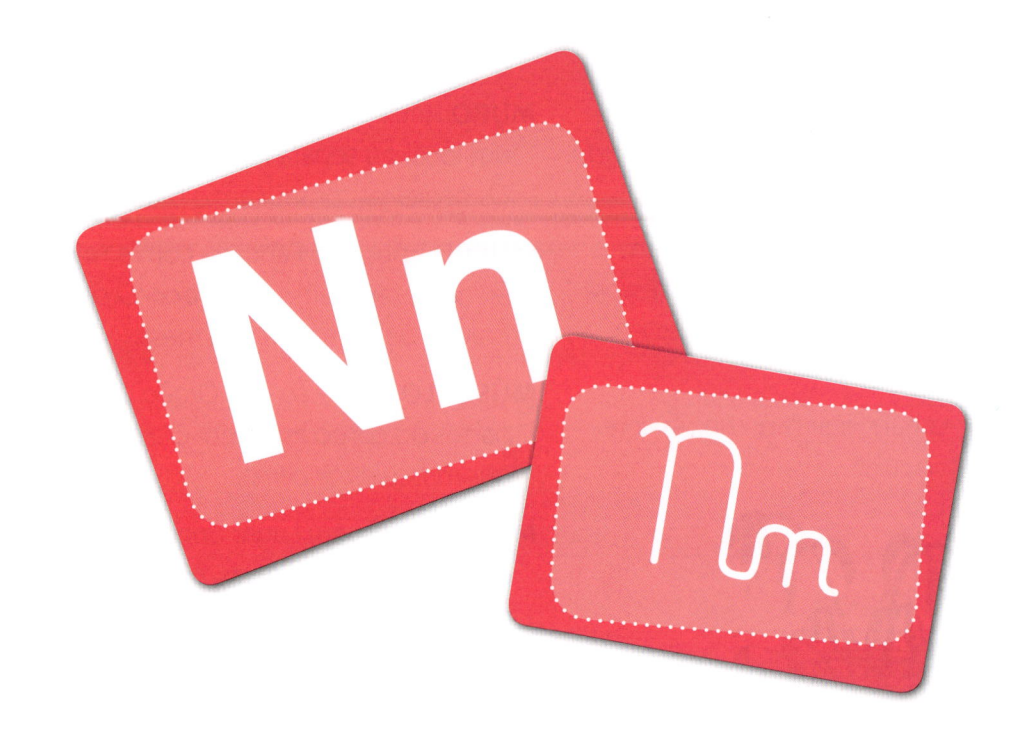

N Décima quarta letra do alfabeto português.

NAÇÃO (na - ção) O país que tem seu governo e é habitado por seu povo: *A nação brasileira é formada por cidadãos corajosos.* Ⓟ Plural: nações.

NACIONAL (na - ci - o - nal) Aquilo que pertence a uma nação ou é nela produzido: *Este vinho é nacional.* Ⓟ Plural: nacionais.

NADAR (na - dar) Mover-se na superfície da água: *Minha irmã caçula já sabe nadar bem.*

NAMORAR (na - mo - rar) Ter carinho especial por alguém: *Você quer namorar com ele?*

NARIZ (na - riz) Parte do rosto, entre os olhos e a boca, por onde respiramos: *Rosa caiu de bicicleta e machucou o nariz.* Ⓟ Plural: narizes.

NARRAR (nar - rar) Contar ou escrever uma história verdadeira ou inventada: *Vovô gosta de narrar histórias do tempo em que ele era jovem.*

NASCENTE (nas - cen - te) **1** Lugar onde nasce um rio: *A nascente do rio Tietê fica em Salesópolis, cidade do estado de São Paulo.* **2** Lado onde nasce o Sol: *O pássaro voou em direção ao nascente.*

NASCER (nas - cer) **1** Vir ao mundo: *Nasceram muitas crianças no ano passado.* **2** Ter origem: *Essa ideia nasceu da necessidade de cuidar da natureza.* **3** Brotar da terra: *O pé de café já nasceu.* **4** Começar a surgir: *O dia está nascendo.*

NASCIMENTO (nas - ci - men - to) **1** Fato de vir ao mundo: *O nascimento de meu irmão foi ontem.* **2** Início de alguma coisa: *O nascimento de nossa amizade foi nas últimas férias.*

NATA (na - ta) Parte do leite que tem gordura: *A nata é muito usada para fazer manteiga.*

NATAÇÃO (na - ta - ção) Exercício ou esporte de nadar: *O atleta pratica natação desde pequeno.* ⓟ Plural: natações.

NATAL (na - tal) **1** Onde ocorreu o nascimento de alguém: *A cidade natal de Rodrigo é Porto Alegre, capital do Rio Grande do Sul.* **2** Dia em que se comemora o nascimento de Jesus Cristo, 25 de dezembro (escreve-se com inicial maiúscula): *No Natal, nossa família se reúne para trocar presentes.* ⓟ Plural: natais.

NATURAL (na - tu - ral) **1** Produzido pela natureza: *Todo alimento natural é saudável.* **2** Que segue a ordem normal das coisas: *Crescer e querer ser feliz é natural no ser humano.* **3** Que nasceu em certo lugar: *O médico é natural de Pernambuco.* ⓟ Plural: naturais.

NATUREZA (na - tu - re - za) **1** Conjunto de todas as coisas não criadas pelo ser humano: *Temos que respeitar a natureza.* **2** Jeito próprio de um ser ou de uma coisa: *A enfermeira tem uma natureza boa e delicada.*

NAVEGAR (na - ve - gar) **1** Viajar pelo mar ou pelos grandes rios: *Já naveguei pelo rio São Francisco.* **2** Visitar páginas da internet; também se diz **surfar**: *Ao navegar pela internet, não converse com pessoas que você não conhece.*

NAVIO (na - vi - o) Embarcação que navega sobre a superfície das águas: *Meu sonho é viajar de navio.*

NECESSÁRIO (ne - ces - sá - rio) Que precisa ser feito: *É necessário estudar para tirar boas notas.*

NECESSIDADE (ne - ces - si - da - de) Aquilo que não se pode deixar de fazer: *Meu avô tem necessidade de dormir depois do almoço.* ★ **Passar necessidade:** não ter coisas básicas para viver, como alimentação, casa etc.: *Faz tempo que o pai dele está sem emprego e a família está passando necessidade.*

NECESSITAR (ne - ces - si - tar) Ter necessidade de alguma coisa: *O professor necessita da atenção dos alunos para ensinar bem.*

NÉCTAR (néc - tar) Líquido doce produzido pelas flores: *As abelhas retiram o néctar das flores com a língua.* ⓟ Plural: néctares.

NEGAR (ne - gar) **1** Dizer que alguma coisa não é verdadeira: *O aluno negou que tivesse colado na prova.* **2** Recusar-se a fazer alguma coisa: *O professor não negou ajuda ao aluno que precisava melhorar a nota em geografia.*

NEGÓCIO (ne - gó - cio) **1** Atividade de comércio: *A loja de roupas da minha tia é um negócio que dá muito dinheiro.* **2** Acordo que se realiza no comércio: *Fiz um ótimo negócio com os livros velhos que estavam guardados.* **3** Qualquer coisa ou objeto: *Que negócio é aquele?*

NEGRO (ne - gro) **1** De cor preta: *É uma menina linda, de cabelos e olhos negros como a noite.* **2** De pele escura: *Os negros trouxeram o ritmo alegre para o Brasil.*

NEM (nem) **1** Também não; muito menos: *Não vou à festa nem ao cinema; quero ficar sozinho.* **2** Pelo menos: *Não vai comer nem a sobremesa?*

NENÊ (ne - nê) O mesmo que **bebê**: *A professora Andreia terá um nenê.*

NENHUM (ne - nhum) Nem mesmo um: *Camila experimentou vários vestidos, mas nenhum serviu.*

NEVE (ne - ve) Vapor de água da atmosfera que cai do alto em forma de bolinhas de gelo: *A neve cai em lugares onde faz muito frio.*

NINAR (ni - nar) Fazer uma criança adormecer: *A mãe canta para ninar o filho.*

NINGUÉM (nin - guém) Nenhuma pessoa: *A professora perguntou se algum aluno sabia a resposta e ninguém respondeu.*

NINHO (ni - nho) Lugar onde as aves fazem sua casa: *Encontrei um ninho de passarinho na árvore.*

NÓ (nó) Laço apertado feito de corda ou linha: *Como vou desfazer este nó?*

NOITE (noi - te) Período em que acaba a claridade do dia: *A noite fica mais bonita quando a Lua aparece no céu.*

NOIVO (noi - vo) Pessoa que vai se casar: *Minha prima é noiva de um rapaz muito bom.*

NOJO (no - jo) Sensação que provoca vontade de vomitar: *Esse cheiro ruim me dá nojo.*

NOME (no - me) Palavra com que se chama qualquer pessoa, animal ou coisa: *Qual é o seu nome?*

NORDESTE (Nor - des - te) (escreve-se com inicial maiúscula) Região do Brasil onde ficam os estados do Maranhão, Piauí, Ceará, Rio Grande do Norte, Paraíba, Pernambuco, Alagoas, Sergipe e Bahia: *Meus pais nasceram no Nordeste.*

NORMA (nor - ma) Regra a que se deve obedecer: *Uma das normas da classe é respeitar os colegas.*

NORMAL (nor - mal) De acordo com o que acontece geralmente: *A vitória do meu time é normal.* ⓟ Plural: normais.

NORTE (nor - te) **1** Ponto que está à frente do observador que tem o leste à sua direita. Está do lado contrário do sul: *Rosana mora na zona norte da cidade.* **2** (escreve-se com inicial maiúscula) Região do Brasil onde ficam os estados de Rondônia, Acre, Amazonas, Roraima, Pará, Amapá e Tocantins: *A turista viajou pelo Norte.*

NOTA (no - ta) **1** Qualquer texto que faz lembrar alguma coisa: *Tenho um caderninho só para notas.* **2** Papel que representa dinheiro: *Paguei o lanche com uma nota de dez reais.* **3** Sinal que representa um som e a sua duração: *Você conhece as notas musicais?* **4** Número ou letra que se coloca na prova ou no trabalho do aluno para indicar quanto ele aprendeu: *Que nota você tirou na prova de português?*

NOTAR (no - tar) Observar ou perceber alguma coisa: *Eu notei que você está escrevendo melhor.*

NOTÍCIA (no - tí - cia) **1** O mesmo que **aviso**: *Vou dar uma notícia de que vocês não vão gostar: amanhã vai chover e não poderemos fazer nosso passeio.* **2** Acontecimento narrado em jornal, revista, televisão etc.: *Nós ouvimos a notícia sobre o acidente de avião no rádio.*

NOVE (no - ve) Quantidade que é igual a oito unidades mais uma: *Nas férias de julho, passamos nove dias na Bahia.*

NOVELA (no - ve - la) História em capítulos, no rádio ou na televisão: *Vovó gosta de ver novela com minha mãe.*

NOVIDADE (no - vi - da - de) Acontecimento novo, notícia que acaba de sair: *A novidade de hoje é a vitória do time da escola no campeonato.*

NOVO (no - vo) **1** Que existe há pouco tempo: *Você viu o novo filme daquele ator?* **2** Que tem pouco uso ou nunca foi usado: *Minha irmã está vestindo roupas novas.* **3** De pouca idade: *Esse homem é bem novo.*

NU (nu) Totalmente sem roupa: *Nascemos nus e sem dentes.* **F** Feminino: nua.

NUCA (nu - ca) Parte que fica atrás do pescoço: *Papai está com dor na nuca.*

NÚMERO (nú - me - ro) Palavra ou sinal que representa quantidade: *Qual o número de convidados da sua festa?*

NUNCA (nun - ca) Que não acontece em nenhum momento: *Eu nunca falo palavrão.*

NUVEM (nu - vem) **1** Massa de vapores de água que se juntam e podem se transformar em chuva: *O céu está cheio de nuvens.* **2** Porção de fumaça ou pó que sobe no ar: *Nossa, tem uma nuvem de poeira lá fora!* **P** Plural: nuvens.

O Décima quinta letra do alfabeto português.

OBEDECER (o - be - de - cer) **1** Fazer o que alguém manda: *Os filhos devem obedecer aos pais.* **2** Aceitar e respeitar a autoridade de alguém: *Meu pai obedece ao seu chefe.*

OBEDIENTE (o - be - di - en - te) Que obedece, que respeita: *O novo aluno é muito obediente.*

OBJETIVO (ob - je - ti - vo) Aquilo que se quer conseguir quando se faz alguma coisa: *O objetivo da aula de hoje é entender a multiplicação.*

OBJETO (ob - je - to) Coisa que se pode tocar: *Que objeto é esse na sua mão?*

OBRA (o - bra) Qualquer tipo de trabalho, como de construção, de arte, de literatura: *Aquele quadro é uma obra muito bonita.*

OBRIGAÇÃO (o - bri - ga - ção) Dever a ser feito de acordo com o que foi mandado: *A obrigação do aluno é fazer o trabalho.* **ⓟ** Plural: obrigações.

OBRIGADO (o - bri - ga - do) **1** Feito por obrigação: *Somos obrigados a respeitar as normas da escola.* **2** Agradecido por alguma coisa: *"Obrigado pela ajuda", disse a aluna,* e a professora ensinou que as mulheres devem falar *"obrigada".*

OBRIGAR (o - bri - gar) Fazer alguém executar uma ação contra sua vontade: *O ladrão obrigou o motorista a descer do carro.*

OBSERVAÇÃO (ob - ser - va - ção) **1** Acompanhamento com atenção: *O médico pediu que eu ficasse em casa em observação por causa do tombo que levei.* **2** Dar opinião sobre alguma coisa: *A professora escreveu uma observação na redação de Flávio.* **ⓟ** Plural: observações.

OBTER (ob - ter) Conseguir o que se quer: *Estudei muito para a prova de matemática e obtive a melhor nota da turma.*

OBSERVAR (ob - ser - var) Olhar com atenção: *O bebê observava o irmão e tentava imitá-lo.*

OCASIÃO (o - ca - si - ão) **1** Bom momento para realizar alguma coisa: *O prefeito aproveitou a ocasião para fazer um discurso.* **2** Tempo em que acontece alguma coisa: *Está na época* dos jogos escolares e, nessas ocasiões, eu fico mais alegre. ⓟ Plural: ocasiões.

OCEANO (o - ce - a - no) Quantidade de água salgada que cobre a maior parte da Terra: *No mundo há cinco grandes oceanos. O que banha o Brasil é o Atlântico.*

OCO (o - co) Que está vazio, sem nada por dentro: *Os insetos deixaram o tronco da árvore oco.*

OCORRER (o - cor - rer) **1** Acontecer um fato: *Quando a viagem vai ocorrer?* **2** Vir ao pensamento: *Quando voltava do zoológico, ocorreu-me a ideia de ter um gato.*

ÓCULOS (ó - cu - los) Objeto com duas lentes usado para enxergar melhor, que se apoia no nariz e nas orelhas; também pode ser usado para proteger os olhos: *Eu preciso usar óculos para ler.* ⓟ Plural: óculos.

OCUPAÇÃO (o - cu - pa - ção) **1** Ação de ocupar ou de tomar qualquer coisa: *A ocupação das terras foi feita pelos trabalhadores.* **2** Trabalho ou atividade principal de uma pessoa: *Qual é a ocupação de seu pai?* ⓟ Plural: ocupações.

OCUPADO (o - cu - pa - do) **1** Que está com muitas tarefas para realizar e não tem tempo para fazer outras coisas: *Meus pais estão muito ocupados com seus trabalhos e não podem brincar comigo agora.* **2** Em que não há mais espaço: *Tentei comprar ingresso no cinema, mas todos os lugares estavam ocupados.*

OCUPAR (o - cu - par) **1** Utilizar o tempo para fazer alguma coisa: *Vovó ocupa seu tempo costurando.* **2** Tomar espaço: *Os livros ocupavam toda a estante.*

ÓDIO (ó - dio) Sentimento forte de raiva: *Meu irmão fica com ódio quando quebram os seus brinquedos.*

ODOR (o - dor) O mesmo que **cheiro**: *Seu tênis está com um odor desagradável!* ⓟ Plural: odores.

OESTE (o - es - te) Ponto ou direção que fica do lado contrário do leste: *A faxineira mora do lado oeste do estado.*

OFENDER (o - fen - der) Causar um mal a alguém: *O garçom ofendeu o colega, mesmo sem querer.*

OFENSA (o - fen - sa) Palavra ou gesto que fere os sentimentos de alguém: *Vai ser difícil ele esquecer essa ofensa.*

OFERECER (o - fe - re - cer) **1** Dar alguma coisa a alguém: *Paulo ofereceu flores a sua noiva.* **2** Estar disposto a fazer alguma coisa por alguém: *A auxiliar ofereceu-se para cuidar dos doentes.*

OFERTA (o - fer - ta) Aquilo que se oferece a alguém: *Pedro não conseguia resolver o exercício e aceitou a oferta de João.*

OITO (oi - to) Quantidade que é igual a sete unidades mais uma: *Suzana plantou oito pés de laranja na chácara.*

ÓLEO (ó - leo) Líquido grosso de origem mineral, animal ou vegetal: *Mamãe colocou óleo na frigideira para fritar batatas.*

OLFATO (ol - fa - to) Sentido pelo qual se percebem os cheiros: *Meu olfato está prejudicado, hoje, por causa da gripe.*

OLHAR (o - lhar) **1** Fixar os olhos em algo ou alguém: *César olhou com amor para sua mãe.* **2** Observar com atenção: *Júlio olhava para ter certeza de que não vinha nenhum carro antes de atravessar a rua.* **3** Cuidar de alguém: *A vizinha olha as crianças enquanto a mãe trabalha.* ⓟ Plural: olhares.

OLHO (o - lho) Cada uma das partes do corpo com as quais os animais e as pessoas enxergam; o órgão da visão: *A poluição da cidade prejudica meus olhos.*

OMBRO (om - bro) Cada uma das partes ao lado e abaixo do pescoço, onde começam os braços: *O operário carrega pacotes pesados nos ombros.*

ONÇA (on - ça) Animal mamífero, feroz, de cor amarela e manchas pretas: *Uma onça atacou o caçador na mata.*

ONDA (on - da) Porção de água do mar, lago ou rio que sobe na superfície e se move: *Não gosto de praia com muitas ondas.*

ONDE (on - de) **1** Em qual lugar: *Minha mãe não sabe onde passaremos as férias.* **2** Em que: *Esta é a rua onde moro.*

ÔNIBUS (ô - ni - bus) Veículo para transporte de passageiros: *Sempre vou à escola de ônibus.* ⓟ Plural: ônibus.

ONTEM (on - tem) O dia antes de hoje: *Hoje é domingo, ontem foi sábado.*

ONZE (on - ze) Quantidade que é igual a dez unidades mais uma: *Bia completou onze anos ontem.*

OPERAÇÃO (o - pe - ra - ção) **1** Cálculo feito na matemática: *Na escola aprendemos as quatro operações: soma, subtração, multiplicação e divisão.* **2** Ação em que o médico usa instrumentos para tratar de órgãos doentes: *O médico fez uma operação no coração do paciente.* ⓟ Plural: operações.

OPERÁRIO (o - pe - rá - rio) Pessoa que recebe salário pelo trabalho executado em fábrica, em indústria, em oficina, em construções etc.: *Os operários da indústria de calçados pediram aumento de salário.*

OPINIÃO (o - pi - ni - ão) **1** Modo de pensar de cada pessoa: *Na minha opinião, não é certo colar na prova.* **2** Ideia que se tem sobre um assunto: *A opinião do médico sobre a doença estava correta.* ⓟ Plural: opiniões.

OPORTUNIDADE (o - por - tu - ni - da - de) Ocasião própria para fazer algo; também se diz **chance**: *Agora nosso time terá oportunidade de vencer.*

OPOSTO (o - pos - to) Contrário a alguma coisa ou a alguém: *O oposto de "claro" é "escuro".*

ORAÇÃO (o - ra - ção) **1** Conjunto de palavras que mostram um pensamento completo: *Quem estuda a língua portuguesa aprende a escrever boas orações.* **2** Prece que se faz para mostrar o sentimento religioso; também se diz **reza**: *Vamos fazer uma oração antes da refeição.* ⓟ Plural: orações.

ORAR (o - rar) Fazer oração: *O motorista orou a Deus pedindo proteção.*

ORAL (o - ral) Feito por meio da voz; que não é escrito: *A prova de português será oral.* ⓟ Plural: orais.

ORDEM (or - dem) **1** Boa arrumação das coisas, cada uma no seu lugar: *O meu quarto está em ordem.* **2** Ação ou vontade de uma autoridade que obriga alguém a fazer alguma coisa: *A ordem do diretor é que todos os alunos cheguem à escola no horário.* ⓟ Plural: ordens.

ORELHA (o - re - lha) **1** Cada uma das partes do corpo com as quais os animais e as pessoas ouvem; o órgão da audição, que antes era chamado de **ouvido**: *As orelhas podem ser prejudicadas por sons muito altos.* **2** Parte externa desse órgão, localizada uma em cada lado da cabeça: *As pessoas devem manter as orelhas sempre limpas.*

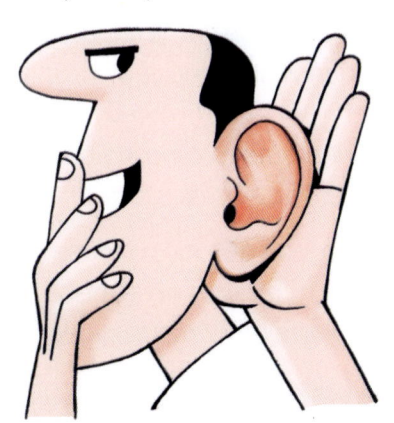

ORELHÃO (o - re - lhão) Telefone público ao ar livre, em forma de uma orelha enorme: *Eu fico triste quando quebram um orelhão, pois é útil para todos.* ⓟ Plural: orelhões.

ÓRFÃO (ór - fão) Que perdeu os pais ou um deles: *Esse menino é órfão de pai e mãe.* ⓟ Plural: órfãos. Ⓕ Feminino: órfã.

ORGANISMO (or - ga - nis - mo) **1** Forma individual de qualquer ser vivo, como planta, animal etc.: *Os cientistas encontraram organismos diferentes no fundo do lago.* **2** O próprio corpo humano: *Fumar faz mal para o organismo.*

ORGANIZAR (or - ga - ni - zar) **1** Pôr em ordem: *Andrea sabe organizar seu armário.* **2** Reunir o que for necessário para realizar um plano: *Meus pais estão organizando a festa de quinze anos da minha irmã.*

ÓRGÃO (ór - gão) **1** Parte de um organismo ou corpo vivo que tem uma função: *O coração é o órgão que leva o sangue a todas as veias.* **2** Instrumento musical com teclado manual: *Aninha está aprendendo a tocar órgão.* ⓟ Plural: órgãos.

ORGULHO (or - gu - lho) **1** Ótima opinião sobre si mesmo ou sobre outra pessoa por suas qualidades: *O enfermeiro tem orgulho por ser muito esforçado.* **2** Grande satisfação que uma coisa ou alguém representa: *O menino é o orgulho da família.*

ORIENTAÇÃO (o - ri - en - ta - ção) **1** Direção ou caminho que se deve seguir: *Esta cidade é muito complicada, por isso preciso de orientação para chegar ao museu.* **2** Conselho dado por alguém com o objetivo de educar: *Os pais e os professores devem dar a melhor orientação às crianças.* ⓟ Plural: orientações.

ORIENTAR (o - ri - en - tar) **1** Indicar a alguém a direção que deve seguir. *O monitor vai orientar os jovens durante a excursão.* **2** Dar conselho a alguém com a finalidade de educar: *Minha mãe me orientou para que não conversasse com pessoas estranhas.*

ORIGEM (o - ri - gem) **1** Começo da existência de algo: *Vamos estudar a origem da vida?* **2** Causa que determina um acontecimento:

Uma briga foi a origem dessa bagunça. **3** Local de nascimento: *Sua origem é alagoana, ou seja, ele nasceu em Alagoas.* Ⓟ Plural: origens.

ORIGINAL (o - ri - gi - nal) Que não é copiado; que é feito pela primeira vez: *Este é o documento original.* Ⓟ Plural: originais.

ORTOGRAFIA (or - to - gra - fi - a) Parte da gramática que ensina a escrever corretamente: *Preciso estudar ortografia para não errar mais nos ditados.*

OSSO (os - so) Cada uma das partes sólidas que formam o esqueleto e sustentam o corpo: *Dizem que beber leite deixa os ossos mais fortes.*

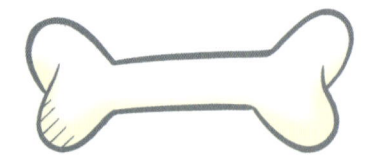

ÓTIMO (ó - ti - mo) Que é muito bom, excelente: *O pedreiro fez um ótimo trabalho.*

OURO (ou - ro) Metal de muito valor, amarelo, com que se fabricam joias: *Vovó tem algumas joias de ouro muito antigas.*

OUTONO (ou - to - no) Estação do ano em que as folhas das árvores costumam cair: *No outono muitas frutas boas são colhidas.*

OUTRO (ou - tro) **1** Que não é o mesmo: *Hoje vim com outro sapato.* **2** Mais um: *Dê-me outra bala, por favor.*

OUVIDO (ou - vi - do) **1** Como órgão da audição, foi substituído por **orelha**: *A professora me disse que agora, em vez de ouvido, devo dizer orelha.* **2** Capacidade de ouvir claramente e notar a diferença entre os sons: *Ele sempre teve bom ouvido, tinha que trabalhar com música.* ✪ **Entrar por um ouvido e sair pelo outro:** não querer prestar atenção em alguma coisa: *Eu disse para ele não correr, mas o que falei entrou por um ouvido e saiu pelo outro.*

OUVIR (ou - vir) **1** Entender pelo sentido da audição: *Ouça bem o que eu digo.* **2** Pedir opinião: *Meu irmão não sabia que profissão seguir e ouviu meu pai antes de decidir.*

OVELHA (o - ve - lha) Fêmea do carneiro: *A ovelha se perdeu na montanha.*

OVO (o - vo) Corpo de forma arredondada e casca mais ou menos dura que as aves, os répteis e outros animais põem: *O ovo de galinha serve como alimentação e como ingrediente para muitas receitas de bolos e tortas.*

OXIGÊNIO (o - xi - gê - nio) Gás sem cor e sem cheiro, que existe no ar, necessário para respirar: *Ninguém vive sem oxigênio.*

OXÍTONO (o - xí - to - no) Palavra com acento na última sílaba, de trás para a frente: *A palavra "café" é um oxítono.*

P Décima sexta letra do alfabeto português.

PÁ (pá) Utensílio que consiste em uma chapa de ferro presa a um cabo, usado para cavar ou remover terra: *Papai comprou uma pá para tirar a terra do jardim.*

PACIÊNCIA (pa - ci - ên - cia) Qualidade de quem sabe esperar com calma: *Tenha paciência que o professor já vai chegar com as notas das provas.*

PACIENTE (pa - ci - en - te) **1** De natureza calma: *Mamãe é uma pessoa paciente; não se irrita com facilidade.* **2** Pessoa doente que está sob cuidados de um médico: *O paciente está no hospital faz um mês.*

PACOTE (pa - co - te) O mesmo que **embrulho**: *Os pacotes dos presentes de Natal estão muito bonitos.*

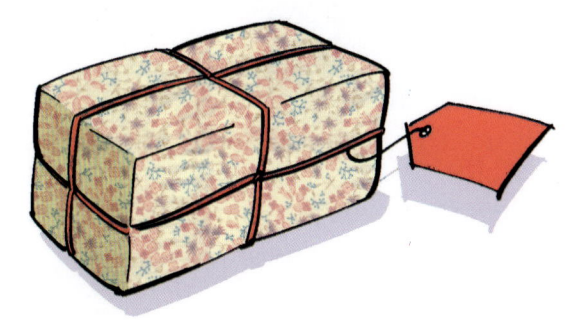

PADARIA (pa - da - ri - a) Local onde se fabricam e se vendem pães, bolos, doces e outros produtos: *A nova padaria vende pães deliciosos.*

PADEIRO (pa - dei - ro) Pessoa que fabrica, vende ou entrega pão: *O padeiro acorda cedo para começar a fazer pão.*

PADRINHO (pa - dri - nho) Homem que é escolhido para ser testemunha em uma ocasião especial, religiosa ou não: *Convidei meu irmão para ser padrinho de meu casamento.* **F** Feminino: madrinha.

PAGAR (pa - gar) **1** Dar dinheiro em troca de qualquer objeto ou serviço: *Paguei as roupas* *que comprei.* **2** Sofrer castigo: *O ladrão vai pagar pelos seus erros na cadeia.*

PÁGINA (pá - gi - na) **1** Cada um dos lados da folha de um livro: *É um livro muito pequeno, com apenas vinte páginas.* **2** O que está escrito em cada um desses lados: *Leia a página 30 para conhecer duas belas poesias.*

PAI (pai) **1** Homem que tem filhos: *Carlos é pai da bela Gabriela.* **2** Animal macho que deu origem a outro animal: *O pai destes filhotes é o cachorro abandonado que vive na praça.*

PAÍS (pa - ís) Extensão de terra determinada que tem nome próprio e que é habitada por um povo: *Meu país é o Brasil.* Ⓟ Plural: países.

PAIXÃO (pai - xão) Sentimento muito forte por alguém ou alguma coisa: *Sua paixão pela música é muito forte.* Ⓟ Plural: paixões.

PAJÉ (pa - jé) Entre alguns grupos indígenas, é o líder com poderes para curar e para adivinhar: *O pajé deu-lhe um chá forte e doce.*

PALÁCIO (pa - lá - cio) **1** Residência de reis, príncipes, presidentes etc.: *O presidente mora num palácio.* **2** Edifício onde funciona o governo de um país: *O governo brasileiro funciona no Palácio do Planalto.*

PALADAR (pa - la - dar) Sentido pelo qual se percebem os gostos: *A língua é o órgão responsável pelo paladar.* Ⓟ Plural: paladares.

PALAVRA (pa - la - vra) Conjunto de letras que, quando estão juntas, têm um significado: *"Paz" é um palavra pequena que representa muito para todos os povos.*

PALETÓ (pa - le - tó) Casaco, em geral masculino, com bolsos internos e externos: *Maurício não tira aquele paletó azul.*

PALHA (pa - lha) Casca seca de espigas de alguns cereais, como milho ou arroz, ou de folhas secas de árvores, como a palmeira, por exemplo: *Com a palha seca do milho pode-se fazer um belo chapéu.*

PALHAÇO (pa - lha - ço) **1** Artista de circo que diverte o público com brincadeiras: *As crianças riram muito daquele palhaço.* **2** Pessoa que faz os outros rirem: *Fez tanta graça que parecia um palhaço.*

PALITO (pa - li - to) Pedaço pequeno e muito fino de madeira ou de outro material: *É muito feio ficar limpando os dentes com palito.*

PALMA (pal - ma) **1** O lado interno da mão: *Ficou com a palma da mão suando de tanto medo.* **2** Batida de mãos para aplaudir, acompanhar o ritmo de uma música ou chamar alguém no portão de uma casa: *Logo cedo, Maria bateu palma no portão para chamar a vizinha.*

PANCADA (pan - ca - da) **1** Batida de dois corpos: *Ouviu-se ao longe a pancada dos dois automóveis.* **2** Golpe com um pau ou outro objeto: *Levei uma pancada na cabeça.* **3** Chuva rápida e forte: *Nem o guarda-chuva pôde protegê-lo, tão forte foi a pancada de chuva.*

PANELA (pa - ne - la) Vasilha para cozinhar alimentos: *O doce ficou muito tempo no fogo e queimou o fundo da panela.*

PANO (pa - no) Qualquer tecido: *Bárbara comprou pano para fazer uma cortina para sua cozinha.*

PÃO (pão) **1** Alimento feito de farinha de trigo, ou outro cereal, amassado e assado: *Não gosto de pão doce.* **2** O alimento de todo dia: *O operário consegue o seu pão com muito trabalho.* ⓟ Plural: pães.

PAPA (pa - pa) **1** Chefe da Igreja Católica (escreve-se com inicial maiúscula): *Minha mãe foi ver o Papa quando ele visitou o Brasil.* **2** Pessoa que faz uma coisa muito bem: *Aquele jogador é o papa do futebol.* **3** Creme feito de farinha cozida no leite ou de legumes cozidos e amassados, usado como alimento de bebês: *Cuidado para não dar ao bebê a papa muito quente.*

PAPAGAIO (pa - pa - gai - o) **1** Ave de penas geralmente verdes e bico curvo. Algumas espécies conseguem pronunciar palavras com perfeição: *O papagaio do meu vizinho fala coisas muito engraçadas.* **2** O mesmo que **pipa**: *Meu papagaio subiu muito alto no céu.*

PAPAI (pa - pai) Tratamento carinhoso que os filhos dão ao pai: *Artur já sabe chamar o senhor Teixeira de "papai".*

PAPEL (pa - pel) **1** Folha usada para escrever, desenhar, embrulhar: *Titia fez o embrulho com papel de presente.* **2** Personagem representado pelo ator: *Aquela atriz tem um papel importante na novela.* **3** Função ou responsabilidade que cada pessoa tem numa determinada situação: *O papel do professor é ensinar.* ⓟ Plural: papéis.

PAPELÃO (pa - pe - lão) Papel grosso, duro, usado principalmente para fazer caixas: *Se as caixas de papelão tomarem chuva, vão estragar.* ⓟ Plural: papelões.

PAPO (pa - po) **1** Parte do corpo em que as aves guardam os alimentos para comê-los depois: *O papo da galinha está cheio de milho.* **2** A pele que fica sobrando debaixo do queixo: *Minha vizinha tem uma cara grande e um papo enorme.* **3** O mesmo que **conversa**: *Em vez de estudar, ele fica de papo com os amigos.*

PAR (par) **1** Número que se pode dividir exatamente por dois: *Oito é um número par.* **2** O conjunto de duas pessoas ou coisas: *João e Maria formam um belo par.* ⓟ Plural: pares.
⭐ **A par de:** informado sobre: *Não estou a par desse assunto.*

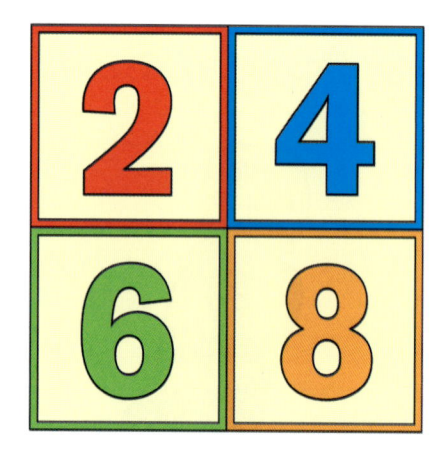

PARABÉNS (pa - ra - béns) Cumprimento ou desejo de felicidades por uma ocasião especial: *Meus parabéns por ter vencido o jogo.*

PARAR (pa - rar) Deixar de fazer algo que se estava fazendo: *Quando cansamos de correr, paramos debaixo da árvore.*

PARDAL (par - dal) Ave de cor cinza-escura e bico curto; é conhecida por provocar grandes prejuízos nas plantações e nos pomares porque se alimenta de quase tudo: *Logo de manhã ouço o barulho dos pardais.* ⓟ Plural: pardais. ⒻFeminino: pardoca ou pardaloca.

PARECER (pa - re - cer) **1** Ter semelhança com alguém ou alguma coisa: *Afonso parece muito com a mãe.* **2** Ter aparência: *A idosa parecia doente.* **3** Ser possível: *Parece que vai chover.*

PAREDE (pa - re - de) Construção geralmente de tijolo, pedra ou madeira que fecha ou divide os cômodos de uma casa ou outra construção: *O pedreiro terminou a parede que separa o quarto das meninas e dos meninos.*

PARENTE (pa - ren - te) Pessoa que pertence à mesma família: *Descobri que ele é meu parente porque é irmão da vovó.*

PARLENDA (par - len - da) Rima infantil usada em brincadeiras: *Quando eu era criança, gostava desta parlenda: "Corre, cotia, de noite e de dia, debaixo da cama da dona Maria".*

> OLHE ISSO AQUI. Que tal recitar estas parlendas?
>
> *Um, dois, feijão com arroz.*
> *Três, quatro, feijão no prato.*
> *Cinco, seis, bolo inglês.*
> *Sete, oito, comer biscoito.*
> *Nove, dez, comer pastéis.*
>
> *Hoje é domingo, pede cachimbo.*
> *Cachimbo é de ouro, bate no touro.*
> *O touro é valente, bate na gente.*
> *A gente é fraca, cai no buraco.*
> *O buraco é fundo, acabou-se o mundo.*
>
> *Chuva e sol*
> *Casamento de espanhol.*
> *Chuva e vento*
> *Casamento de jumento.*
> *Sol e chuva*
> *Casamento de viúva.*

PAROXÍTONO (pa - ro - xí - to - no) Palavra com acento na penúltima sílaba (a segunda sílaba de trás para a frente): *"Lápis" é um paroxítono.*

PARQUE (par - que) Lugar com muitas árvores destinado a passeios a pé ou de bicicleta, descanso de pessoas, brincadeiras de crianças, esportes e outras atividades semelhantes: *Naquele parque há muitos caminhos para treinar corrida.* ⭐ **Parque infantil:** local de divertimento de crianças, com balanços, escorregadores e outros brinquedos: *Pedrinho sempre brinca em um parque infantil bem perto de sua casa.*

PARTE (par - te) **1** Porção de um todo: *Os pratos estão na parte de cima do armário.* **2** Divisão de uma obra: *O escritor dividiu o livro em três partes.* **3** Todo e qualquer lugar: *Procurei-o em toda parte, mas não o encontrei.*

PARTICIPAR (par - ti - ci - par) Fazer parte, reunir-se com outras pessoas para alguma atividade: *Este ano quero participar da festa junina do colégio.*

PARTIDA (par - ti - da) **1** Ato de partir, de ir embora: *A partida do ônibus da excursão foi muito barulhenta.* **2** Competição esportiva: *A partida de futebol vai passar na televisão.*

PARTIR (par - tir) **1** Dividir em partes: *Mamãe partiu o bolo.* **2** Ficar em pedaços: *O vaso se partiu ao cair.* **3** Ir embora: *Partimos amanhã para o interior.* ⭐ **A partir de:** deste ponto em diante: *A partir das informações dadas pelo moço, a polícia achou o ladrão.*

PASSADO (pas - sa - do) **1** O que aconteceu antes do tempo presente: *Vamos esquecer o passado.* **2** Qualquer alimento que está quase apodrecendo: *Tenho que jogar fora essas frutas porque já estão passadas.*

PASSAGEIRO (pas - sa - gei - ro) **1** Que passa depressa: *Ainda bem que é uma doença passageira.* **2** Pessoa que usa qualquer veículo de transporte: *Os passageiros saíram do ônibus no ponto final.*

PASSAGEM (pas - sa - gem) **1** Lugar por onde se passa: *A passagem de pedestres é muito estreita.* **2** Bilhete que dá o direito de viajar em qualquer veículo: *O turista comprou uma passagem de ida e volta.* **P** Plural: passagens.

PASSAR (pas - sar) **1** Atravessar um lugar de um lado a outro: *O corredor passou a ponte com cuidado.* **2** Ser aprovado em exame: *O aluno passou com ótimas notas.* **3** Deixar a roupa lisa utilizando o ferro: *Não gosto de passar roupas.* **4** Marcar um dever para fazer durante a aula ou em casa: *O professor passou uma redação sobre animais de estimação.* **5** Ter sucesso em alguma atividade: *Fui bem em todas as provas; isso significa que passei de ano.*

PASSARINHO (pas - sa - ri - nho) Pequeno pássaro: *Os passarinhos não gostam de viver em gaiolas.*

PÁSSARO (pás - sa - ro) Ave geralmente pequena e que canta: *O pé do pássaro tem três dedos virados para a frente e um para trás.*

PASSEAR (pas - se - ar) **1** Dar um passeio: *Vovô passeou pelo parque hoje porque não estava muito frio.* **2** Levar a passeio: *O médico saiu para passear com a filha.*

PASSEIO (pas - sei - o) Ato de ir a algum lugar, para se divertir: *Quero fazer um passeio no campo no próximo ano.*

PASSO (pas - so) Ato de avançar um pé de cada vez para andar: *Vovô anda com passos curtos.* ⭐ **Passo a passo:** aos poucos: *Passo a passo vovô conseguiu recuperar a saúde.*

PASTA (pas - ta) **1** Mistura de materiais sólidos com líquidos. *O pedreiro cobre os tijolos da parede com uma pasta de cola, areia e água.* **2** Objeto de papel grosso ou de plástico para guardar documentos, trabalhos de escola: *A professora pediu aos alunos que colocassem os desenhos na pasta.* **3** Pequena mala para transportar documentos e outros objetos,

PASTILHA · PAZ

geralmente do trabalho: *Por favor, coloque os documentos na pasta preta.*

PASTILHA (pas - ti - lha) Substância sólida e comprimida em pequenas porções que pode ser uma bala ou um remédio: *Chupei uma pastilha para melhorar minha dor de garganta.*

PASTO (pas - to) Local com vegetação para que o gado se alimente: *Na época da seca, os pastos ficam sem vegetação para o gado.*

PATA (pa - ta) **1** Fêmea do pato: *Ovos de pata são um alimento muito saudável.* **2** Pé dos animais: *Meu cachorro está com a pata machucada.*

PATIM (pa - tim) Calçado com rodinhas ou lâminas especiais para escorregar suavemente no piso ou no gelo: *O professor não permite que se ande de patins nos corredores da escola.* **P** Plural: patins.

PÁTIO (pá - tio) Lugar sem teto, térreo, no interior de uma casa ou de um edifício: *A festa aconteceu no pátio da escola.*

PATO (pa - to) Nome de muitas espécies de aves de penas curtas, bico largo e achatado e pés com dedos ligados por uma pele: *No parque, os patos nadam no lago.*

PATRÃO (pa - trão) Dono da casa ou empresa: *Ele é um patrão que se preocupa com os empregados.* **P** Plural: patrões. **F** Feminino: patroa.

PÁTRIA (pá - tria) País em que se nasceu e ao qual se pertence como cidadão: *Nós devemos amar a nossa pátria.*

PAU (pau) Pedaço de qualquer madeira: *A cerca foi feita com paus pintados de branco.*

PAULADA (pau - la - da) Pancada com um pedaço de pau: *Sem querer José deu uma paulada no pé de Leandro.*

PAVÃO (pa - vão) Grande ave com muitas penas coloridas e cauda que se abre: *Um pavão pode viver cerca de trinta anos.* **P** Plural: pavões. **F** Feminino: pavoa.

PAZ (paz) **1** Condição de um lugar que não está em guerra: *Há paz no país onde vivemos.* **2** Estado de tranquilidade: *Meu pai fica em paz*

quando passamos alguns dias no sítio, longe do barulho da cidade. ⓟ Plural: pazes. ✪ **Fazer as pazes:** ficar amigo outra vez: *A mãe ficou feliz porque os filhos fizeram as pazes.*

PÉ (pé) **1** Parte do corpo com que pisamos e que nos permite caminhar: *Os pés dão equilíbrio ao corpo.* **2** A parte de um objeto sobre a qual ele se apoia: *O pé da mesa quebrou.* **3** Cada planta: *O fazendeiro plantou um pé de café.* **4** Parte de baixo de montanha: *Os turistas descansaram no pé da montanha antes de começarem a subir.* ✪ **A pé:** sobre os pés, andando: *O operário foi de ônibus, mas voltou a pé.* ✪ **Pé de moleque:** doce feito de amendoim torrado com açúcar queimado: *Mariana compra pé de moleque todos os dias, na porta da escola.* ✪ **Pegar no pé:** aborrecer alguém: *Mário pega muito no pé da irmã.*

PEÇA (pe - ça) **1** Cada uma das partes de um motor, de uma máquina ou de um objeto qualquer: *Tive que trocar uma peça cara do meu carro.* **2** Pedra ou figura em jogos: *Perdi uma peça do jogo de xadrez.* **3** Obra representada no teatro: *Vários atores participaram da peça.*

PECADO (pe - ca - do) **1** O que se faz e que é proibido pela religião: *Matar é o pior pecado que existe.* **2** Qualquer atitude com má intenção: *É um pecado prender o cachorro e não lhe dar água.*

PECAR (pe - car) Praticar pecado: *Pecamos ao mentir para nossos pais.*

PEDAÇO (pe - da - ço) Fatia separada de um todo: *Ana deu um pedaço de bolo ao menino.*

PEDAL (pe - dal) Peça de certas máquinas, na qual se coloca o pé para lhes dar movimento: *O pedal da bicicleta está quebrado.* ⓟ Plural: pedais.

PEDESTRE (pe - des - tre) Pessoa que anda ou está a pé: *Os pedestres devem ter cuidado ao atravessar a rua.*

PEDIDO (pe - di - do) Tudo aquilo que se pede: *Os meus pedidos de Natal são muito caros.*

PEDIR (pe - dir) Dizer o que se quer: *João pediu dinheiro para o pai.*

PEDRA (pe - dra) **1** Mineral duro e sólido tirado das minas: *Quero pôr uma pedra de diamante na minha aliança.* **2** Rocha ou pedaço de rocha: *As pedras usadas na construção das casas são pedaços de rocha.*

PEDREIRO (pe - drei - ro) Pessoa que trabalha em construções: *Chamei o pedreiro para fazer um muro.*

PEGAR (pe - gar) **1** Segurar com a mão: *O camponês pegou a enxada e começou a cavar a terra.* **2** Vir a ter uma doença: *Peguei uma gripe forte.* **3** Tomar uma condução: *O professor pega dois ônibus para ir trabalhar.* **4** Começar a funcionar: *O carro não quer pegar.* **5** Ir ou vir buscar alguém: *Vou esperar porque minha mãe vem me pegar.*

PEITO (pei - to) **1** Parte do tronco que contém os pulmões e o coração: *Meu tio fez uma operação do coração e teve que cortar o peito.* **2** Parte do corpo das mulheres na qual os bebês mamam: *É melhor o bebê mamar no peito que na mamadeira.* ✪ **Peito do pé:** parte superior do pé: *O menino deixou cair água quente no peito do pé.*

PEIXE (pei - xe) Animal vertebrado que vive na água do mar, dos rios, dos açudes ou dos lagos e é muito usado como alimento: *Alguns peixes podem ser criados em aquário.*

PELE (pe - le) Aquilo que cobre o corpo do ser humano e dos animais: *Maria passou um creme na pele.*

PELO (pe - lo) Cada um dos fios finos da superfície da pele de alguns animais e em algumas partes do corpo humano: *Vovô tem muitos pelos nos braços.*

PENA (pe - na) **1** Cada uma das peças que cobrem o corpo das aves: *O papagaio tem o corpo coberto por penas verdes.* **2** Castigo que alguém recebe por algo errado que fez: *O ladrão foi condenado a uma pena de dois anos de prisão.* **3** Sentimento de dó pela infelicidade de outra pessoa: *Tenho pena daquela criança que está perdida.* ✪ **Valer a pena:** merecer o esforço: *Vai valer a pena estudar mais algumas horas para tirar uma boa nota na prova.*

PENDURAR (pen - du - rar) Suspender e prender a certa altura do chão: *Minha mãe pendurou as roupas no varal.*

PENICO (pe - ni - co) Vasilha para recolher xixi e cocô: *Quando vovô ficou doente, não podia sair da cama e teve de usar o penico.*

PENSAMENTO (pen - sa - men - to) **1** Ato de pensar: *Pedrinho olhava para a lousa, mas seu pensamento estava no sítio.* **2** Aquilo que se pensa: *Mariana tentou adivinhar meus pensamentos.*

PENSAR (pen - sar) **1** Formar ideias: *Eu estava pensando no que vou fazer amanhã.* **2** Ter uma opinião: *O que você pensa da nova diretora?*

PENTE (pen - te) Utensílio com pontas ou dentes para arrumar o cabelo: *No quarto de minha irmã tem uma gaveta com pentes e escovas de madeira.*

PEQUENO (pe - que - no) **1** De tamanho reduzido: *A menina colocou o anel em uma caixa pequena.* **2** De pouca altura: *Jorginho é pequeno para a idade dele.* **3** De pouca importância: *Tenho pequenos problemas.*

PERA (pe - ra) Fruta doce, de casca verde ou amarela, parte interior normalmente macia, usada como alimento: *Pera é uma fruta rica em vitaminas.*

PERCEBER (per - ce - ber) **1** Ter ideia clara sobre alguma coisa: *Você percebeu o que eu quis dizer?* **2** Conhecer pelos sentidos: *Percebi que minha tia estava em casa pelo perfume que ela sempre usa.*

PERDÃO (per - dão) **1** Ato de perdoar: *O perdão faz as pessoas melhores.* **2** Maneira com que se pede desculpas, por educação: *Perdão, eu não quis incomodá-lo.* ⓟ Plural: perdões.

PERDER (per - der) **1** Ficar sem: *Eu perdi minha bola.* **2** Não chegar a tempo: *Ana perdeu o começo do filme.* **3** Não aproveitar: *Titio perdeu uma ótima oportunidade.* **4** Não ganhar (jogo): *Nosso time perdeu a final do campeonato.* **5** Errar o caminho: *O menino entrou na floresta e se perdeu.*

PERDOAR (per - do - ar) Desculpar uma falta: *Paulo perdoa tudo o que lhe fazem de mal.*

PERFEIÇÃO (per - fei - ção) Qualidade do que é perfeito; falta de defeitos: *A artista desenha com perfeição.* ⓟ Plural: perfeições.

PERFEITO (per - fei - to) Que não tem defeitos: *Aquele ator tem um rosto perfeito.*

PERFUMAR (per - fu - mar) Colocar perfume: *Gosto de me perfumar antes de sair.*

PERFUME (per - fu - me) **1** Cheiro agradável: *Vovó sentiu o perfume das flores.* **2** Líquido preparado com substância aromática: *Gosto de usar perfume francês.*

PERGUNTA (per - gun - ta) Frase ou palavra com que se busca uma informação: *Fiz uma pergunta ao professor, e ele me respondeu.*

PERGUNTAR (per - gun - tar) Fazer perguntas ou questões; interrogar: *O diretor perguntou aos professores sobre o comportamento dos alunos.*

PERIGO (pe - ri - go) Situação em que algo ruim pode acontecer; também se diz **risco**: *A mãe protegeu o bebê do perigo.*

PERIGOSO (pe - ri - go - so) Que apresenta perigo: *Pular aquele muro é muito perigoso.*

PERÍODO (pe - rí - o - do) Espaço de tempo entre dois fatos ou duas datas: *Os alunos tiveram um período de descanso.*

PERMISSÃO (per - mis - são) Licença para fazer alguma coisa: *Não tenho permissão para sair sozinho da escola.* ⓟ Plural: permissões.

PERMITIR (per - mi - tir) Dar liberdade ou licença para se fazer alguma coisa: *O pai permitiu o namoro da filha.*

PERNA (per - na) **1** Parte inferior do corpo com que se anda e que serve de apoio quando se fica em pé: *Rui quebrou a perna quando desceu do cavalo.* **2** Peça que sustenta certos objetos: *As pernas do banco estão bem fixas.*

PERNILONGO (per - ni - lon - go) Nome comum que se dá aos mosquitos de pernas compridas que sugam sangue de pessoas ou de animais: *No verão, os pernilongos invadem as casas para se alimentar.*

PERSEGUIR (per - se - guir) Seguir de perto: *A polícia perseguiu o ladrão.*

PERSONAGEM (per - so - na - gem) Cada uma das pessoas que participam de uma peça teatral, novela, filme ou histórias escritas: *O Menino Maluquinho é um personagem criado pelo escritor Ziraldo.* ⓟ Plural: personagens.

PERTENCER (per - ten - cer) **1** Ser de alguém: *Esse livro pertence a minha irmã.* **2** Fazer parte de alguma coisa: *Eu pertenço a um grupo que protege os animais em extinção.*

PERTO (per - to) A uma pequena distância: *Fique perto da mamãe para não se perder.*

PERU (pe - ru) Ave grande, de penas escuras e cauda larga, criada para alimentação: *Elizete assou um peru no Natal.*

PERUA (pe - ru - a) **1** Fêmea do peru: *Algumas peruas chegam a botar 180 ovos em um ano.* **2** Veículo para o transporte de carga ou de passageiros: *Ronaldo colocou toda a mudança na perua e partiu.*

PESADELO (pe - sa - de - lo) Sonho ruim que às vezes assusta: *Esta noite tive um pesadelo, acordei e não dormi mais.*

PESADO (pe - sa - do) **1** Que tem muito peso: *O rapaz carregava um pacote pesado.* **2** Difícil de sustentar pelo esforço que alguém tem que fazer: *Depois de tantos dias de trabalho pesado, meu pai teve que descansar muito.*

PESAR (pe - sar) **1** Determinar o peso de alguma coisa: *João pesou as maçãs antes de vendê-las a minha mãe.* **2** Ter determinado peso: *Luiza engordou e agora ela pesa 25 quilos.*

PESCAR (pes - car) **1** Pegar peixe com anzol: *Vovô pescou um peixe enorme.* **2** Compreender rápido: *O amigo não pescou nada do que falavam.*

PESCOÇO (pes - co - ço) Região do corpo entre a cabeça e o tronco: *Márcio caiu do cavalo e quase quebrou o pescoço.*

PESO (pe - so) **1** Qualquer objeto pesado: *Faço ginástica com peso para ficar com os músculos fortes.* **2** Característica de um corpo pesado: *Meu professor de educação física disse que estou acima do peso.* **3** Sensação de mal-estar: *Estou com um peso no estômago; acho que foi aquele sanduíche que comi.*

PESQUISA (pes - qui - sa) Estudo que busca todas as informações possíveis sobre determinado assunto: *O médico fez uma pesquisa sobre os novos remédios para combater a nova gripe.*

PESSOA (pes - so - a) Homem ou mulher, considerando as características de cada um; também se diz **ser humano**: *Todas as pessoas têm os mesmos direitos.*

PETECA (pe - te - ca) Brinquedo com base macia e com penas que é jogado com a palma da mão: *No recreio nós gostamos de jogar peteca.*

PIÃO (pi - ão) Brinquedo com forma semelhante a uma pera, com ponta muito fina, enrolada em um cordão, que se joga para fazer girar: *Ganhei um pião colorido para brincar com meus amigos.* Ⓟ Plural: piões.

PIADA (pi - a - da) Caso ou história engraçada: *Aquele aluno fica contando piadas e não presta atenção ao que estou falando.*

> VEJA ISSO.
>
> Aprenda esta piada e divirta seus amigos:
>
> *No primeiro dia de aula, a professora passou uma lição de casa. No outro dia, ela cobrou o dever dos alunos:*
>
> *– Todos fizeram sua lição de casa?*
>
> *Todos os alunos disseram que sim, menos João. A professora perguntou:*
>
> *– Por que você não fez sua lição de casa, João?*
>
> *– Ora, professora, porque eu moro em apartamento.*

PIAR (pi - ar) Dar pios: *O passarinho voltou logo para o ninho quando ouviu os filhotes piarem.*

PICADA (pi - ca - da) **1** Ferida com objeto pontudo: *Fiz uma picada no dedo com a agulha.* **2** Mordida de cobra ou furo que certos insetos fazem na pele: *Levei uma picada de abelha.* **3** Passagem aberta no mato, a golpes de facão: *O caçador seguiu uma picada na mata.*

PICA-PAU (pi - ca - pau) Ave conhecida por fazer buracos em troncos de árvores; em geral, costuma dar até cem bicadas por minuto: *O pica-pau tem bico muito forte.* Ⓟ Plural: pica-paus.

PICAR (pi - car) **1** Ferir ou furar com instrumento pontudo: *Marta picou a mão com os espinhos da flor.* **2** Dar picada: *Deixei a janela aberta à*

noite e um pernilongo me picou enquanto eu dormia. **3** Reduzir a pedaços pequenos: *A cozinheira picou os tomates para fazer o molho.*

PICHE (pi - che) Substância preta que gruda com facilidade em qualquer superfície, utilizada em construção de estradas, para tapar buracos ou para impedir a passagem de água: *Não vamos poder atravessar a rua, pois acabaram de colocar sobre ela uma nova camada de piche.*

PICOLÉ (pi - co - lé) Sorvete em palito: *Gosto mais de picolé do que de sorvete de massa.*

PIJAMA (pi - ja - ma) Roupa própria para dormir: *Ganhei um pijama curto e um comprido no meu aniversário.*

PILHA (pi - lha) **1** Porção de coisas colocadas umas sobre as outras: *Mamãe tem uma pilha de roupas para passar.* **2** Peça que fornece energia igual à eletricidade: *Meu primo comprou um brinquedo que funciona com quatro pilhas.*

PINCEL (pin - cel) Utensílio formado por um cabo com uma porção de pelos na ponta, usado para pintar: *Depois de pintar, é preciso lavar o pincel para não endurecer os pelos.* ⓟ Plural: pincéis.

PINGO (pin - go) **1** O mesmo que **gota**: *Faz dias que não cai um pingo d'água.* **2** Pequena porção de qualquer coisa: *Minha mãe colocou um pingo de comida no seu prato.*

PINGUE-PONGUE (pin - gue - pon - gue) Tênis que se joga em uma mesa e não na quadra: *Meus tios organizaram uma disputa de pingue-pongue no sítio.* ⓟ Plural: pingue-pongues.

PINGUIM (pin - guim) Ave geralmente preta e branca, que não voa e vive em regiões muito geladas: *Os pinguins conseguem nadar muito rápido!* ⓟ Plural: pinguins.

PINTAR (pin - tar) **1** Cobrir com tinta: *Pintei as paredes do quarto de verde.* **2** Fazer ou representar por meio da pintura: *O artista pintou um quadro da fazenda onde mora.*

PINTOR (pin - tor) **1** Pessoa que pinta paredes, muros, carros etc. como profissão: *Papai contratou um pintor para melhorar a aparência da casa.* **2** Artista que pinta quadros: *No museu vi um quadro de uma grande pintora brasileira chamada Tarsila do Amaral.* ⓟ Plural: pintores.

PINTURA (pin - tu - ra) **1** Arte ou técnica de pintar: *Tenho muitas pinturas para acabar: a da parede de meu quarto e a de um quadro que quero pendurar nela.* **2** Obra pintada por artista: *Fui a uma exposição de pinturas.*

PIO (pi - o) Som de algumas aves: *As galinhas davam pios enquanto procuravam comida.*

PIOLHO (pi - o - lho) Inseto que suga o sangue de pessoas e animais, atacando o couro cabeludo, a pele e os pelos do corpo, provocando muita coceira: *A professora examinou os cabelos dos alunos para ver quem tinha piolho.*

PIOR (pi - or) Inferior a outro em qualidade: *Minha nota foi pior do que a sua.* ⓟ Plural: piores. ✪ **Levar a pior:** ser derrotado: *O nosso time levou a pior no jogo.*

PIPA (pi - pa) **1** Brinquedo de papel recortado e colado em varas finas que se solta ao vento, preso por um fio; também se diz **papagaio**: *Nunca se deve brincar com pipas perto de fios elétricos.* **2** Grande vasilha de madeira para vinho e outros líquidos: *O vinho é guardado em pipas antes de ser colocado nas garrafas.*

PIPOCA (pi - po - ca) Grão de milho estourado com o calor do fogo: *Quando chove, o melhor a fazer é comer pipoca e ver televisão.*

PIRATA (pi - ra - ta) Ladrão que ataca e rouba navios: *Li a história de um pirata malvado chamado Capitão Gancho.*

PISAR (pi - sar) **1** Pôr os pés sobre algo: *Ele pisou no meu tênis novo.* **2** Andar por cima de alguma coisa: *Não pise na grama.*

PISCAR (pis - car) Fechar e abrir rapidamente os olhos: *Alfredo piscou para a moça.* ✪ **Num piscar de olhos:** muito rápido: *Titia lavou a louça num piscar de olhos.*

PISCINA (pis - ci - na) Reservatório artificial próprio para natação e outros esportes praticados na água; utilizado também para recreação: *No inverno, as piscinas dos clubes estão fechadas.*

PISO (pi - so) Chão em que se pisa: *Meu pai trocou o piso da sala.*

PISTA (pis - ta) **1** Caminho especial no qual se fazem corridas: *Em Interlagos há uma famosa pista de corrida para carros.* **2** Local onde chegam e de onde saem os aviões: *O avião teve que atravessar toda a pista para decolar.* **3** Marca deixada por alguém ou algum animal: *O animal ferido deixou pistas pelo caminho.*

PLACA (pla - ca) **1** Folha de metal, vidro, madeira ou outro material: *O prefeito recebeu uma placa de prata com o seu nome.* **2** Chapa de metal com o número de um automóvel: *O guarda anotou o número da placa do carro.* **3** Chapa colocada nas ruas ou estradas com indicações de lugares ou normas de trânsito: *Conforme a placa desta rua, não se pode estacionar aqui.*

PLANETA (pla - ne - ta) Astro sem luz própria, que gira em torno de uma estrela: *Vivemos no planeta Terra.*

PLANO (pla - no) **1** De superfície lisa: *O terreno que vimos não é plano.* **2** Conjunto de ideias organizadas para se conseguir um objetivo: *Qual será o plano para distribuirmos os agasalhos para os pobres?*

PLANTA (plan - ta) **1** O mesmo que **vegetal**: *A floresta está cheia de árvores e outras plantas.* **2** Parte de baixo do pé: *A planta do meu pé esquerdo dói quando ando descalço.*

PLANTAÇÃO (plan - ta - ção) **1** Ato de plantar: *Nos meses de junho ou julho faz-se a plantação do feijão.* **2** Terreno plantado: *Os rapazes cuidam muito bem da plantação.* ⓟ Plural: plantações.

PLANTAR (plan - tar) Colocar semente dentro da terra para criar raízes e crescer: *O fazendeiro plantou sementes de abóbora em sua grande horta.*

PLURAL (plu - ral) Indicação de mais de uma pessoa, animal, coisa, lugar etc.: *"Corações" é o plural de "coração".* ⓟ Plural: plurais.

> **GUARDE NA MEMÓRIA!**
>
> Algumas palavras fazem o plural de maneira diferente. Não basta apenas acrescentar o "s".
>
> Veja alguns exemplos:
>
> o balão – os balões
> o nariz – os narizes
> o cão – os cães
> o papel – os papéis
> o barril – os barris
> o mal – os males
> a cor – as cores
> o gás – os gases
>
> Outras palavras não se modificam no plural:
>
> o ônibus – os ônibus
> o lápis – os lápis
> o tórax – os tórax
>
> Agora que você já sabe disso, fique bem atento quando for fazer o plural de uma palavra.

PNEU (pneu) Peça de borracha resistente que cobre as rodas dos veículos, com uma parte interna que se enche de ar: *Chegamos atrasados porque furou o pneu do carro.*

PÓ (pó) Terra seca reduzida a partes muito finas que se levantam no ar e caem no solo ou em outra superfície qualquer; também se diz **poeira**: *O vento traz muito pó para dentro de casa.*

POBRE (po - bre) **1** Que não tem o necessário para viver: *O engraxate é pobre, mas reparte o pouco que tem.* **2** Que produz pouco: *A terra desta fazenda é muito pobre.*

POBREZA (po - bre - za) Falta do que é essencial à vida: *Muitas pessoas vivem na pobreza em todo o mundo.*

POÇO (po - ço) **1** Buraco aberto no solo para se conseguir água: *A água que bebiam vinha de um poço.* **2** Espaço no qual o elevador desce e sobe: *O poço do elevador do prédio foi reformado.*

PODER (po - der) **1** Ter possibilidade ou capacidade de fazer alguma coisa: *Depois de algumas aulas de violão, já posso tocar algumas músicas.* **2** Autoridade para decidir, fazer ou mandar fazer: *O governo tem poder para distribuir as terras de maneira justa.* ⓟ Plural: poderes.

PODRE (po - dre) Que apodreceu; estragado: *A carne estava podre.* ★ **Ser podre de rico:** ter muito dinheiro: *Minha amiga é podre de rica.*

POEIRA (po - ei - ra) O mesmo que **pó**: *Há muita poeira sobre os móveis.*

POESIA (po - e - si - a) Arte de escrever em verso: *O professor escreve belas poesias para a mulher amada.*

POETA (po - e - ta) Quem faz poesias: *Castro Alves foi um grande poeta brasileiro.* ⓕ Feminino: poetisa.

POIS (pois) O mesmo que **porque**: *Passei de ano pois estudei bastante.*

POLÍCIA (po - lí - cia) Conjunto de todos os policiais e demais pessoas que trabalham para manter a lei e a ordem, protegendo e dando segurança às pessoas: *A polícia existe para proteger as pessoas de bem.*

POLICIAL (po - li - ci - al) Pessoa que trabalha na polícia; também se diz **guarda**: *O policial prendeu o bandido.* ⓟ Plural: policiais.

POLUIÇÃO (po - lu - i - ção) Prejuízo à natureza causado pelo lixo jogado nas águas e no solo e pelos gases das fábricas e dos carros:

A poluição do ar é percebida principalmente nas grandes cidades. ⓟ Plural: poluições.

POLUIR (po - lu - ir) Sujar terra, ar e água com substâncias que prejudicam a saúde: *A fábrica poluiu os rios da região.*

POMAR (po - mar) Terreno plantado com árvores que dão frutos: *No pomar de minha casa havia banana, laranja, goiaba e muitas outras frutas.* ⓟ Plural: pomares.

POMBO (pom - bo) Pequena ave, capaz de voar grandes distâncias e retornar ao local de onde partiu: *Existem muitos pombos na praça da cidade.*

PONTA (pon - ta) Extremidade de alguma coisa: *Minha irmã mandou cortar só as pontas dos cabelos.*

PONTAPÉ (pon - ta - pé) Chute com a ponta do pé: *O jogador mais velho deu o pontapé inicial da partida de futebol.*

PONTE (pon - te) Construção sobre um rio, lago ou mar, para a passagem de pedestres e veículos: *A Rio-Niterói é considerada a maior ponte brasileira sobre o mar.*

PONTEIRO (pon - tei - ro) Espécie de agulha de qualquer instrumento que se movimenta para mostrar, informar algo: *Tenho um relógio com três ponteiros: o dos minutos, o das horas e o dos segundos.*

PONTO (pon - to) **1** Período de tempo determinado: *Naquele ponto da explicação, o aluno começou a ficar mais interessado.* **2** Lugar determinado: *André começou a procurar o gato perdido deste ponto da rua.* **3** Número que indica o resultado de um jogo ou a posição de um time ou atleta em uma competição: *A seleção de futebol ganhou o campeonato com três pontos a mais.* **4** Marca que parece feita com a ponta fina de algum objeto: *Pintei o desenho com vários pontos coloridos.*

PONTUAÇÃO (pon - tu - a - ção) Uso de sinais que, na escrita, marcam as divisões das frases, indicando o modo de falar: *Você sabe usar os sinais de pontuação?* ⓟ Plural: pontuações.

Fique atento aos sinais de pontuação. Eles são muito importantes para dar sentido ao texto. Eis alguns:

ponto-final (.)
Era uma vez uma linda princesa que vivia em um castelo dourado.

vírgula (,)
Na parede da casa da bruxa havia balas, chicletes, chocolates, biscoitos e pirulitos.

ponto de interrogação (?)
Por que você tem esse nariz tão grande?

ponto de exclamação (!)
Oh, que príncipe lindo!

travessão (—)
— Espelho, espelho meu, existe alguém mais bela do que eu?

dois-pontos (:)
O lobo chegou à casa dos porquinhos e gritou:
– Porquinhos, porquinhos, deixem-me entrar!

POPULAR (po - pu - lar) **1** Próprio do povo: *No Brasil, as festas juninas e o Carnaval fazem parte dos costumes populares.* **2** Conhecido e admirado por muitas pessoas: *Ronaldo é um jogador muito popular.* ⓟ Plural: populares.

PÔR (pôr) **1** Colocar alguma coisa ou alguém em algum lugar: *Ponha a chave na bolsa.* **2** Depositar algo em determinado lugar: *Papai pôs todo o dinheiro no banco.* **3** Colocar seus ovos: *A galinha pôs os ovos e não saiu de perto deles.* **4** Dar início a alguma coisa: *A menina caiu e pôs-se a chorar.* **5** Preparar a mesa para uma refeição: *Quero ajudar, então vou pôr a mesa.* **6** Colocar roupa, sapato etc.: *Ponha agasalho porque está frio.*

PORÇÃO (por - ção) **1** Certa quantidade de alguma coisa: *Por favor, nós gostaríamos de duas porções de arroz.* **2** Uma grande quantidade: *Uma porção de gente veio me visitar quando fiquei doente.* ⓟ Plural: porções.

PORCO (por - co) **1** Animal mamífero, doméstico, encontrado no mundo inteiro, criado para ser usado como alimento: *Alex não come carne de porco.* **2** Indivíduo sem higiene: *Ele é um porco porque nunca toma banho.*

PORQUE (por - que) Explicação de algo que foi dito antes; também se diz **pois**: *Faltei porque estava doente.*

PORTA (por - ta) Abertura para se entrar e sair de um ambiente: *A mosca entrou por uma porta e saiu pela outra.*

PORTÃO (por - tão) Porta ou barras de madeira, ferro ou outro material resistente que fecha uma casa, um jardim, um quintal ou uma garagem: *Renato trocou o portão de madeira por outro de ferro.* ⓟ Plural: portões.

PORTARIA (por - ta - ri - a) Local que fica na entrada de edifícios para controlar ou orientar as pessoas que entram e saem: *Fui pegar a chave na portaria do prédio.*

PORTÁTIL (por - tá - til) Que se pode carregar na mão ou transportar: *Antônio ouve música com seu rádio portátil.* ⓟ Plural: portáteis.

PORTO (por - to) Lugar onde param os navios para embarque e desembarque de passageiros e carga: *O navio ficará uma semana parado no porto.*

PORTUGUÊS (por - tu - guês) **1** Que nasceu no país chamado Portugal: *Meu avô é português.* **2** Língua falada no Brasil, em Portugal e em alguns outros países; também se diz **língua portuguesa**: *O turista não sabia falar português.* ⓟ Plural: portugueses.

POSIÇÃO (po - si - ção) **1** Jeito ou modo de ficar com o corpo: *Cansei de ficar nessa posição.* **2** Situação de uma pessoa: *O suspeito ficou numa posição difícil.* ⓟ Plural: posições.

POSSIBILIDADE (pos - si - bi - li - da - de) Tudo aquilo que é possível acontecer ou existir: *Ouvi no rádio que há possibilidade de chover hoje.*

POSSÍVEL (pos - sí - vel) Que pode ser, existir, acontecer, fazer: *É possível que Pedro venha para o casamento da neta.* ⓟ Plural: possíveis.

POSSUIR (pos - su - ir) **1** Ser dono de algo: *Aquele fazendeiro possui muitas terras.* **2** Conter algo: *O livro possui informações interessantes.*

POSTE (pos - te) Peça comprida de madeira, ferro ou concreto, enfiada no chão, para suportar fios elétricos ou de telefone ou lâmpadas de iluminação: *É preciso trocar a lâmpada do poste que fica em frente da casa do vovô.*

POTE (po - te) Vasilha, geralmente de barro, para líquidos: *A água no pote de barro fica bem fresquinha.*

POUCO (pou - co) **1** Que existe em pequena quantidade: *Fernando é meio estranho e tem poucos amigos.* **2** Não muito: *Mário fala pouco.* **3** Que não vale muito: *O velho carro do vizinho vale pouco.* ✪ **Aos poucos:** devagar, em pequena quantidade: *Aos poucos, vovó tomou toda a xícara de chá amargo.*

POUPANÇA (pou - pan - ça) Dinheiro que não se gasta e é guardado: *Não gasto muito, para ter uma poupança.* ✪ **Caderneta de poupança:** conta em banco em que se guarda dinheiro para ter mais no futuro: *A madrinha do Caio abriu uma caderneta de poupança para ele.*

POUPAR (pou - par) **1** Gastar pouco: *Pedro poupa o dinheiro que recebeu como herança.* **2** Não deixar acontecer: *O pai queria poupar sofrimentos à filha.* **3** Não fazer mal: *O rei mandou o soldado poupar as mulheres e as crianças.*

POVO (po - vo) Conjunto de pessoas de uma mesma tribo, raça ou nação: *O povo brasileiro é conhecido por seu bom humor.*

PRAÇA (pra - ça) Lugar público, geralmente com árvores e bancos para sentar: *Titia levou as crianças para passear na praça.*

PRAIA (prai - a) Margem levemente inclinada de mar ou lago, em geral coberta de areia: *Eu e minha família passamos alguns dias na praia.*

PRANCHA (pran - cha) Espécie de tábua de madeira ou outro material próprio para flutuar, usada para esportes praticados na água, como o surfe: *Eu mesmo fabriquei minha prancha e todos os surfistas elogiaram.*

PRÁTICA (prá - ti - ca) **1** Frequência com que se realiza uma atividade: *A prática diária de esporte é importante para qualquer atleta.* **2** Experiência obtida dessa maneira: *Depois de tanta prática, foi chamado para participar do campeonato.*

PRATICAR (pra - ti - car) **1** Pôr em prática: *Pratique boas ações; tem muita gente que precisa.* **2** Repetir uma atividade várias vezes para ficar cada vez melhor: *Para ser um bom jogador de futebol tem que praticar diariamente.*

PRATO (pra - to) **1** Peça de louça, vidro, plástico ou outro material em que se come ou se serve a comida: *Joana encheu o prato de macarrão.* **2** Cada uma das comidas de uma refeição: *O prato principal foi um peixe delicioso.*

PRAZER (pra - zer) **1** Sentimento de alegria: *As crianças riram de prazer.* **2** O que se faz com satisfação: *É um prazer receber os amigos em minha casa.* **3** Sensação agradável: *Antônia tem prazer ao dançar.* ⓟ Plural: prazeres.

PRAZO (pra - zo) Tempo determinado para realizar alguma coisa: *Pedi um prazo maior para ler o livro.*

PRECISAR (pre - ci - sar) Ter necessidade de alguma coisa: *Preciso de ajuda para fazer este exercício.*

PRECISO (pre - ci - so) **1** Que é necessário: *É preciso estudar muito para tirar dez na prova.* **2** Que atinge corretamente o objetivo: *O jogador deu um chute preciso na bola e fez o gol.*

PREÇO (pre - ço) Valor de uma mercadoria ou de um trabalho: *O enfermeiro comprou o carro por um preço alto.*

PRÉDIO (pré - dio) Construção que pode ser usada como residência ou local de trabalho; também se diz **edifício**: *O novo prédio da fábrica é muito grande.*

PREENCHER (pre - en - cher) Acrescentar algo em um espaço em branco ou vazio até ficar completo ou cheio: *Minha mãe preencheu a ficha da matrícula da escola.*

PREFEITO (pre - fei - to) Pessoa que foi eleita para dirigir, cuidar de uma cidade: *Em novembro haverá eleição para prefeito.*

PREFERÊNCIA (pre - fe - rên - cia) **1** Maior simpatia por algo ou por alguém: *Tenho preferência por trabalhar com pessoas mais velhas.* **2** Escolha de algo ou alguém entre várias coisas ou pessoas: *Obrigado pela preferência.*

PREFERIR (pre - fe - rir) **1** Escolher uma coisa ou pessoa entre várias: *Entre tantos vestidos, prefiro o amarelo.* **2** Gostar mais de uma coisa ou pessoa do que de outra: *Cecília é a neta que vovó prefere quando se trata de conversar.*

PREGAR (pre - gar) **1** Fixar com prego: *Ontem preguei um quadro na parede.* **2** Prender com agulha e linha: *Quem sabe pregar botões em roupas é minha irmã.*

PREGO (pre - go) Peça de metal comprida, com ponta fina, usada para prender alguma coisa, geralmente na madeira ou na parede: *Os pregos para esta gaveta devem ser bem pequenos.*

PREGUIÇA (pre - gui - ça) **1** Pouca vontade de trabalhar, estudar, brincar: *O pedreiro ficou com preguiça depois do almoço.* **2** Animal mamífero, sem dentes, de movimentos muito lentos, que vive pendurado em árvores e se alimenta apenas de folhas de plantas: *A preguiça é um animal em extinção porque, em alguns países, é caçada para servir de alimento.*

PREJUDICAR (pre - ju - di - car) Dar ou sofrer prejuízo: *Meu amigo me prejudicou porque perdeu o livro que retirei da biblioteca.*

PREJUÍZO (pre - ju - í - zo) **1** Perda de um bem material ou de uma vantagem: *A empresa de nossa família nem sempre dá lucro, às vezes tem pequenos prejuízos.* **2** Mal causado por alguma coisa ou por alguém: *A chuva causou grande prejuízo à plantação.*

PREMIAR (pre - mi - ar) Dar um prêmio a alguém: *O professor premiou o melhor aluno da classe.*

PRÊMIO (prê - mio) Aquilo que se ganha pelo trabalho executado ou em sorteios e outras disputas: *O trabalhador ganhou um prêmio do chefe.*

PRENDER (pren - der) **1** Deixar amarrado: *Prendi o cachorro para que ele não fugisse.* **2** Manter fixo: *O jogador prendeu os cabelos antes do jogo para não prejudicar sua visão.* **3** Capturar e colocar em prisão: *Os policiais prenderam o ladrão do carro.*

PREOCUPAÇÃO (pre - o - cu - pa - ção) Ideia fixa, que não sai da cabeça, que incomoda e deixa a pessoa sem paz ou sossego: *A preocupação com a saúde do marido não a deixa dormir.* Plural: preocupações.

PREOCUPAR (pre - o - cu - par) **1** Tirar a calma; fazer pensar muito em alguma coisa: *Os problemas de saúde da vovó me preocupam.* **2** Ter preocupação: *Ana preocupa-se com o irmão.*

PREPARAÇÃO (pre - pa - ra - ção) **1** Processo de arrumar alguma coisa e deixá-la pronta para uso: *Tem muita gente para almoçar; a preparação da comida tem que começar muito cedo.* **2** Capacidade dada a alguém por meio de treinos: *O clube já começou a preparação do novo jogador.* Plural: preparações.

PREPARAR (pre - pa - rar) **1** Aprontar alguma coisa antes e deixá-la pronta para uso: *Estou me preparando para a viagem e já comprei a passagem.* **2** Tornar capaz por meio de treinos frequentes: *O clube prepara jovens jogadores para terem uma profissão.* **3** Vestir-se para uma ocasião especial: *Está na hora de me preparar para a festa de casamento.*

PRESENÇA (pre - sen - ça) Ato de estar presente: *O diretor pediu a minha presença em sua sala.*

PRESENTE (pre - sen - te) **1** O tempo de hoje; o tempo atual: *Devemos pensar no presente, não no passado.* **2** Que está no local do qual se fala: *Joana adoeceu, por isso não está presente à reunião.* **3** Aquilo que se oferece a alguém: *Minha irmã ganhou vários presentes de aniversário.*

PRESIDENTE (pre - si - den - te) Pessoa que governa, que dirige um país: *O presidente do Brasil viajou para a Europa.* Feminino: presidenta.

PRESO (pre - so) **1** Que não se solta com facilidade: *Ela resolveu deixar preso seu longo cabelo para poder nadar.* **2** Colocado em prisão: *O jovem rebelde foi preso por roubo.* **3** Pessoa que foi colocada em uma prisão: *Aquele preso que estava nesta cadeia foi posto em liberdade.*

PRESSA (pres - sa) Necessidade ou vontade de fazer algo rapidamente: *Tenho pressa de sair.*

PRESTAR (pres - tar) **1** Ter valor ou utilidade: *Este tênis está furado; não presta mais.* **2** Fazer algo de bom por alguém: *Quando precisei ele me prestou uma grande ajuda.* **3** Realizar uma tarefa que tem que ser feita: *Os alunos têm que prestar exames no final do ano.* **4** Concentrar-se em algo: *Você tem que prestar atenção durante a aula para aprender o que a professora está ensinando.*

PRETO (pre - to) Da cor do piche ou do carvão: *Você está linda de vestido preto!*

PRIMAVERA (pri - ma - ve - ra) Estação do ano em que nasce nova vegetação: *A primavera é a estação mais bonita do ano.*

PRIMEIRO (pri - mei - ro) **1** Que ocupa o lugar número um em uma relação: *Márcio foi o primeiro candidato da lista.* **2** Que é o melhor: *Ana é a primeira aluna do colégio.* **3** Que é essencial: *O turista comprou artigos de primeira necessidade.* **4** Antes de tudo: *Primeiro vamos conversar, depois ligamos a televisão.*

PRIMO (pri - mo) O filho de seus tios: *Minha prima Patrícia é filha da tia Júlia.*

PRINCIPAL (prin - ci - pal) Mais importante: *Para vovó, a parte principal da casa é a cozinha.*
P Plural: principais.

PRÍNCIPE (prín - ci - pe) Homem que faz parte de uma família real, ou filho do rei: *Aquele príncipe é muito amado pelo povo.*
F Feminino: princesa.

PRINCÍPIO (prin - cí - pio) **1** Início de alguma coisa: *Vou copiar a lição novamente, desde o princípio.* **2** Norma fundamental de comportamento: *Tenho por princípio o respeito a meus pais.*

PRISÃO (pri - são) **1** O mesmo que **cadeia**: *O ladrão foi levado para uma prisão no interior do estado.* **2** Resultado de prender alguém numa cadeia: *A televisão mostrou imagens da prisão dos assaltantes.*
P Plural: prisões.

PRIVADA (pri - va - da) Vaso sanitário: *Depois de usar a privada, dê a descarga.*

PROBLEMA (pro - ble - ma) **1** Questão matemática para a qual se deve encontrar a solução: *Acertei todos os problemas da prova de matemática.* **2** Qualquer situação difícil de ser resolvida: *A seca no Brasil é um problema grave.* **3** Dificuldade que se enfrenta em determinado momento: *Titio teve muitos problemas na vida.*

PROCESSO (pro - ces - so) Maneira de executar alguma coisa: *Aquela toalha foi feita por processo manual.*

PROCURAR (pro - cu - rar) **1** Tentar achar ou conseguir algo: *Estou procurando um livro de histórias para crianças.* **2** Pesquisar para achar uma solução: *Mário não sabia o significado da palavra, então foi procurar no dicionário.*

PRODUTO (pro - du - to) **1** Aquilo que se produz: *Os produtos da agricultura estão mais baratos neste ano.* **2** Resultado de uma multiplicação: *O produto de 3 multiplicado por 7 é 21.*

PRODUZIR (pro - du - zir) **1** Fabricar alguma coisa para vendê-la: *Aquela empresa produz faróis para automóveis.* **2** Dar frutos: *Nossa mangueira produz muitas mangas nesta época do ano.*

PROFESSOR (pro - fes - sor) Pessoa que se dedica à profissão de ensinar: *Fábio é professor de História do Brasil.* Ⓟ Plural: professores.

PROFISSÃO (pro - fis - são) Ocupação ou meio de vida de um trabalhador: *Meu pai exerce a profissão de engenheiro.* Ⓟ Plural: profissões.

PROFUNDO (pro - fun - do) **1** Que é muito fundo: *É perigoso nadar em rio profundo.* **2** Que é sentido com muita força: *O paciente sente uma tristeza profunda.*

PROGRAMA (pro - gra - ma) **1** Apresentação na televisão ou no rádio: *As crianças gostam de programas infantis, com desenhos e jogos.* **2** Atividade a ser realizada: *Você tem programa para este sábado?*

PROGRESSO (pro - gres - so) Mudança considerada fundamental para o desenvolvimento: *O progresso da ciência vai trazer a cura de várias doenças.*

PROIBIR (pro - i - bir) Impedir que seja feito: *Nosso pai proibiu festas por uma semana.*

PROMESSA (pro - mes - sa) **1** Ato de prometer: *A operária fez uma promessa para conseguir emprego.* **2** Coisa prometida: *Não se esqueça de que você me fez uma promessa.*

PROMETER (pro - me - ter) Jurar que vai fazer ou dar alguma coisa: *Meu pai prometeu pagar meu curso de inglês.*

PRONTO (pron - to) **1** Completamente terminado ou concluído: *O almoço já está pronto.* **2** Feito num instante: *A lanchonete serve pratos prontos.*

PRONUNCIAR (pro - nun - ci - ar) Falar, dizer uma palavra: *O bebê não sabe pronunciar as palavras.*

PROPAGANDA (pro - pa - gan - da) Ato de tornar pública uma ideia, um produto ou qualquer outra coisa, por jornal, cartaz, rádio, televisão ou outro meio de comunicação: *Aquela empresa está fazendo muita propaganda de um novo tipo de sabão em pó.*

PROPAROXÍTONO (pro - pa - ro - xí - to - no) Palavra com acento na antepenúltima sílaba, a terceira sílaba de trás para a frente: *"Pássaro" é um proparoxítono.*

PROPOSTA (pro - pos - ta) Ideia sugerida: *A professora fez a proposta de mudar o dia da prova.*

PROPÓSITO (pro - pó - si - to) Objetivo que se quer alcançar: *Meu propósito de ir à escola é aprender.* ✪ **De propósito:** fazer ou falar alguma coisa por querer: *Juca me chutou de propósito.*

PROPRIETÁRIO (pro - pri - e - tá - rio) Dono de alguma coisa: *O proprietário da casa onde moro vai consertar o banheiro.*

PRÓPRIO (pró - prio) **1** Que pertence à pessoa: *Você tem casa própria?* **2** Que foi feito ou serve para certo objetivo: *O caderno é próprio para escrever.*

PROTEÇÃO (pro - te - ção) Defesa contra qualquer perigo: *É preciso dar proteção às pessoas que vivem nas ruas.* Ⓟ Plural: proteções.

PROTEGER (pro - te - ger) Defender alguém ou alguma coisa dos perigos: *Os animais protegem seus filhotes.*

PROVA (pro - va) **1** Exame escrito ou oral que testa os conhecimentos de alguém: *Estudei muito para a prova de matemática.* **2** Mostra do que é verdadeiro: *O professor já deu provas de que é um homem sério.* **3** Teste para saber se alguma coisa está de acordo com o que foi pedido: *A modelo fez duas provas da roupa.* **4** Competição esportiva: *Aquele atleta foi o primeiro na prova de salto.*

PROVAR (pro - var) **1** Mostrar que é verdadeiro: *O suspeito provou que estava dizendo a verdade.* **2** Vestir para ver se serve: *Bárbara provou a saia várias vezes até ficar do jeito que queria.* **3** Testar o sabor de algo: *Provei do café e gostei.*

PROVÉRBIO (pro - vér - bio) Frase popular considerada uma verdade; também se diz **ditado**: *Há um provérbio que diz: "Em terra de cego quem tem um olho é rei".*

> DEIXA VER...
>
> Você já ouviu estes provérbios populares?
>
> *Quem espera sempre alcança.*
>
> *Antes só do que mal acompanhado.*
>
> *Mentira tem perna curta.*
>
> *A união faz a força.*
>
> *Quem avisa amigo é.*

PROVOCAR (pro - vo - car) **1** Ser a causa ou o motivo de alguma coisa: *O cigarro provoca muitas doenças.* **2** Agir de propósito esperando alguma reação: *Anita faz isso só para me provocar.*

PRÓXIMO (pró - xi - mo) **1** Que está perto: *Alfredo mora próximo daqui.* **2** O que vem a seguir: *O próximo a ser atendido será meu tio.* **3** Cada pessoa, o nosso semelhante: *Devemos amar e respeitar o próximo.*

PUBLICAÇÃO (pu - bli - ca - ção) Revista, jornal, livro ou outra obra semelhante, com textos e imagens, sobre notícias de vários assuntos: *Aquela revista de informações gerais é uma boa publicação.* Ⓟ Plural: publicações.

PÚBLICO (pú - bli - co) **1** Comum a todos: *Naquela rua há um hospital público.* **2** Povo que assiste a alguma apresentação: *O público adorou a apresentação da cantora.*

PULAR (pu - lar) **1** Movimentar o corpo dando um salto: *O atleta pulou na piscina e já começou a nadar.* **2** Passar de um lado para outro com um pulo: *Pulei o muro só para ver a casa do vizinho.*

PULGA (pul - ga) Pequeno inseto que se move aos pulos e se alimenta de sangue humano ou de animais, muito comum em lugares onde não há higiene: *Dar banho no cachorro evita que ele fique cheio de pulgas.*

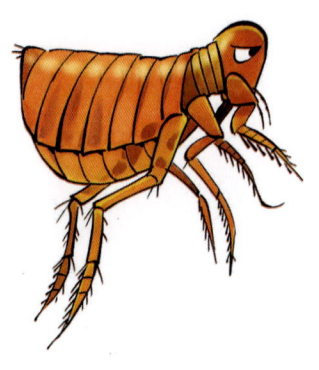

PULMÃO (pul - mão) Cada um dos dois órgãos da respiração: *As doenças que atacam os pulmões deixam a pessoa com falta de ar.* Ⓟ Plural: pulmões.

PULO (pu - lo) Movimento que faz o corpo sair do solo e o joga para cima, para baixo, para frente etc.: *A menina deu um pulo de susto.* ✱ **Dar um pulo:** ir a um lugar para ficar pouco tempo: *Vamos dar um pulo na minha casa?*

PUNHADO (pu - nha - do) **1** Pequena porção de algo que, geralmente, cabe em uma das mãos: *Carlos sempre ganhava um punhado de balas do pai.* **2** Certa quantidade de pessoas ou de coisas: *Vi um punhado de gente nadando na piscina.*

PUNIR (pu - nir) **1** Dar castigo a alguém: *A professora puniu os alunos que não fizeram a tarefa.* **2** Determinar uma pena de acordo com a lei: *O juiz puniu o motorista que atropelou o rapaz de bicicleta.*

PURO (pu - ro) **1** Que não tem mistura: *Flávia tomou suco de laranja puro.* **2** Que é inocente e sincero: *As crianças são puras de coração.* **3** Totalmente claro e limpo: *Bebi a água pura da mina.*

PUXAR (pu - xar) **1** Atrair para sua direção com força: *Márcio puxou a moça pelo braço e beijou-a.* **2** Mover alguma coisa atrás de si sem que esta saia do chão: *Os cavalos puxavam a carroça carregada de lenha.* **3** Fazer força para tirar: *Minha prima puxou meu cabelo para tentar tirar o laço, mas não conseguiu.* **4** Nascer parecido: *O bebê da vizinha puxou ao pai.*

Q Décima sétima letra do alfabeto português.

QUADRA (qua - dra) **1** O mesmo que **quarteirão**: *Minha casa fica a duas quadras da escola.* **2** Campo para jogos: *A quadra de basquete de nossa escola é bem iluminada.*

QUADRADO (qua - dra - do) **1** Que tem os quatro lados iguais: *A menina desenhou uma mesa quadrada em seu caderno.* **2** Figura de quatro lados iguais: *Eu quis desenhar um quadrado na lousa, mas não deu certo, porque os quatro lados não ficaram iguais.*

QUADRILHA (qua - dri - lha) **1** Dança bem movimentada, executada por vários pares, que se vestem com roupas próprias para as festas do mês de junho: *Todo ano eu participo da quadrilha na escola.* **2** Grupo de ladrões ou bandidos: *Aquele ladrão é da quadrilha que assaltou o banco.*

QUADRO (qua - dro) **1** Pintura, desenho ou fotografia que se coloca sobre uma superfície plana e se pendura na parede: *O garoto fez um lindo quadro para a mãe e ela o colocou na sala, para que todos vissem.* **2** Qualquer objeto ou desenho na forma de quadrado: *Para fazer o trabalho em grupo, é melhor desenharmos um quadro no caderno e colocarmos nele as ideias de cada um.*

QUADRO-NEGRO (qua - dro - ne - gro) O mesmo que **lousa**: *A professora escreveu a lição de casa no quadro-negro.* ⓟ Plural: quadros-negros.

QUAL (qual) **1** Que pessoa ou que coisa do meio de outras: *Qual desses ônibus vai para o nosso bairro?* **2** De que origem, de que maneira: *Não sei qual será a reação dela quando souber que peguei o doce na geladeira.*

QUALIDADE (qua - li - da - de) Característica essencial para realizar uma atividade: *Para ser um bom cantor, é preciso ter qualidades musicais.*

QUALQUER (qual - quer) **1** Que é comum: *Mamãe comprou um sabonete qualquer.* **2** Cada um, todo tipo: *Com essa roupa eu posso ir a qualquer lugar.* ⓟ Plural: quaisquer.

QUANDO (quan - do) Em que tempo, em que ocasião: *Quando você vai viajar?*

QUANTIA (quan - ti - a) Certa quantidade de dinheiro: *Meu vizinho quer vender a casa logo, mas pediu uma quantia muito alta por ela.*

QUANTIDADE (quan - ti - da - de) **1** Número não determinado de coisas ou pessoas: *Na biblioteca da escola existe uma grande quantidade de livros.* **2** Grande número: *Ele comprou uma quantidade de flores para a namorada.*

QUANTO (quan - to) **1** Que quantidade: *Quantas pessoas estavam na festa?* **2** Que valor: *Marta, quanto você pagou por essa blusa?*

QUARENTA (qua - ren - ta) Quantidade obtida quando se multiplica o número 4 dez vezes: *Titio tem quarenta anos.*

QUARTA-FEIRA (quar - ta - fei - ra) O quarto dia da semana: *Papai joga futebol com os amigos toda quarta-feira.* ⓟ Plural: quartas-feiras.

QUARTEIRÃO (quar - tei - rão) Nas cidades, conjunto formado por quatro ruas que se cruzam duas a duas, formando um quadrado; também se diz **quadra**: *A loja que você procura fica no próximo quarteirão.* ⓟ Plural: quarteirões.

QUARTO (quar - to) **1** Que ocupa o lugar número quatro: *Mamãe era a quarta pessoa na fila do banco.* **2** Lugar de uma casa onde se dorme: *Meu irmão e eu dormimos no mesmo quarto.*

QUASE (qua - se) **1** Perto de acontecer: *O filme está quase começando.* **2** Por pouco que não: *Quase perdi o ônibus hoje de manhã.*

QUATORZE (qua - tor - ze) O mesmo que **catorze**: *Havia quatorze crianças brincando de roda no pátio.*

QUATRO (qua - tro) Quantidade que é igual a duas unidades mais duas: *Fiquei quatro dias na casa dos meus avós.*

QUEBRAR (que - brar) **1** Deixar em pedaços: *Luíza escorregou no chão molhado e quebrou a garrafa que estava carregando.* **2** Dividir em duas ou mais partes: *Tânia caiu do cavalo e quebrou a perna.* **3** Deixar de funcionar: *A máquina de lavar roupa quebrou.*

QUE (que) **1** De qual pessoa ou coisa se quer falar: *O homem que veio aqui ontem era meu tio.* **2** Qual coisa: *Que bagunça é essa?*

QUEDA (que - da) **1** Movimento de algo ou alguém que cai ou está caindo: *Sofri uma queda na escada e machuquei o pé.* **2** Diminuição de força, quantidade, temperatura etc.: *Houve uma queda de preço nos sanduíches da lanchonete.*

QUEIJO (quei - jo) Alimento preparado com a nata do leite: *Gosto muito de sanduíche de queijo branco com tomate.*

QUEIMAR (quei - mar) **1** Destruir pelo fogo: *Papai queimou os papéis que estavam no lixo.* **2** Produzir queimadura: *O café quente queimou a boca do vovô.*

QUEIXO (quei - xo) Parte do rosto que fica embaixo da boca: *O bebê tem um furinho no queixo.* ✪ **Bater o queixo:** tremer de frio: *Fiquei batendo o queixo na escola, porque* esfriou e não levei agasalho. ✪ **Ficar de queixo caído:** admirar-se ou espantar-se com algo que aconteceu: *Ficou de queixo caído ao ver que a namorada tinha pintado o cabelo de vermelho.*

QUEM (quem) **1** Que pessoa: *Quem fez este cartaz?* **2** Alguém que: *Não há quem levante esta mesa tão pesada.* **3** Pessoa que: *Minha mãe é quem compra o pão todos os dias de manhã.*

QUENTE (quen - te) **1** Que tem, produz ou passa calor: *Cuidado com o ferro de passar roupa, pois ele está muito quente.* **2** De alta temperatura: *O Brasil é um país de clima quente.*

QUERER (que - rer) **1** Sentir vontade de ser ou de fazer alguma coisa: *Quero passear com minhas amigas durante as férias.* **2** Mandar fazer alguma coisa: *Quero que você envie esta carta hoje.* **3** Ter carinho por alguém: *Quero muito bem aos meus primos.*

QUERIDO (que - ri - do) **1** De quem se gosta muito; também se diz **caro**: *Papai é um homem muito querido por todos.* **2** Pessoa amada: *Minha irmã é a querida do vovô.*

QUESTÃO (ques - tão) **1** Pergunta que faz parte de uma prova: *Respondi a todas as questões da prova de matemática.* **2** Assunto que vai ser discutido: *Vamos falar sobre a questão das drogas.* ⓟ Plural: questões.

QUESTIONÁRIO (ques - ti - o - ná - rio) Conjunto ou série de questões: *Antes de eu entrar na escola, meus pais preencheram um questionário sobre a nossa família.*

QUIABO (qui - a - bo) Fruto verde, longo, usado na alimentação: *Vó Luzia gosta muito de frango com quiabo.*

QUIETO (qui - e - to) **1** Sem fazer barulho: *A mãe entrou quieta no quarto, para não acordar a filha.* **2** Que está tranquilo: *Depois de chorar muito, o bebê ficou quieto.* **3** Que não se mexe: *Meu pai deve estar cansado, pois está muito quieto na sala.*

QUILO (qui - lo) O mesmo que **quilograma**: *O bebê nasceu com mais de três quilos.*

QUILOGRAMA (qui - lo - gra - ma) Unidade de peso que é igual a mil gramas; também se diz **quilo**: *Comprei um quilograma de batatas.* ⓢ Símbolo: kg.

QUILÔMETRO (qui - lô - me - tro) Unidade de comprimento que é igual a mil metros: *Os turistas andaram um quilômetro até a praia.* ⓢ Símbolo: km.

QUINTA-FEIRA (quin - ta - fei - ra) O quinto dia da semana: *Na quinta-feira, vou fazer um passeio com os colegas da escola.* ⓟ Plural: quintas-feiras.

QUINTAL (quin - tal) Terreno pequeno nos fundos de uma casa: *Tenho um pé de manga no quintal de casa.* ⓟ Plural: quintais.

QUINTO (quin - to) Que ocupa a posição número cinco: *O atleta chegou em quinto lugar na corrida.*

QUINZE (quin - ze) Quantidade que é igual a dez unidades mais cinco: *Ganhei quinze balas do meu amigo.*

R Décima oitava letra do alfabeto português.

> Atenção ao separar "rr". Veja:
> car-ro
> ser-ra
> ar-ras-ta
> tor-ra-do
> Não se esqueça!
>
> FIQUE ATENTO!

RÃ (rã) Nome comum a vários animais anfíbios de pele lisa que vivem às margens de lagos e rios: *Vovô cria rãs em sua fazenda.*

RABO (ra - bo) Cauda de certos animais: *O canguru tem um grande rabo.*

RAÇA (ra - ça) **1** Antiga maneira de dividir os grupos humanos pelas suas características físicas (tipo de cabelo, cor da pele, dos olhos etc.); atualmente se diz **etnia**: *Marta é uma bela representante da raça negra.* **2** Cada grupo em que se dividem alguns animais de características semelhantes: *Existem várias raças de cães.*

RACIOCÍNIO (ra - ci - o - cí - nio) Poder de pensar; também se diz **razão**: *A professora disse à mãe daquele aluno que ele precisa desenvolver o raciocínio.*

RÁDIO (rá - dio) Aparelho que transmite música, notícias e outras mensagens: *Comprei um rádio para meu pai.*

RAINHA (ra - i - nha) **1** Mulher que governa uma nação: *A Inglaterra é um país governado por uma rainha.* **2** Mulher do rei: *Maria sonha em casar-se com um rei para tornar-se rainha.*

RAIO (rai - o) Descarga elétrica que ocorre na atmosfera produzindo uma luz clara e forte seguida de um trovão: *O raio atingiu a árvore e a derrubou.* ⭐ **Raios X:** descargas de energia que entram nos órgãos do corpo, ajudando a descobrir doenças: *O paciente fez exame de raios X.*

RAIVA (rai - va) **1** Doença que ataca cães, gatos e outros mamíferos, que pode ser transmitida por mordida a outros animais e ao homem: *A raiva é uma doença que pode causar a morte.* **2** Sentimento de grande irritação ou ódio que se tem por algo ou por alguém: *Pedro está com raiva porque jogaram seu brinquedo no lixo.*

RAIZ (ra - iz) Parte inferior da planta por onde ela se prende ao solo e se alimenta de água e outras substâncias: *Algumas árvores têm raízes muito profundas.* ⓟ Plural: raízes.

RALAR (ra - lar) **1** Reduzir a pedaços bem finos: *Mamãe ralou a cebola e colocou na salada.* **2** Arranhar a pele em uma superfície áspera: *Ralei o braço na parede.*

RAMO (ra - mo) Cada uma das partes que crescem no tronco ou no caule de uma planta e das quais nascem folhas, flores e frutos: *O menino subiu na árvore e quebrou um ramo com o pé.*

RAPAZ (ra - paz) O mesmo que **jovem**: *Mateus é um rapaz muito bonito.* ⓟ Plural: rapazes.

RAPIDEZ (ra - pi - dez) Característica do que é rápido: *Para vencer a corrida, o corredor precisa ter rapidez.*

RÁPIDO (rá - pi - do) **1** Que se move com muita velocidade: *A viagem não vai demorar, pois o avião é rápido.* **2** Que dura pouco tempo: *Titia contou-nos uma história rápida.* **3** Com muita rapidez: *Tudo aconteceu muito rápido.*

RAPOSA (ra - po - sa) Animal mamífero semelhante ao cão, mas de rabo longo e peludo e focinho comprido: *A raposa é um animal muito esperto.*

RARO (ra - ro) Difícil de acontecer ou de encontrar: *Aquele paciente teve uma doença rara.*

RASCUNHO (ras - cu - nho) Texto que se faz como ensaio, antes do trabalho final: *Fiz um rascunho do trabalho e depois o copiei numa folha nova para entregá-lo ao professor.*

RASGAR (ras - gar) **1** Provocar cortes: *Aquele prego rasgou minha camiseta.* **2** Destruir cortando em pedaços: *A menina rasgou o bilhete e jogou no lixo.*

RASO (ra - so) De pouca profundidade: *A piscina das crianças é rasa.*

RATO (ra - to) Nome comum a várias espécies de mamíferos roedores: *O rato comeu o queijo.*

RAZÃO (ra - zão) **1** O mesmo que **raciocínio**: *O ser humano é o único animal que usa a razão.* **2** Motivo pelo acontecimento de alguma coisa: *Qual a razão de tanta tristeza?* ⓟ Plural: razões.

REAÇÃO (re - a - ção) **1** Resposta provocada por um acontecimento: *A reação do time foi muito boa e eles venceram a partida.* **2** Resultado obtido com o uso de um remédio: *O doente teve uma alergia como reação ao novo tratamento.* ⓟ Plural: reações.

REAL (re - al) **1** Que existe de verdade: *A vida é real.* **2** Que não é falso: *O patrão contou a situação real da empresa.* **3** Moeda do Brasil: *O doce custou só um real; no pacote estava escrito R$ 1,00.* ⓟ Plural: reais. Ⓢ Símbolo: R.

REALIZAR (re - a - li - zar) Tornar real; fazer com que algo aconteça: *Meu tio realizou um sonho de criança, que era viajar para o Amazonas.*

REBELDE (re - bel - de) Que se revolta; que não obedece: *Os alunos dessa classe são muito rebeldes.*

RECADO (re - ca - do) Breve mensagem, escrita ou falada, transmitida a alguém: *A professora recebeu um recado para ir à sala do diretor.*

RECEBER (re - ce - ber) **1** Aceitar o que foi oferecido: *Os melhores alunos receberam um presente.* **2** Ganhar um prêmio ou dinheiro por um trabalho realizado: *Titio recebe um bom salário.* **3** Ter alguém como visita: *Fui passar férias na casa do meu amigo e sua mãe me recebeu muito bem.*

RECEITA (re - cei - ta) **1** Conjunto de explicações para preparar algum alimento: *Minha avó aprendeu uma nova receita de bolo.* **2** Relação de remédios que o médico indica para o doente: *Levei a receita até a farmácia e comprei os remédios.*

RECÉM-NASCIDO (re - cém - nas - ci - do) Que acabou de nascer: *O médico disse que o recém-nascido já pode ir para casa.* ⓟ Plural: recém-nascidos.

RECHEIO (re - chei - o) Aquilo que se coloca no meio do pão ou do bolo, principalmente para dar mais sabor: *O recheio do bolo era de chocolate e estava delicioso.*

RECICLAGEM (re - ci - cla - gem) Maneira de aproveitar corretamente os restos de tudo o que foi produzido ou usado, para que voltem a ser úteis: *Minha família separa papel usado, latas e garrafas de plástico para reciclagem.* ⓟ Plural: reciclagens.

RECICLAR (re - ci - clar) Transformar alguma coisa produzida ou usada para que volte a ser útil: *Conheço uma pessoa que recicla papéis e faz cadernos com eles.*

RECIPIENTE (re - ci - pi - en - te) Qualquer objeto que pode conter alguma coisa: *Mamãe guarda o pó de café em um recipiente de plástico.*

RECLAMAR (re - cla - mar) Mostrar que não gosta ou não concorda com alguma coisa: *Pedro reclamou que o sapato está apertado.*

RECOLHER (re - co - lher) **1** Juntar objetos que estavam espalhados: *A criança recolheu seus brinquedos e guardou-os nas caixas.* **2** Tirar de algum lugar: *Mamãe recolheu as roupas do varal.* **3** Obter pedindo a cada um: *O padre recolheu dinheiro das pessoas que estavam na igreja para realizar a festa para as crianças.*

RECONHECER (re - co - nhe - cer) **1** Lembrar de algo ou alguém por suas características: *Meu velho amigo da escola mudou tanto que só agora o reconheci.* **2** Aceitar como verdadeiro: *Reconheço que errei.*

RECONHECIMENTO (re - co - nhe - ci - men - to) **1** Processo que faz identificar algo ou alguém por suas características: *Aquela senhora fez o reconhecimento dos suspeitos do roubo.* **2** Atitude de agradecimento: *No fim do ano, os alunos deram flores para a professora como forma de reconhecimento.*

RECORDAR (re - cor - dar) Trazer à memória: *Aquele homem recorda-se sempre do passado.*

RECORTAR (re - cor - tar) Cortar acompanhando as linhas que cercam uma figura: *Os alunos recortaram a figura de um avião da revista.*

RECREIO (re - crei - o) **1** Diversão que se tem fazendo alguma coisa: *Ir ao parque é um bom recreio.* **2** Tempo para brincar e tomar o lanche, no intervalo das aulas: *A mãe preparou um lanche para o filho comer no recreio.*

RECUSAR (re - cu - sar) **1** Não aceitar alguma coisa: *Recusei o sorvete, pois o dia estava muito frio.* **2** Negar-se a fazer alguma coisa: *O aluno recusou-se a deixar a sala quando a professora pediu.*

REDAÇÃO (re - da - ção) **1** Exercício escolar na forma de texto: *O professor pediu aos alunos que fizessem uma redação sobre os índios do Brasil.* **2** Modo de escrever: *Úrsula tem uma redação fácil de entender.* Ⓟ Plural: redações.

REDE (re - de) **1** Espécie de teia feita de fios usada para pescar: *Manoel jogou a rede no rio e pegou muitos peixes.* **2** Tecido ou conjunto de cordas amarradas em forma de teia que se prende em duas pontas e serve para dormir ou descansar: *Meu pai prendeu a rede em duas árvores do quintal para dormir depois do almoço.* **3** Conjunto de computadores ligados entre si por meio de um sistema: *Os empregados daquela empresa se comunicam rápido uns com os outros porque seus computadores estão em rede.*

REDIGIR (re - di - gir) Escrever um texto: *Preciso redigir uma carta como tarefa da escola.*

REDONDO (re - don - do) Que tem forma de roda; que parece um círculo: *Meu quarto tem uma janela redonda.*

REDOR (re - dor) Que fica em volta: *As crianças ficaram ao redor da mesa de doces.*

REDUÇÃO (re - du - ção) Ato de reduzir: *O governo afirmou que haverá redução no preço dos remédios.* Ⓟ Plural: reduções.

REDUZIR (re - du - zir) Fazer ficar menor: *Armando disse à esposa para reduzir as despesas da casa.*

REFEIÇÃO (re - fei - ção) Porção de alimentos que se come todos os dias, como o café da manhã, o almoço e o jantar: *Devemos fazer pelo menos três refeições por dia.* Ⓟ Plural: refeições.

REFÉM (re - fém) Pessoa que é levada presa e só é libertada em troca de dinheiro ou outra coisa de grande valor: *O sequestrador fez vários reféns.* Ⓟ Plural: reféns.

REFRIGERANTE (re - fri - ge - ran - te) Bebida gasosa, tomada, em geral, gelada: *Já compramos bolo e refrigerantes para a festa da escola.*

REGAR (re - gar) Tornar úmido jogando água: *Titia rega suas plantas todos os dias.*

REGIÃO (re - gi - ão) **1** Grande extensão de um país ou da superfície terrestre: *Chove pouco nesta região do país.* **2** Cada uma das divisões do território de um país: *O Norte é uma região de clima quente e úmido.* Ⓟ Plural: regiões.

REGIONAL (re - gi - o - nal) Próprio de uma região: *Luís Alberto é um cantor de música regional.* Ⓟ Plural: regionais.

REGRA (re - gra) **1** Forma que indica o modo certo de agir, falar e pensar em alguns casos: *Existem muitas regras na gramática da língua portuguesa.* **2** Aquilo que foi determinado por lei ou pelos costumes: *Ele não conhece as regras da boa educação.*

RÉGUA (ré - gua) Instrumento usado para riscar linhas retas e medir comprimentos: *O professor de desenho ensinou a usar a régua.*

REI (rei) Homem que governa um reino: *Todos deviam obedecer ao rei.* ℗ Feminino: rainha.

REINO (rei - no) **1** Lugar governado por um rei: *O Brasil já foi governado pelo reino de Portugal.* **2** Cada uma das grandes divisões em que se agrupam os minerais, os vegetais e os animais: *Há um número imenso de plantas no reino vegetal.*

RELAÇÃO (re - la - ção) **1** Lista de coisas em certa ordem: *Escrevi uma relação das compras para minha mãe.* **2** Ligação entre dois fatos: *Há uma relação entre as doenças do estômago e estar sempre irritado.* **3** Semelhança entre coisas ou pessoas que as deixa mais próximas: *Existe uma grande relação entre os dois irmãos.* ℗ Plural: relações.

RELÂMPAGO (re - lâm - pa - go) Luz muito clara, forte e rápida, que aparece no céu, causada pela descarga elétrica na atmosfera: *Vi os relâmpagos e fiquei com medo da chuva que pensei que ia cair.*

RELAR (re - lar) Tocar de leve: *Nem relei no braço dele e já está chorando.*

RELAXAR (re - la - xar) **1** Deixar mais solto: *Papai relaxou o cinto.* **2** Ter descanso: *Relaxei após o almoço.* **3** Não ter mais cuidado ao fazer as coisas: *Pedro era um bom aluno, agora relaxou nas tarefas.*

RELIGIÃO (re - li - gi - ão) Conjunto de ensinamentos de determinado grupo social que devem ser seguidos como prova de fé: *As religiões ensinam que devemos ter amor ao próximo.* ℗ Plural: religiões.

RELÓGIO (re - ló - gio) Instrumento que marca as horas, os minutos e os segundos: *Ganhei um relógio digital da minha madrinha.*

REMÉDIO (re - mé - dio) **1** Produto que serve para tratar dores e doenças: *Só podemos tomar remédios indicados por um médico.* **2** Ajuda para acabar com um problema: *Será que a falta de educação dele tem remédio?*

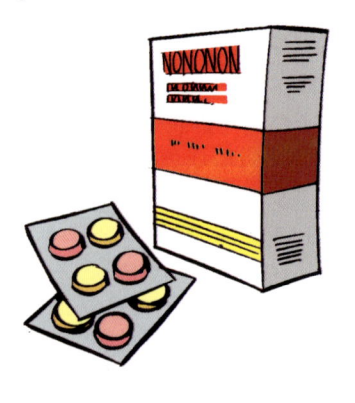

REMETENTE (re - me - ten - te) Pessoa que manda ou envia alguma coisa, principalmente cartas pelo correio: *Coloquei meu nome no envelope da carta para mostrar que eu sou o remetente.*

REMO (re - mo) Peça comprida de madeira que se usa para mover as pequenas embarcações: *É gostoso passear em barco a remo.*

REPARTIR (re - par - tir) Dividir em partes: *No lanche, titia repartiu o bolo e o comemos.*

REPETIR (re - pe - tir) Dizer ou fazer de novo: *Por favor, repita os números do seu telefone porque não consegui anotar.*

REPÓRTER (re - pór - ter) Pessoa que colhe notícias para jornais, revistas, rádio, televisão, ou informa essas notícias ao público: *O repórter fez várias perguntas ao prefeito.* ⓟ Plural: repórteres.

REPOUSO (re - pou - so) Descanso do corpo: *O médico me disse que eu preciso de repouso.*

REPREENSÃO (re - pre - en - são) Bronca por algo que se fez de errado: *Recebi uma repreensão da professora porque eu estava brincando durante a aula.* ⓟ Plural: repreensões.

REPRESA (re - pre - sa) Construção feita para juntar as águas de um rio: *As águas de algumas represas são usadas para produzir energia elétrica.*

REPRESENTAR (re - pre - sen - tar) **1** Mostrar o significado de alguma coisa por meio de uma imagem ou de um símbolo: *O verde representa a esperança.* **2** Apresentar-se no teatro, na televisão, no rádio, no cinema ou em outro lugar como ator ou atriz: *O ator vai representar um assaltante de bancos.*

REPRODUZIR (re - pro - du - zir) **1** Fazer uma cópia de um quadro, de um desenho, de um documento ou de qualquer outra coisa: *O pintor reproduziu o rosto da moça com perfeição.* **2** Ter filhos ou filhotes: *Os ratos reproduzem-se rápido.*

REPROVAR (re - pro - var) **1** Condenar uma atitude: *Um aluno xingou o colega e os outros reprovaram sua atitude.* **2** Julgar uma pessoa incapaz de alguma coisa: *O aluno não tirou boas notas durante o ano e a professora o reprovou.* **3** Votar contra: *Os colegas reprovaram sua ideia de toda a classe faltar na sexta-feira.*

RÉPTIL (rép - til) Animal vertebrado, de patas bem curtas ou sem elas, corpo coberto por pele grossa, que se reproduz botando ovos: *Tartaruga, cobra e jacaré são animais bem diferentes, mas todos são répteis.* ⓟ Plural: répteis.

RESERVA (re - ser - va) **1** O que se guarda para casos imprevistos: *Papai diz que é bom ter uma reserva de dinheiro para o futuro.* **2** Atleta que substitui outro numa partida: *O jogador se machucou e o técnico colocou o reserva no seu lugar.*

RESERVATÓRIO (re - ser - va - tó - rio) **1** Lugar para guardar coisas: *Na casa da vovó, há um reservatório para guardar alimentos.* **2** Grande depósito de água: *O reservatório está cheio, mas precisamos economizar água.*

RESIDÊNCIA (re - si - dên - cia) O mesmo que **casa**: *A residência dos meus tios fica longe da minha.*

RESIDIR (re - si - dir) Ocupar como residência; também se diz **morar**, **viver** e **habitar**: *Resido com meus pais, um irmão e uma irmã.*

RESISTENTE (re - sis - ten - te) Que não quebra nem estraga com facilidade: *O ferro é um material bastante resistente.*

RESOLVER (re - sol - ver) **1** Achar a solução: *Carlos resolveu os problemas de matemática sem ajuda.* **2** Decidir fazer alguma coisa: *Resolvi que vou dormir mais cedo todos os dias.*

RESPEITAR (res - pei - tar) **1** Tratar com respeito: *Respeite os mais velhos.* **2** Seguir uma ordem: *Devemos respeitar a lei.*

RESPEITO (res - pei - to) Sentimento que leva alguém a tratar as pessoas ou alguma coisa com carinho, atenção, consideração: *Pedro tem respeito pelas pessoas, principalmente pelas mais velhas.* ✪ **A respeito de:** sobre algum assunto: *Os alunos conversaram a respeito de esportes.*

RESPIRAÇÃO (res - pi - ra - ção) Ato de respirar: *Quando estamos doentes, a respiração se torna mais difícil.*

RESPIRAR (res - pi - rar) Levar o ar para os pulmões e soltá-lo: *Ninguém vive sem respirar.*

RESPONDER (res - pon - der) **1** Dizer ou escrever em resposta: *A professora perguntou aos alunos se tinham feito o trabalho e todos responderam que sim.* **2** Dar resposta mal--educada: *Não responda para mim, menino!* **3** Ser responsável por: *Os pais respondem pela educação dos filhos.*

RESPONSÁVEL (res - pon - sá - vel) **1** Que responde pelos próprios atos ou pelos atos de outra pessoa: *O diretor é o responsável por todas as pessoas na escola.* **2** Pessoa que faz suas obrigações: *Júlia é uma menina responsável.* ⓟ Plural: responsáveis.

RESPOSTA (res - pos - ta) Palavra ou gesto para responder a uma pergunta: *O professor disse que as respostas às questões da prova não podiam ser a lápis.*

RESTO (res - to) O mesmo que **sobra**: *Minha irmã guardou o resto do doce na geladeira para comer mais tarde.*

RESULTADO (re - sul - ta - do) **1** Efeito de uma ação: *A descoberta de remédios é o resultado de muitos anos de estudos.* **2** Produto de uma operação matemática: *O resultado de 2 mais 7 é 9.*

RESUMIR (re - su - mir) Fazer resumo: *O repórter resumiu o acontecimento em poucas palavras.*

RESUMO (re - su - mo) Exposição, em poucas palavras, de algum fato, do texto de um livro, de uma peça de teatro ou de outro trabalho: *Pedro apresentou um resumo do livro à professora.*

RETA (re - ta) **1** Traço que segue a mesma direção: *A aluna fez uma linha reta para começar a desenhar uma casa.* **2** Porção de estrada em linha reta: *O motorista do ônibus pegou uma reta na estrada e quase dormiu.*

RETÂNGULO (re - tân - gu - lo) Figura de quatro lados, que possui dois lados iguais e menores e os outros dois lados iguais e maiores: *Quando olho do alto do prédio, percebo que essa praça é um grande retângulo.*

RETIRAR (re - ti - rar) **1** Tirar de onde estava posto: *Retirei os livros das caixas e os coloquei na estante.* **2** Fazer sair do lugar onde estava: *O dentista retirou um dente da boca do paciente.* **3** Ir embora de algum lugar ou deixar de fazer alguma atividade que se tinha o hábito de fazer: *O atleta retirou-se do esporte.*

RETO (re - to) Em linha reta, que não faz voltas: *Até aquele lugar, o caminho é reto.*

RETORNAR (re - tor - nar) Voltar ao lugar de onde partiu; também se diz **tornar** e **voltar**: *Tamara retornou ao Brasil depois de viver um ano em outro país.*

RETORNO (re - tor - no) Volta ao ponto de partida: *Quando Augusto foi embora, desejei-lhe bom retorno.*

RETRATO (re - tra - to) **1** O mesmo que **fotografia**: *Hoje quase não existem retratos em preto e branco.* **2** Pintura ou desenho que reproduz uma pessoa: *Há na sala um retrato de minha avó que foi pintado por meu pai.*

REUNIÃO (re - u - ni - ão) Encontro de pessoas para fazer ou discutir alguma coisa: *Fizemos uma reunião para escolher o novo representante da classe.* ⓟ Plural: reuniões.

REUNIR (re - u - nir) **1** Juntar várias pessoas para determinado objetivo: *Após o trabalho, o pedreiro reuniu-se aos amigos para jantar.* **2** Pôr junto: *Já era tarde quando reunimos o gado no curral.*

REVISÃO (re - vi - são) **1** Leitura de texto feita com atenção para corrigir possíveis erros: *A professora disse para fazermos a revisão do texto antes de entregar para ela.* **2** Exame de algo para evitar falhas: *Cláudio fez uma revisão no carro antes da viagem.* **3** Recordação de uma matéria já estudada: *Hoje faremos revisão de matemática para a prova de amanhã.* ⓟ Plural: revisões.

REVISTA (re - vis - ta) Publicação de formato semelhante a um caderno, com textos e imagens, sobre vários assuntos: *Minha irmã gosta de ler revistas sobre a vida dos artistas.*

REVOLTA (re - vol - ta) **1** Atitude contra uma situação que não agrada a um grupo de pessoas: *A revolta dos moradores contra o corte das árvores da rua foi notícia dos jornais.* **2** Sentimento de raiva por algo que não é justo: *Deu revolta em todos ao ver o idoso ser maltratado.*

REVÓLVER (re - vól - ver) Arma de fogo pequena e manual: *É um perigo ter revólver em casa.* ⓟ Plural: revólveres.

REZA (re - za) O mesmo que **oração**: *Vovó sempre faz uma reza antes das refeições.*

REZAR (re - zar) Fazer oração: *Rezou a Deus pedindo proteção.*

RIACHO (ri - a - cho) Rio pequeno: *A Independência do Brasil aconteceu nas margens do riacho Ipiranga.*

RIBEIRÃO (ri - bei - rão) Curso de água maior que um riacho e menor que um rio: *O fazendeiro atravessou o ribeirão para chegar à vila.* ⓟ Plural: ribeirões.

RICO (ri - co) **1** Que possui muito dinheiro, muitas coisas de valor: *Maurício pertence a uma família rica.* **2** Que produz em grande quantidade: *Este solo é rico em minerais.*

RIDÍCULO (ri - dí - cu - lo) **1** Que provoca o riso por ser muito diferente do normal: *Minha amiga vai dar uma festa em que todos devem ir com roupas ridículas.* **2** De pouco valor: *Roberto pediu um preço ridículo pelo carro, porque não queria mais ficar com ele.*

RIM (rim) Cada um dos dois órgãos do corpo com a função de filtrar o sangue e produzir a urina: *Os rins funcionam bem se bebemos bastante água.* ⓟ Plural: rins.

RIMA (ri - ma) Verso ou palavra que tem o som final igual ou semelhante ao de outro verso ou palavra: *"Atmosfera" é rima de "primavera".*

RIO (ri - o) Curso de água que vem de dentro da terra e corre em direção ao mar, lago ou outro rio: *O rio Amazonas é enorme.*

RIR (rir) Dar risada; achar graça: *Fabiana não parava de rir da piada que contei.*

RISADA (ri - sa - da) Riso alto e forte: *Minha família dá muitas risadas com as histórias da tia Shirley.*

RISCO (ris - co) **1** Traço feito numa superfície: *A aluna fez um risco na folha de papel e escreveu seu nome sobre ele.* **2** O mesmo que **perigo**: *As pessoas tiveram que deixar suas casas por risco de enchente.*

RISO (ri - so) Demonstração de alegria pelo movimento da boca e do rosto e pela produção de sons: *Jorge adora ouvir o riso dos filhos pela casa.*

RITMO (rit - mo) **1** Sequência regular de movimentos que se repetem de tempos em tempos: *As batidas do relógio tinham um ritmo sempre igual.* **2** Sequência de sons de um tipo de música: *Gosto do ritmo do samba.*

ROBÔ (ro - bô) Aparelho automático, às vezes com forma humana, que executa diferentes tarefas: *Alguns trabalhos na fábrica de automóveis são feitos por robôs.*

ROÇA (ro - ça) **1** Terreno preparado para plantações: *Carlos transformou o terreno cheio de mato em uma bela roça e ali plantou feijão.* **2** Espaço de terra ou região fora da cidade; também se diz **campo**: *Alfredo mora na roça, mas estuda na cidade.*

ROCHA (ro - cha) Conjunto de minerais muito duros: *As rochas são usadas na construção de edifícios.*

ROCHEDO (ro - che - do) **1** Rocha que é batida pelo mar ou que fica próxima do mar: *Do rochedo, Paulo olhava o mar tranquilo.* **2** Rocha grande e alta: *O atleta subiu pelo rochedo com a ajuda de ferramentas especiais.*

RODA (ro - da) **1** Peça circular, que gira, para movimentar veículos, fazer funcionar máquinas e outros objetos: *A bicicleta é um veículo de duas rodas.* **2** Tipo de brincadeira infantil em que as crianças cantam e giram em círculo: *Flávia brincou muito de roda na infância.*

RODAR (ro - dar) **1** Mover sobre rodas: *O carro rodou dois quilômetros.* **2** Mover em círculos: *Rodei tanto que acabei caindo.*

RODEAR (ro - de - ar) Andar ao redor: *Titia rodeou o jardim para encontrar flores.*

RODOVIA (ro - do - vi - a) Estrada por onde passam os veículos: *Vovó não gosta de dirigir em rodovias porque tem medo.*

ROEDOR (ro - e - dor) Animal que rói: *Os ratos são roedores.* ⓟ Plural: roedores.

ROER (ro - er) **1** Cortar com os dentes: *Minha irmã rói as unhas, mas ela sabe que é feio fazer isso.* **2** Comer ou destruir aos poucos e sem parar: *O rato roeu um livro da biblioteca.*

ROLAR (ro - lar) **1** Cair dando voltas: *Reinaldo caiu da bicicleta e rolou pela ladeira.* **2** Fazer girar: *As crianças vão rolar a bola na grama.*

ROLHA (ro - lha) Tampa de garrafas: *As garrafas de vinho são fechadas com rolha.*

ROLO (ro - lo) **1** Qualquer coisa enrolada, em forma de tubo: *Comprei alguns rolos de papel higiênico.* **2** Grande confusão: *Na festa da escola só deu rolo.*

ROSA (ro - sa) Flor perfumada, de várias cores e caule com muitos espinhos: *Plantei rosas vermelhas no meu jardim.*

ROSTO (ros - to) Parte da frente da cabeça desde a testa até o queixo; também se diz **cara** e **face**: *O rosto do vovô tem muitas rugas.*

ROTINA (ro - ti - na) Hábito de fazer as coisas sempre do mesmo jeito: *Minha prima está cansada da rotina: limpar a casa, lavar e cozinhar.*

RÓTULO (ró - tu - lo) Pequeno papel que se coloca em vidros, garrafas, latas e caixas para indicar o conteúdo: *É importante ler o rótulo dos produtos para saber como usá-los.*

ROUBAR (rou - bar) Tirar o que é dos outros: *O ladrão roubou o carro do vizinho.*

ROUBO (rou - bo) **1** Ato de roubar: *O assaltante praticou o roubo com a ajuda de um amigo.* **2** A coisa que foi roubada: *Os ladrões guardaram o roubo dentro de um buraco.*

ROUPA (rou - pa) **1** Peça de vestuário: *Não sei que roupa vou vestir para ir ao teatro.* **2** Peça de pano para cama, mesa ou banho: *Preciso comprar roupa de cama.*

ROUXINOL (rou - xi - nol) Pássaro muito conhecido por seu canto bonito: *Vovô gosta de ouvir o canto dos rouxinóis.* Ⓟ Plural: rouxinóis.

ROXO (ro - xo) Cor que é uma mistura do vermelho com o azul: *Minha prima gosta de usar roupas roxas.*

RUA (ru - a) Caminho por onde passam os veículos: *No tempo em que não existiam automóveis, as crianças podiam brincar no meio da rua.*

RUGA (ru - ga) **1** Dobra na pele: *As pessoas velhas têm muitas rugas.* **2** Dobra em roupa ou outra superfície: *Titia fez uma ruga na camisa com o ferro de passar roupa.*

RUÍDO (ru - í - do) **1** Qualquer som que não reconhecemos: *O menino ouviu um ruído que vinha da floresta e ficou com medo.* **2** Barulho produzido por uma pancada, choque, queda etc.: *O motor desse carro faz muito ruído.*

RUIM (ru - im) **1** Que tem maus sentimentos: *O bandido era muito ruim, não gostava de ninguém.* **2** Que não é de boa qualidade: *Este lápis é ruim; a ponta quebrou de novo.*
ⓟ Plural: ruins.

RUMINANTE (ru - mi - nan - te) Animal que mastiga novamente os alimentos que retornam do estômago à boca: *As vacas são ruminantes.*

RUMO (ru - mo) Direção que se toma para ir a algum lugar: *O navio perdeu o rumo durante a tempestade.*

RURAL (ru - ral) **1** Que vive ou trabalha no campo: *Meu tio é trabalhador rural.* **2** Localizado no campo: *Ele mora numa propriedade rural.* ⓟ Plural: rurais.

S Décima nona letra do alfabeto português.

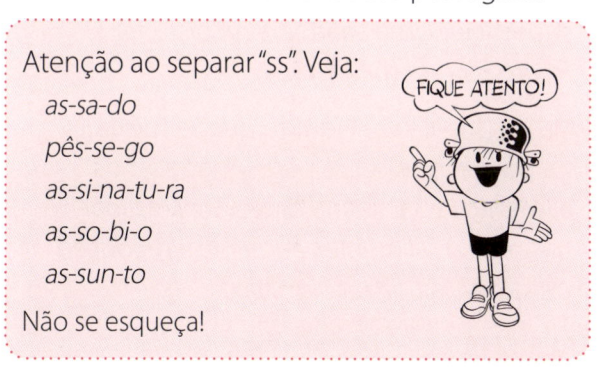

Atenção ao separar "ss". Veja:
as-sa-do
pês-se-go
as-si-na-tu-ra
as-so-bi-o
as-sun-to
Não se esqueça!

FIQUE ATENTO!

SÁBADO (sá - ba - do) O sétimo dia da semana: *Aos sábados vamos andar de bicicleta no parque.*

SABÃO (sa - bão) Produto em barra ou em pó que, misturado com água, é usado para eliminar sujeira: *Minha irmã gasta muito sabão para lavar roupa.* ⓟ Plural: sabões.

SABER (sa - ber) **1** Ter conhecimento sobre algum assunto: *Carla sabe matemática.* **2** Ter a certeza: *Sei que a professora vai me ajudar.* **3** Buscar uma informação: *Você sabe quando será o passeio?* **4** Ter capacidade de fazer alguma coisa: *Mara já sabe andar de bicicleta.*

SABONETE (sa - bo - ne - te) Pequeno sabão perfumado, próprio para higiene pessoal: *Lavo as mãos com sabonete antes das refeições.*

SABOR (sa - bor) Sensação de doce, azedo, amargo ou salgado que as substâncias produzem na língua e na boca: *Adorei o sabor dessa torta.*

SACI (sa - ci) Personagem do folclore brasileiro, representado por um menino negro de uma só perna e que usa uma espécie de chapéu chamado gorro, de cor vermelha; também se diz **saci-pererê**: *Dizem que o saci protege a floresta e os animais.*

SACI-PERERÊ (sa - ci - pe - re - rê) O mesmo que **saci**: *As crianças gostam de ouvir histórias das travessuras do saci-pererê.* ⓟ Plural: sacis- -pererês e saci-pererês.

SACO (sa - co) Recipiente de pano, papel, plástico etc., colado embaixo e com abertura em cima, usado para guardar ou transportar objetos: *Coloquei as compras em um saco de papel.*

SACOLA (sa - co - la) Pequeno saco com alças que se carrega na mão, usado para transportar objetos: *Cláudia foi ao mercado e voltou com a sacola cheia.*

SACUDIR (sa - cu - dir) Mover várias vezes, com rapidez e força: *O vento sacudia os galhos das árvores.*

SADIO (sa - di - o) **1** Cheio de saúde; também se diz **são**: *Júlia é uma criança sadia; nunca fica doente.* **2** O mesmo que **saudável**: *O leite é uma bebida sadia.*

SAIA (sai - a) Peça de roupa feminina que envolve o corpo da cintura para baixo: *Minha prima comprou uma saia bem curta.*

SAÍDA (sa - í - da) Lugar por onde se sai: *O guarda mostrou-lhe a saída do estádio.*

SAIR (sa - ir) **1** Passar do interior para o exterior: *Eu e minha irmã saímos de casa para passear.* **2** Deixar o lugar onde se encontra: *Lígia saiu do cinema antes de o filme acabar.*

SAL (sal) Substância branca, encontrada em estado natural ou na água do mar, usada para temperar ou conservar alimentos: *O médico disse à minha mãe para usar pouco sal na comida.*

SALA (sa - la) **1** Lugar de uma casa em que as pessoas se sentam para conversar ou ver televisão: *Meus pais costumam conversar na sala.* **2** Cômodo de algum prédio ou edifício: *Meu pai trabalha em uma sala no 4.º andar deste prédio.* **3** Local de escola utilizado por professores para dar aula: *A professora colocou o aluno para fora da sala.*

SALADA (sa - la - da) Mistura temperada de vários ingredientes, principalmente verduras, que se come fria: *Comer salada é muito importante para a saúde.*

SALÁRIO (sa - lá - rio) Dinheiro que o empregado recebe pelo seu trabalho: *O patrão paga o salário dos empregados em dia.*

SALGADO (sal - ga - do) **1** Que tem muito sal: *Não gosto de comida salgada.* **2** Pequeno lanche, geralmente preparado com massa e recheio de carne, frango, queijo ou legumes, que pode ser frito ou assado: *Comi um salgado na lanchonete porque o almoço vai demorar.*

SALIÊNCIA (sa - li - ên - cia) Parte de objeto, pessoa ou animal que ultrapassa a superfície: *Uma saliência na pista fez Pedro cair da bicicleta.*

SALIVA (sa - li - va) Líquido que se forma na boca e que serve para umedecer os alimentos e facilitar a digestão: *Mastigar bastante os alimentos aumenta a produção de saliva e ajuda na digestão.*

SALSICHA (sal - si - cha) Alimento feito de carne moída, geralmente de porco, temperada: *A salsicha de carne de frango é saudável e deliciosa!*

SALTAR (sal - tar) **1** Dar saltos: *O cão saltou de alegria ao ver o dono.* **2** Passar de um lado para outro dando um salto: *Mateus saltou da árvore e quase quebrou o pé.* **3** Descer de um veículo ou de um cavalo: *Saltei depressa do ônibus antes que ele se pusesse em movimento.*

SALTO (sal - to) **1** Movimento rápido do corpo para cima em que se tira os dois pés do chão: *O gato deu um salto sobre o rato.* **2** Parte de trás da sola do calçado: *Dona Lúcia usa sapatos de salto alto.*

SALVAR (sal - var) Prestar ajuda tirando de

situação de perigo ou de dificuldade: *O policial salvou a criança do incêndio.*

SALVA-VIDAS (sal - va - vi - das) Pessoa treinada para dar socorro a quem esteja se afogando: *Há apenas um salva-vidas nessa praia.* **P** Plural: salva-vidas.

SANDUÍCHE (san - du - í - che) Pão com algum recheio no meio: *Gosto de sanduíche de queijo.*

SANGRAR (san - grar) Sair sangue de alguma parte do corpo: *Seu braço está sangrando!*

SANGUE (san - gue) Líquido vermelho que corre no corpo do homem e dos animais vertebrados: *Jorge cortou o pé e saiu sangue.*

SANITÁRIO (sa - ni - tá - rio) **1** Que tem ligação com saúde e higiene: *O governo está tomando medidas sanitárias contra a dengue.* **2** Local para higiene pessoal e onde fica a privada: *O aluno pediu para ir ao sanitário.*

SÃO (são) **1** O mesmo que **sadio**: *Lucas é um garoto são.* **2** Completamente curado: *Após uma grave doença, vovô está são.* **F** Feminino: sã. **P** Plural: sãos.

SAPATO (sa - pa - to) Calçado que protege os pés: *Alice gosta de sapatos de salto baixo.*

SAPO (sa - po) Animal anfíbio sem cauda, com rugas na pele, que vive tanto em terra como na água e se alimenta de insetos: *As crianças encontraram um sapo no jardim da casa.*

SARAR (sa - rar) Voltar a ter saúde: *Maria sarou depois de tomar os remédios que o médico receitou.*

SARDINHA (sar - di - nha) Pequeno peixe do mar que vive em grupos, utilizado como alimento, fresco ou conservado em lata: *Arnaldo adora comer sardinha frita.*

SARJETA (sar - je - ta) Parte ao lado da rua junto ao degrau da calçada, onde correm as águas das chuvas: *Algumas pessoas mal-educadas jogam lixo na sarjeta.*

SATÉLITE (sa - té - li - te) Corpo celeste que gira ao redor de outro, que pode ser natural ou artificial: *A Lua é o satélite natural da Terra.*

SATISFEITO (sa - tis - fei - to) **1** Que comeu ou bebeu até se saciar: *Após o almoço, Roberto disse que estava satisfeito.* **2** Que está contente: *Os pais estão muito satisfeitos com as notas da filha.*

SAUDÁVEL (sau - dá - vel) Que tem saúde ou faz bem para a saúde; também se diz **sadio**: *Devemos comer alimentos saudáveis, como verduras e legumes, todos os dias.*

SAÚDE (sa - ú - de) Bom estado do corpo e da mente: *A mãe de Clarice está com a saúde perfeita.*

SECA (se - ca) Falta de chuva: *A seca está acabando com as plantações.*

SECAR (se - car) **1** Ficar seco: *Se não chover logo, os rios da região vão secar.* **2** Tornar murcho: *O sol estava muito forte e secou todas as plantas.* **3** Ficar muito magro: *O pai de João secou depois que ficou doente.*

SECO (se - co) **1** Sem água: *O chão está seco porque não choveu hoje.* **2** Tornado murcho, sem vida: *As flores ficaram secas depressa.* **3** Bastante magro: *A doença o deixou seco.*

SÉCULO (sé - cu - lo) Espaço de cem anos: *O avô do meu pai viveu quase um século.*

SEDA (se - da) Tecido fino, macio e brilhante: *Ganhei um vestido de seda.*

SEDE (se - de) **1** Vontade de beber água: *Estou com muita sede.* **2** Desejo de fazer alguma coisa: *Tenho sede de conhecer vários países.*

SEGREDO (se - gre - do) Aquilo que não se deve contar para ninguém: *Pode deixar, não vou contar o seu segredo para ninguém.*

SEGUINTE (se - guin - te) Aquilo que vem logo depois de outro: *A primeira prova será de português; a seguinte, de inglês.*

SEGUIR (se - guir) Ir atrás de alguém ou de alguma coisa: *João seguiu o irmão para ver aonde ele ia.*

SEGUNDA-FEIRA (se - gun - da - fei - ra) O segundo dia da semana: *Segunda-feira começam as aulas de piano de Marta.*

SEGUNDO (se - gun - do) **1** Medida de tempo que forma o minuto: *Um minuto tem sessenta segundos.* **2** Que ocupa o lugar de número dois em uma sequência: *Paulo foi o segundo aluno a terminar a prova.* **3** De acordo com a opinião de alguém: *Segundo o diretor, a escola estará fechada amanhã.*

SEGURANÇA (se - gu - ran - ça) **1** Falta de perigo: *Os policiais cuidam para que as pessoas tenham segurança nas ruas.* **2** Pessoa que trabalha protegendo alguém ou algum lugar: *Meu primo é segurança de um cantor famoso.*

SEGURAR (se - gu - rar) **1** Agarrar com força: *A criança segurou o sorvete com as duas mãos para ninguém pegar.* **2** Deixar bem fixo: *Preciso de pregos para segurar o quadro na parede.*

SEIS (se - is) Quantidade que é igual a cinco unidades mais uma: *Faltam seis dias para o Natal.*

SELEÇÃO (se - le - ção) **1** Escolha feita entre várias coisas ou pessoas: *A escola fez uma seleção dos melhores alunos.* **2** Conjunto de atletas escolhidos entre os melhores: *A seleção brasileira conquistou mais um campeonato.* ⓟ Plural: seleções.

SELECIONAR (se - le - ci - o - nar) Escolher entre vários: *Selecionei os melhores trabalhos da classe.*

SELO (se - lo) Figura impressa em um pequeno pedaço de papel que as pessoas compram nos correios e colam nos envelopes das cartas: *Roberto tem uma coleção de selos antigos.*

SELVA (sel - va) Região onde árvores e outras plantas se desenvolvem naturalmente: *Muitos bichos vivem na selva.*

SELVAGEM (sel - va - gem) **1** Que vive na selva: *O leão é um animal selvagem, enquanto o cão é um animal doméstico.* **2** Próprio da selva: *Fomos ao zoológico e vimos vários animais selvagens.* ⓟ Plural: selvagens.

SEM (sem) Maneira de expressar a falta de algo ou de alguém: *Gostaria de comprar aquela blusa, mas estou sem dinheiro.*

SEMÁFORO (se - má - fo - ro) Aparelho com três luzes coloridas (vermelha, amarela e verde), usado para organizar o trânsito; também se diz **farol**, **sinal** e **sinaleiro**: *Quando o semáforo está verde, os carros devem seguir em frente.*

SEMANA (se - ma - na) Período de sete dias (domingo, segunda-feira, terça-feira, quarta-feira, quinta-feira, sexta-feira e sábado): *Papai teve uma semana de muito trabalho.*

SEMELHANÇA (se - me - lhan - ça) Qualidade que é semelhante: *Existe uma grande semelhança entre as duas irmãs.*

SEMELHANTE (se - me - lhan - te) Que se parece muito com o outro: *Meu caderno é semelhante ao seu.*

SEMENTE (se - men - te) Parte da planta que dá origem uma nova planta: *Plantei sementes de tomate.*

SEMPRE (sem - pre) O tempo todo: *O bebê da vizinha está sempre chorando.*

SENHOR (se - nhor) **1** Tratamento dado por respeito aos homens: *O senhor poderia me informar as horas, por favor?* **2** Homem idoso: *O senhor que estava no jardim da casa era meu avô.* ⓟ Plural: senhores.

SENSAÇÃO (sen - sa - ção) Tudo aquilo que se percebe por meio dos sentidos: *Tive a sensação de que ia cair.* ⓟ Plural: sensações.

SENSÍVEL (sen - sí - vel) Que percebe ou sente facilmente as coisas: *Marília é muito sensível, chora por qualquer coisa.* ⓟ Plural: sensíveis.

SENTAR (sen - tar) Pôr o corpo com as pernas dobradas sobre um assento: *Vovô sentou-se no sofá para ver televisão.*

SENTIDO (sen - ti - do) **1** Cada uma das maneiras de experimentar as sensações: *Os cinco sentidos são: visão, audição, olfato, paladar e tato.* **2** Significado de uma palavra ou de uma ideia: *Não entendi o sentido de sua proposta.* **3** Direção que se toma para ir a algum lugar: *O parque fica na outra quadra, mas eles foram no sentido contrário.*

SENTIMENTO (sen - ti - men - to) **1** Emoção que se tem por alguma motivo: *Um homem tem dificuldade em falar de seus sentimentos por alguém.* **2** Algo feito com emoção: *O artista colocou todo sentimento em sua obra.*

SENTIR (sen - tir) **1** Perceber por meio dos sentidos: *Sinto o cheiro da comida.* **2** Experimentar uma sensação: *Sinto medo de altura.*

SEPARAR (se - pa - rar) **1** Afastar pessoas ou coisas umas das outras: *O diretor separou os dois meninos que estavam brigando.* **2** Provocar uma separação: *O ciúme separou os dois irmãos.* **3** Deixar guardado para mais tarde: *Minha mãe separou um pedaço da torta para meu pai comer mais tarde.* **4** Ficar entre duas coisas: *O rio separa uma cidade da outra.*

SEQUÊNCIA (se - quên - cia) **1** Colocação de coisas em uma determinada ordem: *Escreva os números na sequência.* **2** Continuação de alguma coisa: *Este CD é sequência do primeiro.*

SEQUESTRADOR (se - ques - tra - dor) Que ou aquele que sequestra: *O policial conseguiu prender o sequestrador.*

SEQUESTRO (se - ques - tro) Ato contra a lei em que uma pessoa é levada pelo sequestrador à força e fica presa para que sua liberdade seja trocada por dinheiro ou outra coisa de valor: *O sequestro é uma ameaça às pessoas.*

SER (ser) **1** Ter uma característica ou qualidade: *Luís é uma criança feliz.* **2** Localizar-se em determinado lugar: *Eu me lembro que a escola onde estudei era aqui em frente.* **3** Pertencer a alguém: *Esse belo apartamento será da família de Bárbara.* **4** Ter uma finalidade: *A gente faz tudo para ser feliz.* **5** Algo que existe, na realidade ou na imaginação: *Todos os seres vivos precisam de alimento.* ⭐ **Ser humano:** o mesmo que **pessoa**: *O ser humano tem qualidades e defeitos.*

SEREIA (se - rei - a) Figura representada sob a forma metade mulher e metade peixe, que, segundo a imaginação popular, tem um canto suave que atrai os homens para o fundo do mar: *Meu avô sempre me conta histórias de sereias.*

SÉRIE (sé - rie) Coisas ou fatos que se apresentam uns após os outros: *Houve uma série de acontecimentos estranhos na cidade.*

SÉRIO (sé - rio) **1** Que merece atenção: *Trata-se de um problema sério, o aluno não tem vindo à escola para ir a outros lugares.* **2** Que não ri ou ri pouco: *Vera é uma menina séria, não gosta de brincadeiras.* ⭐ **Levar a sério:** dar muita importância: *Luísa leva a sério os estudos.*

SERPENTE (ser - pen - te) O mesmo que **cobra**: *Paulo foi ao zoológico e ficou impressionado com as serpentes.*

SERRA (ser - ra) **1** Instrumento feito de uma lâmina com dentes, usado para cortar madeira e outros materiais: *Caio cortou a madeira com a serra.* **2** Série de montanhas: *Edu mora na serra.*

SERRAR (ser - rar) Cortar com serra: *Gilberto serrou a madeira para colocar na fogueira.*

SERTÃO (ser - tão) Região no interior do país, de clima seco: *José andou pelo sertão durante meses.* Ⓟ Plural: sertões.

SERVIÇO (ser - vi - ço) **1** Trabalho que se realiza e pelo qual se recebe dinheiro: *O serviço do pedreiro hoje é quebrar o piso da cozinha.* **2** Local onde se trabalha: *Mamãe chegará cedo do serviço amanhã.*

SERVIR (ser - vir) **1** Trabalhar em favor de alguém ou de algum lugar: *Meu tio serviu o Exército por trinta anos.* **2** Pôr comida ou bebida na mesa: *O garçom serviu café.* **3** Ser útil: *A caneta serve para escrever.* **4** Ficar bem no corpo: *O vestido serviu bem nela.*

SETA (se - ta) **1** Objeto de metal em forma de triângulo que fica numa das extremidades da flecha: *Os índios usam flechas com setas.* **2** Sinal em forma de flecha que indica direção: *Siga as setas para você não se perder.*

SETE (se - te) Quantidade que é igual a seis unidades mais uma: *Ana Clara passou de ano com nota sete.*

SEXO (se - xo) O que torna o macho diferente da fêmea entre os seres humanos, animais e alguns vegetais: *Entraram mais duas crianças para nossa escola, uma do sexo feminino e outra do sexo masculino.*

SEXTA-FEIRA (sex - ta - fei - ra) O sexto dia da semana: *Sexta-feira vamos viajar para a praia.*

SHOW (lê-se *xou*) O mesmo que **espetáculo**: *Fui ao show de um cantor famoso.*

198

SIGNIFICADO (sig - ni - fi - ca - do) O mesmo que **sentido**: *Vou procurar no dicionário o significado de uma palavra que não entendi.*

SIGNIFICAR (sig - ni - fi - car) Ter o mesmo sentido; querer dizer: *A cara séria do papai significa que ele está preocupado.*

SÍLABA (sí - la - ba) Vogal ou grupo de letras que se pronuncia de uma só vez: *A palavra "amor" tem duas sílabas e "carinho" tem três.*

SILÊNCIO (si - lên - cio) **1** Falta de barulho: *O professor pediu aos alunos para ficarem em silêncio.* **2** Atitude de quem se cala diante de uma pergunta: *O suspeito preferiu responder com silêncio a todos que estavam ali.*

SILVESTRE (sil - ves - tre) **1** Que nasce e cresce sem ser plantado: *O homem que vivia na selva comia frutas silvestres.* **2** Próprio da floresta: *A caça de animais silvestres é proibida por lei.*

SIM (sim) Indica afirmação, permissão ou acordo: *Aquele jeito de meu pai balançar a cabeça significava "sim" ao meu pedido.*

SIMPLES (sim - ples) **1** Fácil de entender ou de resolver: *Aprendi a fazer arroz e achei muito simples.* **2** Sem enfeites: *A noiva usava um vestido simples mas muito bonito.*

SINAL (si - nal) **1** Figura, gesto, luz ou som que transmite uma informação: *Esse vento é sinal de chuva.* **2** Marca ou mancha na pele: *Andréa tem um sinal no queixo.* **3** Símbolo de uma operação de matemática: *O sinal que se usa na operação de adição é + e na de subtração é –.* **4** O mesmo que **semáforo**: *Papai, preste atenção, pois o sinal está amarelo!*

SINALEIRO (si - na - lei - ro) O mesmo que **semáforo**: *O sinaleiro estava amarelo, mas logo mudou para vermelho e o carro parou.*

SINGULAR (sin - gu - lar) O que indica que existe uma só coisa ou pessoa: *A palavra "menino" está no singular, mas "meninos" está no plural.*

SINO (si - no) Objeto de metal, oco por dentro e com uma peça pendurada no interior que produz som forte quando faz o movimento de um lado para o outro: *Ouvi o sino da igreja; eram seis horas da manhã.*

SINÔNIMO (si - nô - ni - mo) Palavra que tem o mesmo sentido de outra ou é semelhante a ela: *Alegre é sinônimo de contente.*

Para usar corretamente os sinônimos, é preciso estar atento ao sentido do texto.

Observe os exemplos:

*O pai **sustenta** uma família de quatro pessoas.*
*O pai **alimenta** uma família de quatro pessoas.*

*As tábuas **sustentam** o telhado.*
*As tábuas **seguram** o telhado.*

*Meu pai matou a **barata**.*
*Meu pai matou o **inseto**.*

*Há uma mochila **barata** naquela loja.*
*Há uma mochila **com preço baixo** naquela loja.*

SITE (lê-se *saite*) Local na internet onde há informações sobre o que se quer saber, em forma de textos, imagens etc.; também se diz **website**: *Entrei no site da escola de música para saber se tem aula de bateria.*

SÍTIO (sí - tio) Porção de terra usada geralmente para atividades de lazer e para fazer plantações: *Vovô colheu muitas laranjas no sítio.*

SITUAÇÃO (si - tu - a - ção) **1** Maneira como uma coisa ou pessoa está: *A situação de saúde dele melhorou bastante com o tratamento.* **2** Conjunto de fatos que ocorreram ou estão ocorrendo: *Mesmo com a situação difícil do país, meu pai conseguiu emprego.*

SÓ (só) **1** O mesmo que **solitário**: *Meus pais viajaram e estou só em casa.* **2** O mesmo que **somente**: *Só Marta veio à aula hoje.*

SOAR (so - ar) **1** Produzir som: *Alguém soou o sino.* **2** Fazer saber as horas com um som: *Quando o relógio soou era meia-noite.*

SOBRA (so - bra) O que sobrou de alguma coisa; também se diz **resto**: *Não há sobra do dinheiro porque gastei tudo.*

SOBRAR (so - brar) Existir a mais do que é necessário: *Sempre me sobra tempo para brincar no parque com meus amigos.*

SOBRE (so - bre) **1** Em cima de alguma coisa: *As garrafas estão sobre a mesa.* **2** A respeito de alguém ou alguma coisa: *Converse com seus colegas sobre a lição.*

SOBREMESA (so - bre - me - sa) Aquilo que se come depois de uma refeição: *A sobremesa de hoje será sorvete.*

SOBRENOME (so - bre - no - me) Nome de família que vem depois do nome da pessoa: *Meu sobrenome é Silva, e o dela é Castro.*

SOBREVIVER (so - bre - vi - ver) **1** Continuar vivendo: *O meu pai sobreviveu muitos anos depois da cirurgia no coração.* **2** Escapar de alguma situação muito perigosa: *Meus vizinhos sobreviveram ao grave acidente de ônibus.*

SOBRINHO (so - bri - nho) Filho dos irmãos ou irmãs: *A tia levou o sobrinho para passear.*

SOCIEDADE (so - ci - e - da - de) **1** Grupo de homens ou de animais que têm vida em comum e têm leis que devem ser obedecidas: *As abelhas vivem em sociedade.* **2** Conjunto de pessoas que têm o mesmo interesse: *Meu pai faz parte da Sociedade dos Amigos do Bairro.*

SÓCIO (só - cio) Pessoa que faz parte de uma sociedade, de um clube etc.: *João é sócio de um clube perto de casa.*

SOCO (so - co) O mesmo que **murro**: *A garota deu um soco na mesa.*

SOCORRO (so - cor - ro) **1** Pedido que se faz a alguém para ajudar, em situação de perigo: *O garoto perdido na mata pedia por socorro.* **2** Atendimento que se dá a alguém que necessita: *O socorro chegou rápido e salvou a vida de todos.*

SOFRER (so - frer) **1** Sentir dores: *Anete sofre com seu problema nas costas.* **2** Ter algum problema de saúde: *O pai do Pedrinho sofre do coração.* **3** Passar por um acontecimento ruim: *Renata sofreu muito quando seu gato sumiu.*

SOFRIMENTO (so - fri - men - to) **1** Sensação causada pela tristeza; também se diz **dor**: *Titia leva uma vida de muito sofrimento.* **2** Aquilo que faz sofrer: *O paciente tomou remédio para diminuir o sofrimento.*

SOGRO (so - gro) O pai do marido ou da esposa: *Meu sogro é um dos meus melhores amigos.*

SOJA (so - ja) Grão, semelhante a um feijão branco, do qual são feitos óleo e vários outros produtos usados como alimento: *O leite de soja é saudável como o leite de vaca.*

SOL (Sol) Corpo celeste que ilumina e esquenta a Terra (escreve-se com inicial maiúscula): *O Sol é a estrela mais próxima da Terra.*

SOLAVANCO (so - la - van - co) Balanço inesperado ou violento: *A estrada estava cheia de buracos, e o carro dava grandes solavancos.*

SOLDADO (sol - da - do) Pessoa que entrou para o exército ou para a polícia: *Aquele menino quer ser soldado quando crescer.*

SOLIDÃO (so - li - dão) Estado de quem está ou vive só: *O rapaz já se acostumou com a solidão.*

SÓLIDO (só - li - do) **1** Que não é líquido nem gasoso: *O gelo é água em estado sólido.* **2** Resistente e difícil de ser destruído: *Os muros do castelo são muito sólidos.*

SOLITÁRIO (so - li - tá - rio) Que está ou vive sem ninguém; também se diz **só** e **sozinho**: *Alfredo é um homem solitário; nunca está com outra pessoa.*

SOLO (so - lo) Terreno onde se planta, se constrói alguma coisa ou onde se anda: *O solo onde pisamos é de terra.*

SOLTAR (sol - tar) **1** Deixar livre o que estava segurando: *Solte meu braço!* **2** Pôr em liberdade: *Os meninos soltaram os passarinhos da gaiola.* **3** Fazer ficar mais largo: *Soltei o nó da gravata porque estava muito apertado.*

SOLTEIRO (sol - tei - ro) Que ainda não se casou: *Meu irmão é solteiro.*

SOLTO (sol - to) Que ficou em liberdade: *O passarinho foi solto da gaiola.*

SOLUÇÃO (so - lu - ção) **1** Maneira de resolver um problema, uma questão, uma dificuldade: *A solução para esse caso não é fácil.* **2** Resultado de um problema matemático: *Você encontrou a solução do problema?* **P** Plural: soluções.

SOM (som) **1** Tudo aquilo que se ouve ou que é percebido pelo sentido da audição: *Ouvi sons distantes de uma música.* **2** A própria música: *Gosto de ouvir um som na casa de meus amigos.* **P** Plural: sons.

SOMA (so - ma) **1** Operação de adição: *A professora ensinou a soma aos alunos.* **2** Resultado de quantidades somadas; também se diz **total**: *Qual é a soma de 12 com 5?* **3** Determinada quantidade: *Os ladrões levaram uma grande soma de dinheiro do banco.*

SOMAR (so - mar) **1** Juntar quantidades em números: *O professor pediu para somar 2 com 3 e os alunos disseram 5.* **2** Juntar uma coisa a outra: *Temos que somar nossas forças para conseguir a vitória.*

SOMBRA (som - bra) Espaço escuro que aparece no chão ou na parede quando uma pessoa ou um objeto fica na frente da luz: *Vejo a sua sombra na parede.*

SOMENTE (so - men - te) Não mais do que; também se diz **só** e **apenas**: *Tenho somente uma boneca.*

SONHAR (so - nhar) **1** Ter sonhos quando se dorme: *Ontem sonhei com você.* **2** Ter grande desejo de conseguir certa coisa: *Os meninos e as meninas sonham em ganhar uma bicicleta.*

SONHO (so - nho) **1** Sequência de situações, histórias, pessoas etc. que acontecem durante o sono: *Na noite passada tive um sonho muito engraçado.* **2** Grande desejo de conseguir certa coisa: *Carlos tem o sonho de trabalhar para comprar uma casa para sua mãe.*

SONO (so - no) **1** Vontade ou necessidade de dormir: *Preciso de oito horas de sono.* **2** Estado de quem dorme: *O bebê caiu no sono.*

SOPA (so - pa) Alimento líquido ou cremoso que se prepara com carne, legumes e outros ingredientes e que se serve quente: *Gosto de tomar sopa de cebola no inverno.*

SOPRAR (so - prar) **1** Soltar o ar dos pulmões com força sobre alguma coisa: *Soprava o carvão em brasa para a carne assar mais rápido.* **2** Movimentar o ar: *O vento soprava tanto que secou as roupas no varal.* **3** Falar alguma coisa para alguém em voz bem baixa: *Ele soprava as respostas para o colega da frente.* **4** Encher de ar usando o sopro: *Vários meninos sopraram os balões da festa.*

SORRIR (sor - rir) Dar sorriso sem fazer ruído, só para mostrar que está contente: *Gosto de ver uma criança sorrir.*

SORRISO (sor - ri - so) Movimentos leves nos lábios de quem está contente: *Paula tem um bonito sorriso.*

SORTE (sor - te) **1** O que acontece de bom sem se esperar: *Tive sorte e ganhei o jogo.* **2** Força superior que se acredita ser responsável pelo destino de cada pessoa: *Qual será minha sorte se minha família decidir ir embora daqui?*

SORTEAR (sor - te - ar) Fazer sorteio: *O dono da fábrica vai sortear um carro.*

SORTEIO (sor - tei - o) Modo de escolher alguma coisa ou alguém deixando a escolha por conta da sorte; em geral são utilizados pequenos pedaços de papel com números ou nomes escritos: *Participei do sorteio de uma bicicleta nova.*

SORVETE (sor - ve - te) Tipo de doce gelado, quase sólido, feito de frutas, creme de leite, açúcar e outros ingredientes: *Sorvete é a minha sobremesa preferida.*

SOSSEGADO (sos - se - ga - do) Que vive ou está tranquilo, sem preocupação:

O professor de matemática está sempre sossegado.

SOSSEGO (sos - se - go) Estado de quem está tranqüilo, que está em paz: *Gosto do sossego do campo; fico sem preocupação.*

SOZINHO (so - zi - nho) **1** O mesmo que **solitário**: *Márcio mora sozinho.* **2** Sem ajuda de ninguém: *Fiz a lição de casa sozinho.*

SUADO (su - a - do) **1** Molhado de suor: *O menino ficou suado de tanto correr.* **2** Que deu muito trabalho para ser conseguido: *Meu dinheiro é suado.*

SUAR (su - ar) **1** Soltar suor pela pele: *Mário suou muito durante o jogo.* **2** Esforçar-se para conseguir alguma coisa: *Suei para conseguir esse emprego.*

SUAVE (su - a - ve) Agradável aos sentidos: *Esse perfume tem cheiro suave.*

SUBIR (su - bir) **1** Ir para cima: *Subimos ao décimo andar.* **2** Entrar em algum meio de transporte: *José subiu no trem e nunca mais voltou.*

SUBMARINO (sub - ma - ri - no) **1** Que fica por baixo das águas do mar: *Algumas plantas submarinas são usadas como remédio.* **2** Embarcação que navega embaixo das águas do mar: *Ouvi uma música que conta a história de um submarino amarelo.*

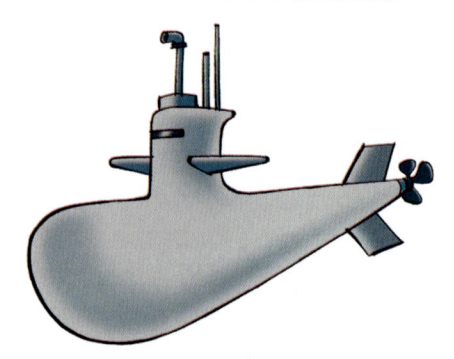

SUBSTÂNCIA (subs - tân - cia) A parte mais importante de que alguma coisa é feita: *Os doces são feitos com uma substância chamada açúcar.*

SUBSTANTIVO (subs - tan - ti - vo) Palavra que dá nome aos seres e às coisas: *"Livro"* é um substantivo.

SUBSTITUIR (subs - ti - tu - ir) Pôr em lugar de alguma coisa; também se diz **trocar**: *A mulher substituiu os sapatos velhos pelos novos.*

SUBTERRÂNEO (sub - ter - râ - neo) Que está ou se move debaixo da terra: *Viajei num trem subterrâneo.*

SUBTRAÇÃO (sub - tra - ção) Operação de subtrair; também se diz **diminuição**: *Minha irmã caçula ainda não foi à escola, mas já faz contas de subtração.*

SUBTRAIR (sub - tra - ir) Tirar uma quantidade de outra; também se diz **diminuir**: *O aluno subtraiu 3 de 5, e o resultado deu 2.*

SUCESSO (su - ces - so) Resultado feliz que se consegue ao fazer alguma coisa: *Tivemos sucesso em nosso trabalho.*

SUCO (su - co) Caldo tirado principalmente de frutas: *Hoje fiz suco de manga.*

SUDESTE (Su - des - te) (escreve-se com inicial maiúscula) Região do Brasil onde ficam os estados do Espírito Santo, Rio de Janeiro, São Paulo e Minas Gerais: *Moro em um dos estados do Sudeste do Brasil.*

SUFICIENTE (su - fi - ci - en - te) Que satisfaz às necessidades; também se diz **bastante**: *Temos o suficiente para viver.*

SUGERIR (su - ge - rir) Dar ideia: *Mauro sugeriu que saíssemos para jantar.*

SUGESTÃO (su - ges - tão) Ideia que faz alguém pensar a respeito dela: *A professora deu a sugestão de mudar o dia da prova.* ⓟ Plural: sugestões.

SUJAR (su - jar) Tornar sujo: *O menino sujou-se de terra quando brincava.*

SUJEIRA (su - jei - ra) **1** Falta de limpeza: *Limpei a sujeira da casa depois da festa.* **2** Grande quantidade de lixo: *A pia da cozinha está cheia de sujeira.*

SUJO (su - jo) Sem limpeza, cheio de sujeira: *Limpe seus sapatos antes de entrar em casa; eles estão sujos de barro.*

SUL (sul) **1** Ponto que está em lado contrário ao norte: *Marco nasceu em Poços de Caldas, uma cidade no sul do estado de Minas Gerais.* **2** (escreve-se com inicial maiúscula) Região do Brasil onde ficam os estados do Paraná, Santa Catarina e Rio Grande do Sul: *Meu tio mora no Sul.*

SUMIÇO (su - mi - ço) Falta de alguém ou de alguma coisa que estava em um lugar e desapareceu: *Quando a mãe percebeu o sumiço da filha, chamou o segurança da loja.* ✪ **Dar sumiço:** fazer desaparecer: *O maluco deu sumiço às chaves da casa.*

SUMIR (su - mir) **1** Não ser mais visto: *O meu caderno sumiu.* **2** Pôr-se escondido: *O animal sumiu na floresta.*

SUOR (su - or) Líquido eliminado através da pele quando a pessoa faz muito esforço ou sente calor: *O suor no rosto mostrava que ele tinha corrido muito.*

SUPERFÍCIE (su - per - fí - cie) **1** A parte de cima ou externa de alguma coisa: *A baleia apareceu na superfície da água.* **2** Extensão ou tamanho de uma área: *A superfície daquele terreno é grande.*

SUPERIOR (su - pe - ri - or) **1** Que está mais acima: *Vamos para o andar superior.* **2** Que tem melhor qualidade: *Seu trabalho é superior ao meu.* **3** Aquele que tem autoridade sobre outras pessoas: *Gostaria de falar com o seu superior.*

SUPERMERCADO (su - per - mer - ca - do) Grande loja onde se vendem alimentos, produtos de limpeza etc.: *Todo mês meu pai faz compras no supermercado.*

SUPORTAR (su - por - tar) **1** Aguentar o peso de algo sem se quebrar: *As cadeiras da escola* são de boa qualidade e suportam muito peso. **2** Sofrer com paciência: *Maria cortou o dedo e suportou a dor até chegar ao hospital.*

SURDO (sur - do) Que não ouve ou ouve pouco: *O menino sempre foi surdo, por isso ele conversa usando a linguagem dos sinais.*

SURFAR (sur - far) Praticar surfe: *O mar está com ondas altas, próprias para surfar.*

SURFE (sur - fe) Atividade esportiva em que uma pessoa fica de pé sobre uma prancha movendo-se sobre as ondas do mar: *Todo ano tem campeonato de surfe durante as férias.*

SURFISTA (sur - fis - ta) Pessoa que pratica surfe: *Meu amigo é um surfista famoso; já venceu vários campeonatos.*

SURGIR (sur - gir) **1** Aparecer sem ninguém esperar: *Surgiram novos cantores este ano.* **2** Passar a ser visto: *O Sol surgiu no horizonte.*

SURPREENDER (sur - pre - en - der) **1** Pegar de surpresa: *O dono da casa surpreendeu o ladrão.* **2** Ficar espantado diante do que é extraordinário: *Sua coragem me surpreendeu.*

SURPRESA (sur - pre - sa) **1** Fato que não se espera: *Foi uma surpresa Joana tirar 10 na prova.* **2** Sentimento de espanto diante do que é fora do comum: *O silêncio da turma causou surpresa ao professor.*

SURRA (sur - ra) **1** Sequência de pancadas: *O homem que deu uma surra no filho se arrependeu e chorou.* **2** Derrota de um adversário em um jogo por grande diferença de pontos: *Nosso time deu uma surra no time da outra escola.*

SUSPEITO (sus - pei - to) **1** Que não merece confiança: *Cuidado com aquele homem, pois ele parece suspeito.* **2** Que pode ter culpa de alguma coisa: *A polícia prendeu um suspeito do roubo.*

SUSPENDER (sus - pen - der) **1** Manter em posição alta: *Suspendeu o menino nos braços.* **2** Fazer parar por um tempo: *O juiz suspendeu o jogo por cinco minutos.* **3** Deixar para fazer alguma coisa em outro momento: *Carolina suspendeu a festa porque sua mãe ficou doente.* **4** Proibir de fazer alguma atividade como castigo por motivo grave: *O diretor suspendeu por três dias o aluno que desobedeceu às regras da escola.*

SUSTENTAR (sus - ten - tar) **1** Segurar alguém ou alguma coisa bem firme para que não caia: *Esses paus sustentam o muro?* **2** Dar o que é necessário para viver: *O pai trabalha para sustentar a família.* **3** Defender uma opinião: *Sustento as minhas ideias.*

SUSTO (sus - to) Medo causado por algo que aconteceu de forma rápida e inesperada: *Lia levou um susto quando Marco tocou seu ombro.*

T Vigésima letra do alfabeto português.

TABA (ta - ba) O mesmo que **aldeia**: *O índio andou a noite toda e chegou à taba pela manhã.*

TABELA (ta - be - la) **1** Relação de nomes, números e outras informações: *Fiz uma tabela com os nomes e os telefones de meus colegas.* **2** Lista de jogos que serão realizados num campeonato em que se colocam as datas de cada um: *A tabela dos jogos já foi publicada no jornal.* **3** Lista de preços de produtos: *Antes de ir ao mercado, minha mãe comparou os preços em duas tabelas diferentes.*

TÁBUA (tá - bua) Peça de madeira larga, plana e comprida: *A casinha do meu cachorro é feita de tábua.*

TABUADA (ta - bu - a - da) Lista que traz os resultados das quatro operações (adição, subtração, multiplicação e divisão) com números de um a dez: *O aluno estudou a tabuada para a prova de matemática.*

TALCO (tal - co) Pó branco e geralmente perfumado que se usa na higiene pessoal: *Minha mãe passa talco em meu irmãozinho depois de dar banho nele.*

TALENTO (ta - len - to) Capacidade especial para fazer alguma coisa: *Pedro é um menino que tem talento para a música.*

TALHER (ta - lher) **1** Conjunto de garfo, colher e faca: *Os talheres estão sobre a mesa.* **2** Cada peça desse conjunto: *A caixa contém 12 talheres: 4 garfos, 4 colheres e 4 facas.* ⓟ Plural: talheres.

TALVEZ (tal - vez) Dúvida ou possibilidade de algo acontecer: *Talvez Joana chegue atrasada para a festa.*

TAMANCO (ta - man - co) Espécie de chinelo com sola de madeira: *Quem usa tamanco faz barulho quando anda.*

TAMANDUÁ (ta - man - du - á) Mamífero sem dentes, com língua comprida, que se alimenta de determinados insetos: *Eu nunca vi um tamanduá; dizem que ele tem um nariz comprido.*

TAMANHO (ta - ma - nho) **1** Espaço que uma coisa, uma pessoa ou um animal ocupa: *As duas cadeiras são do mesmo tamanho.* **2** Extensão ou volume de alguma coisa: *O Amazonas é o estado de maior tamanho no Brasil.* **3** Altura de uma pessoa: *O filho já está quase do tamanho do pai.*

TAMBÉM (tam - bém) Da mesma forma, do mesmo jeito: *Estudei muito e ela também.*

TAMBOR (tam - bor) Instrumento musical que se toca com batidas fortes: *O desfile da escola de samba começou com o toque dos tambores.* ⓟ Plural: tambores.

TAMPA (tam - pa) Peça móvel com que se cobre ou protege uma caixa, um pote ou outro objeto: *Coloquei a tampa na caneta para a tinta não secar.*

TAMPAR (tam - par) Colocar tampa ou qualquer outra coisa que sirva de tampa para cobrir ou proteger o que está dentro de um objeto; também se diz **tapar**: *Tampe essa panela, senão a comida fica fria.*

TANTO (tan - to) **1** Em grande número de vezes: *Antônio viu tanto o filme que já decorou a história.* **2** Com muita frequência: *Lucas vem tanto à minha casa que todos os vizinhos já o conhecem.* **3** Com muita força: *O rapaz gritou tanto que ficou sem voz.*

TAPA (ta - pa) Pancada com a mão aberta: *Meu pai ficou bravo e deu um tapa na mesa.*

TAPAR (ta - par) O mesmo que **tampar**: *Você tapou o pote de sorvete antes de guardá-lo no freezer?*

TARDE (tar - de) **1** Fora do tempo combinado: *Cheguei tarde ao encontro e meu amigo já tinha ido embora.* **2** Parte do dia entre o meio-dia e o anoitecer: *Paulo trabalha só à tarde.*

TAREFA (ta - re - fa) **1** Trabalho que deve ser feito do modo que foi combinado: *A professora marcou para entregar a tarefa amanhã.* **2** Qualquer atividade que se faz por obrigação: *Educar as crianças é tarefa da escola e da família.*

TARTARUGA (tar - ta - ru - ga) Réptil de pernas curtas, que vive na terra e na água e possui o corpo protegido por uma casca dura: *Os turistas viram muitas tartarugas na praia.*

TATO (ta - to) **1** Sentido pelo qual se percebe a forma, a temperatura, a superfície e o peso dos objetos: *Pedro percebeu pelo tato que o algodão é macio.* **2** Habilidade para tratar de assuntos difíceis: *Precisamos ter tato ao falar com estranhos.*

TATU (ta - tu) Animal mamífero, com unhas compridas, que vive em buracos cavados por ele mesmo: *Vi um buraco feito por um tatu.*

TÁXI (tá - xi) Carro para transporte de passageiros, que cobra pelo serviço de acordo com a distância de um lugar a outro: *Jonas foi de táxi até o aeroporto.*

TEATRO (te - a - tro) **1** Local em que se apresentam peças de teatro ou outros espetáculos: *Fui ao teatro assistir a um espetáculo de fantoches.* **2** A arte de representar: *Marcelo trabalha em teatro há muitos anos.*

TECIDO (te - ci - do) Pano que se usa para fazer roupas, colchas, cortinas e outras peças: *Márcia comprou tecido para fazer uma toalha de mesa.*

TECLA (te - cla) Cada peça móvel de um piano, de um teclado de computador ou de outro objeto, que se bate ou se aperta para produzir um som ou para escrever: *As teclas do piano são brancas e pretas.*

TECLADO (te - cla - do) Conjunto das teclas de um objeto: *O teclado do computador está cheio de pó.*

TÉCNICA (téc - ni - ca) Conjunto de normas que explicam o que se deve fazer em uma arte ou profissão: *Aprendi outra técnica de pintura de quadros.*

TÉCNICO (téc - ni - co) **1** Aquele que conhece perfeitamente uma técnica: *Papai chamou um técnico para consertar a televisão.* **2** Aquele que treina um time ou uma equipe em qualquer esporte: *Ele ficou famoso por ser técnico de futebol.*

TEIA (tei - a) Fios muito finos produzidos pelas aranhas: *A mosca enrolou-se na teia de aranha.*

TEIMOSO (tei - mo - so) Que não muda de ideia com facilidade: *José é teimoso, faz sempre o que quer.*

TELA (te - la) Espécie de quadro na qual são exibidas imagens (cinema, televisão) ou textos (computador): *Meu pai comprou uma televisão com uma tela bem grande.*

TELEFONAR (te - le - fo - nar) Comunicar-se com alguém por telefone: *Telefonei para minha amiga para saber se ela queria ir ao parque.*

TELEFONE (te - le - fo - ne) Aparelho para conversar com alguém que está longe: *O telefone foi uma das maiores invenções da humanidade.*

TELEVISÃO (te - le - vi - são) Aparelho que transmite imagens e sons: *Ontem assisti a um filme muito bom na televisão.* Ⓟ Plural: televisões.

TELHA (te - lha) Cada uma das peças que cobrem uma construção: *Preciso mandar o pedreiro consertar uma telha quebrada, porque está chovendo dentro de casa.*

TELHADO (te - lha - do) Conjunto das telhas que cobrem uma construção: *A bola caiu no telhado da casa do vizinho.*

TEMA (te - ma) O mesmo que **assunto**: *Qual é o tema do livro?*

TEMPERAR (tem - pe - rar) Misturar ingredientes nos alimentos para mudar o seu sabor: *Mamãe temperou a carne e depois a colocou para assar no forno.*

TEMPERATURA (tem - pe - ra - tu - ra) Quantidade de calor ou de frio que existe num corpo ou num lugar: *Sinta a temperatura da água antes de tomar banho.*

TEMPESTADE (tem - pes - ta - de) Movimento violento da atmosfera, acompanhado muitas vezes de relâmpagos, trovões e chuva: *A tempestade foi tão forte que arrancou o telhado da casa.*

TEMPO (tem - po) **1** A sequência de minutos, horas, dias, meses, anos: *Os turistas ficaram bastante tempo viajando.* **2** Situação de sol, chuva, calor ou frio: *Hoje o tempo está quente.*

TEMPORAL (tem - po - ral) Grande tempestade: *O temporal alagou várias ruas da cidade.* ⓟ Plural: temporais.

TENDA (ten - da) Tipo de cabana feita de tecido: *Muita gente monta tendas na praia para se proteger do sol.*

TÊNIS (tê - nis) **1** Calçado feito de tecido, couro ou plástico, com sola de borracha ou outro material: *Esses tênis de corrida são muito caros.* **2** No esporte, jogo em que se usam raquetes para atirar uma pequena bola de um lado a outro de uma rede que divide a quadra: *Guga foi um jogador de tênis brasileiro que recebeu muitos prêmios.* ⓟ Plural: tênis.

TENTAR (ten - tar) Esforçar-se para conseguir: *Minha irmã tentou fazer o bolo sozinha, mas não conseguiu.*

TER (ter) **1** Ser dono de alguma coisa: *Rodrigo tem muitas roupas pretas.* **2** Conseguir alguma coisa: *Ele teve ajuda dos amigos para pintar a casa.* **3** Ser obrigado a fazer algo: *O aluno teve que sair da classe e ir para a sala do diretor porque xingou um colega.* **4** Existir em determinado lugar: *Tem um gato no telhado da minha casa.* **5** Completar uma idade: *Tenho sete anos.*

TERÇA-FEIRA (ter - ça - fei - ra) O terceiro dia da semana: *Mamãe vai ao supermercado às terças-feiras.* ⓟ Plural: terças-feiras.

TERCEIRO (ter - cei - ro) Que ocupa o lugar número três em uma sequência: *Amanda foi a terceira pessoa que chegou à festa.*

TERMINAR (ter - mi - nar) Chegar ao final de alguma coisa: *Terminei o trabalho de ciências ontem.*

TERMÔMETRO (ter - mô - me - tro) Instrumento com que se mede a temperatura de um corpo ou de uma substância: *Minha mãe usou o termômetro para ver se eu estava com febre.*

TERNO (ter - no) **1** Que trata os outros com ternura: *Papai é um homem terno.* **2** Conjunto de paletó, calça e camisa: *Aquele homem usa terno para ir trabalhar.*

TERNURA (ter - nu - ra) Carinho que se tem por algo ou por alguém: *É bonito ver um irmão falando do outro com tanta ternura.*

TERRA (ter - ra) **1** Nosso planeta (escreve-se com inicial maiúscula): *A Terra é um planeta com muita água.* **2** Solo ou chão sobre o qual se pisa, constrói ou planta: *Essa terra é muito boa para plantar flores.* **3** Local de nascimento: *Deixei minha terra ainda criança e fui morar perto da praia.*

TERREMOTO (ter - re - mo - to) Movimento forte que faz a terra tremer: *Vi na televisão que um terremoto destruiu muitas casas.*

TERRENO (ter - re - no) Espaço de terra em que se pode fazer uma construção ou uma plantação: *Gabriel comprou um terreno para construir sua casa.*

TÉRREO (tér - reo) Que fica no nível do solo: *A loja de brinquedos fica no andar térreo daquele prédio.*

TERRESTRE (ter - res - tre) **1** Próprio da Terra: *O globo terrestre tem a forma de uma bola.* **2** Que vive na terra: *O leão é um animal terrestre.*

TERROR (ter - ror) Grande medo: *O grito que ouvi era de terror.* **Ⓟ** Plural: terrores.

TESOURA (te - sou - ra) Instrumento para cortar, formado por duas lâminas móveis: *Comprei uma tesoura nova para usar na escola.*

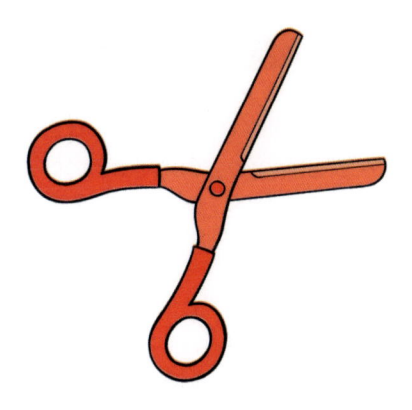

TESOURO (te - sou - ro) Dinheiro ou objetos de grande valor: *Os caçadores descobriram um tesouro no meio do mato.*

TESTA (tes - ta) Parte da cabeça que fica entre os olhos e o começo da raiz do cabelo: *A testa do vovô é grande.*

TESTEMUNHA (tes - te - mu - nha) Pessoa que está presente quando um fato ocorre: *João foi testemunha do assalto, pois estava dentro do banco.*

TETO (te - to) **1** Parte interna no alto da casa que fica logo abaixo do telhado: *O teto de casa foi pintado de branco.* **2** Casa ou lugar protegido onde se pode viver: *As pessoas que dormem na rua não têm teto.*

TEXTO (tex - to) Tudo o que está escrito: *Tenho que ler um livro com muito texto para o próximo mês.*

TIGELA (ti - ge - la) Vasilha usada para servir alimentos à mesa: *Tirei um pouco do arroz que estava na tigela e coloquei no meu prato.*

TIGRE (ti - gre) Animal mamífero selvagem e muito feroz, de pelo amarelo com listras pretas: *O tigre parece um gato bem grande.*

TIJOLO (ti - jo - lo) Bloco de barro ou cimento usado nas construções: *Os pedreiros construíram as paredes da casa com tijolos.*

TIL (til) Sinal (~) de acentuação: *Coloque til na letra "a" da palavra "maçã".*

> **OBSERVE!**
> O til (~) é o sinal que usamos sobre as letras "a" e "o" das palavras para indicar que elas têm um som nasal (som que sai pelo nariz). Exemplos:
>
> irmã
> coração
> mães
> anões

TIME (ti - me) Grupo de atletas unidos num mesmo esporte: *A escola montou um time de futebol.*

TINTA (tin - ta) Líquido colorido usado para escrever, imprimir, pintar: *O professor usa caneta de tinta vermelha para corrigir as provas dos alunos.*

TIO (ti - o) O irmão do pai ou da mãe: *O tio Zé Paulo é o irmão mais novo da mamãe.* **F** Feminino: tia.

TIPO (ti - po) **1** Conjunto de características comuns a animais, plantas ou objetos: *Existem vários tipos de flores.* **2** Conjunto de traços que formam o modo de ser de uma coisa ou de uma pessoa: *Meu pai é o tipo de pessoa que gosta de descansar após o almoço.*

TIRA (ti - ra) **1** Faixa estreita de pano, plástico ou outro material: *Mamãe comprou uma tira de pano para usar como cinto.* **2** Sequência de desenhos, um ao lado do outro: *O jornal sempre traz tiras de histórias de humor.*

TIRAR (ti - rar) **1** Fazer sair de onde está: *A mulher tirou o lixo da casa.* **2** Puxar com força para sair: *O guarda tirou o jovem da festa porque ele estava incomodando as outras pessoas.* **3** Fazer desaparecer: *Tire essa ideia da cabeça; eu não vou mentir para os meus pais.* **4** Fazer sair do corpo: *Tire os sapatos quando entrar em casa.* **5** Fazer uma subtração: *Se de 8 você tirar 4, sobram 4.* ★ **Tirar foto:** obter uma imagem por meio de máquina fotográfica: *Ademir tirou uma bela foto com o seu amigo João.*

TITIO (ti - ti - o) Tratamento carinhoso que os sobrinhos dão ao tio: *Gosto muito do titio.* **F** Feminino: titia.

TÍTULO (tí - tu - lo) Nome ou grupo de palavras que se põe no início de um texto: *Não sei que título vou dar à história que escrevi.*

TOALHA (to - a - lha) **1** Pano que serve para enxugar o corpo: *Camila foi tomar banho e esqueceu de levar a toalha.* **2** Peça de pano, plástico ou outro material com que se cobre a mesa: *Sandra ganhou uma toalha de mesa com desenhos de frutas.*

TOCAR (to - car) **1** Ter contato: *O pneu do carro tocou a sarjeta.* **2** Pôr a mão: *Não toque na faca, porque você pode se machucar!* **3** Fazer algo ou alguém se afastar: *Juca tocou as galinhas do quintal.* **4** Fazer sair o som de instrumento musical: *Joana toca violão muito bem.*

TODO (to - do) **1** Algo completo em seu tamanho ou em sua quantidade: *Quero ler todo o livro antes de fazer o trabalho.* **2** Cada uma das pessoas ou coisas: *Toda criança gosta de brincar.*

TOLO (to - lo) **1** Fácil de ser enganado; também se diz **bobo**: *Você foi tolo em emprestar a bicicleta a uma pessoa que não tem cuidado com as coisas.* **2** Que age ou fala coisas sem importância, sem sentido ou sem graça; também se diz **bobo**: *Maurício se acha engraçado, mas eu o acho tolo.*

TOMAR (to - mar) **1** Engolir um líquido ou alimentar-se dele: *Vou tomar um pouco de suco.* **2** O mesmo que **segurar**: *A mãe tomou o bebê nos braços para protegê-lo.* **3** Pegar o que é de outra pessoa: *O ladrão tomou a carteira daquela mulher.*

TOMATE (to - ma - te) Fruto geralmente vermelho usado como alimento: *Adoro salada de tomate.*

TOMBAR (tom - bar) Inclinar até cair: *O muro tombou em cima da casa.*

TOMBO (tom - bo) Queda de um corpo: *João escorregou na escada e levou um tombo.*

TONTO (ton - to) **1** Que tem a sensação de estar perdendo o equilíbrio; também se diz **zonzo**: *Fui ao carrossel e fiquei tonto.* **2** Que não sabe o que fazer numa confusão; também se diz **zonzo**: *Fiquei tonta com a quantidade de perguntas diferentes que as pessoas faziam quando cheguei de viagem.*

TOPO (to - po) A parte mais alta de um lugar: *Carla subiu até o topo da montanha.*

TORCER (tor - cer) **1** Fazer girar sobre si mesmo: *Antônio torceu a toalha molhada e pôs no varal.* **2** Desejar o sucesso de uma pessoa, um time etc.: *Cada um torce pelo time da sua cidade.*

TORNAR (tor - nar) **1** O mesmo que **retornar**: *O bom filho à casa torna.* **2** Transformar a aparência: *A velha bruxa tornou-se uma bela jovem para enganar o príncipe.* **3** Repetir uma ação: *Acho que Ana vai sair da escola porque sua família tornou a mudar de casa.*

TORÓ (to - ró) Chuva forte e passageira: *Menino, saia já desse toró!*

TORRE (tor - re) Construção, geralmente alta e estreita, feita no topo de outra grande construção: *A princesa ficou presa na torre do castelo.*

TORTA (tor - ta) Alimento feito de massa com recheio: *Mamãe fez torta de limão de sobremesa.*

TORTO (tor - to) Que não é reto: *Depois da batida do caminhão, o poste ficou torto.*

TOSSE (tos - se) Expulsão barulhenta do ar dos pulmões: *Gisele está tomando xarope para a tosse.*

TOSSIR (tos - sir) Ter tosse: *Tossi a noite inteira; hoje vou ao médico.*

TOTAL (to - tal) **1** Que forma um todo: *As chuvas provocaram perda total da plantação.* **2** Resultado de quantidades somadas; também se diz **soma**: *O total da compra é cem reais.* ⓟ Plural: totais.

TRABALHADOR (tra - ba - lha - dor) Aquele que trabalha em qualquer atividade: *Todo trabalhador deve fazer bem as suas tarefas.* ⓟ Plural: trabalhadores. Ⓕ Feminino: trabalhadora.

TRABALHAR (tra - ba - lhar) **1** Executar uma tarefa como profissão: *Meu tio trabalha como pedreiro.* **2** Esforçar-se para obter alguma coisa: *Vamos todos juntos trabalhar pela paz.*

TRABALHO (tra - ba - lho) **1** Conjunto de atividades para conseguir alguma coisa: *Seu trabalho sempre foi ajudar os mais pobres.* **2** Esforço do corpo e da mente para obter um bom resultado: *Júlia teve bastante trabalho para costurar as roupas da festa.* **3** Local onde se realiza uma atividade como profissão: *Meu pai chegou tarde do trabalho.* **4** Texto, quadro, construção ou outra obra feita por uma pessoa: *A professora elogiou meu trabalho sobre o descobrimento do Brasil.*

TRAÇO (tra - ço) Linha feita com lápis, pincel ou caneta: *A professora pediu para fazermos um traço embaixo da palavra "casa".*

TRAIR (tra - ir) Deixar de ser fiel: *Pedro traiu o colega ao contar seu segredo para os outros.*

TRANÇA (tran - ça) Maneira de arrumar o cabelo comprido em três porções cruzadas: *Maria foi para a escola com uma linda trança.*

TRANCAR (tran - car) Fechar com chave ou outro objeto que não permite abrir: *O menino entrou em casa e trancou a porta.*

TRANQUILO (tran - qui - lo) **1** Que é ou está calmo: *Hoje o mar está tranquilo.* **2** Que acontece sem dificuldade: *Ir ao centro da cidade foi tranquilo.*

TRANSFORMAR (trans - for - mar) Mudar de forma por completo: *O sapo transformou-se em príncipe.*

TRÂNSITO (trân - si - to) Movimento de pedestres e veículos nas cidades ou nas estradas: *Nos feriados, o trânsito nas estradas aumenta.*

TRANSMISSÃO (trans - mis - são) Ato de transmitir: *A transmissão do jogo pela televisão vai começar.* ⓟ Plural: transmissões. ★ **Transmissão ao vivo:** no rádio e na televisão, transmissão que é feita no momento em que algo está acontecendo: *Haverá transmissão ao vivo da corrida de automóveis.*

TRANSMITIR (trans - mi - tir) **1** Fazer chegar algo a alguma pessoa ou a algum lugar: *Um bom filme transmite cultura.* **2** Passar de um organismo para outro: *Esse inseto transmite várias doenças.* **2** Dar uma informação ou uma notícia: *Fiquei sabendo do prêmio porque transmitiram o resultado pela internet.*

TRANSPARENTE (trans - pa - ren - te) Que deixa passar a luz e ver o que está do outro lado: *Como o vidro da janela é transparente, posso ver a rua através dele.*

TRANSPORTAR (trans - por - tar) Conduzir de um lugar para outro: *O caminhão transporta mercadorias.*

TRANSPORTE (trans - por - te) **1** Ato de transportar: *Quem fará o transporte dos animais para o zoológico?* **2** Qualquer veículo utilizado para levar pessoas ou coisas de um lugar para outro: *O trem é um transporte rápido e seguro.*

TRAPO (tra - po) Pedaço de pano velho: *Mariana limpa o chão da cozinha com um trapo.*

TRASEIRO (tra - sei - ro) Que fica na parte de trás: *Sentei-me no banco traseiro do carro.*

TRATAMENTO (tra - ta - men - to) Maneira de tratar alguém: *O hospital deu um bom tratamento ao doente.*

TRATAR (tra - tar) **1** Cuidar de algo ou de alguém para que fique melhor: *Procuro tratar do cabelo com bastante cuidado.* **2** Curar ou melhorar a saúde de uma pessoa ou de um animal: *O médico tratou do doente com remédio para alergia.* **3** Agir de certa maneira com alguém: *Eu sempre trato os professores com respeito.*

TRATO (tra - to) Acordo que se faz com alguém: *João e Pedro fizeram um trato; não vão mais brigar.*

TRAVAR (tra - var) Impedir que uma coisa se abra ou ande: *Titio travou a porta do carro.*

TRAVA-LÍNGUA (tra - va - lín - gua) Brincadeira em que uma pessoa deve falar rapidamente, sem errar, uma sequência de palavras difícil de pronunciar. ⓟ Plural: trava-línguas.

> DEIXA VER...
> Veja se consegue dizer bem depressa estes trava-línguas:
> *O rato roeu a roupa do rei de Roma.*
> *Você sabia que o sabiá sabia assobiar?*
> *Três pratos de trigo para três tigres tristes.*

TRAVESSÃO (tra - ves - são) Sinal (—) usado para separar uma ou mais palavras, ou a fala das pessoas numa conversa: *O professor disse: — Não se atrasem para a aula.* ⓟ Plural: travessões.

> FIQUE ATENTO!
> O travessão (—) é sempre usado nos diálogos para marcar a fala das personagens. Veja um exemplo:
> *O lobo chegou e bateu à porta:*
> *— Abra, ou soprarei até derrubar sua casa!*

TRAVESSEIRO (tra - ves - sei - ro) Espécie de saco de pano cheio de alguma substância macia (espuma, pena) que serve para descansar a cabeça quando se está deitado: *Josué pediu um travesseiro à moça que arrumava os quartos no hotel.*

TRAVESSURA (tra - ves - su - ra) Brincadeira de criança, que normalmente aborrece o adulto; também se diz **arte**: *João só faz travessuras.*

TRAZER (tra - zer) **1** Conduzir algo ou alguém a algum lugar: *Fernando trouxe os amigos até a cidade.* **2** Levar para perto de quem fala: *Meu tio trouxe várias frutas de seu sítio quando veio nos visitar.* **3** Causar algo a alguém: *Esse menino traz muita alegria para a família.*

TRECHO (tre - cho) Parte de alguma coisa: *Antes de dormir, vou ler um trecho da história para minha filha.*

TREINAR (trei - nar) **1** Exercitar várias vezes para melhorar a atividade: *Os jogadores de futebol treinam todos os dias.* **2** Preparar uma pessoa ou um animal para determinada atividade: *Conheço um homem que treina cães para guiar pessoas cegas.*

TREINO (trei - no) Exercício frequente para melhorar alguma atividade: *O jogador faltou ao treino porque machucou o joelho.*

TREM (trem) Veículo formado por vários vagões: *Édson viajou de trem de São Paulo até Santos.* ⓟ Plural: trens.

TREMER (tre - mer) **1** Sacudir por não estar firme: *Quando os caminhões passavam na rua, o barraco tremia.* **2** Apresentar movimentos repetidos, difíceis de controlar: *O mendigo tremia de frio.*

TREMOR (tre - mor) Ato de tremer: *Aconteceu mais um tremor de terra naquele país.* ⓟ Plural: tremores.

TREPAR (tre - par) Subir em algum lugar alto: *Os meninos trepavam nas árvores do sítio.*

TRÊS (três) Quantidade que é igual a duas unidades mais uma: *A professora dividiu a classe em grupos de três alunos para fazer o trabalho.*

TREZE (tre - ze) Quantidade que é igual a dez unidades mais três: *Treze pessoas esperavam o banco abrir.*

TRIÂNGULO (tri - ân - gu - lo) Figura de três lados: *O telhado da minha casa tem a forma de um triângulo.*

TRIBO (tri - bo) Conjunto de famílias que têm os mesmos costumes, falam a mesma língua e obedecem a um chefe: *Cecília visitou uma tribo de índios no Amazonas.*

TRIGO (tri - go) Planta cultivada em todo o mundo que produz um cereal de pequenos grãos, dos quais se faz a farinha para pães, bolos, tortas e outros alimentos: *O trigo sempre foi usado na alimentação, até pelos povos mais antigos.*

TRILHO (tri - lho) Cada uma das barras de ferro sobre as quais andam alguns veículos como os trens: *Com o solavanco, o trem saiu dos trilhos.*

TRINTA (trin - ta) Quantidade obtida quando se multiplica o número 3 dez vezes: *Alguns meses do ano têm trinta dias.*

TRISTE (tris - te) Sem alegria; também se diz **cabisbaixo**: *Ela não foi bem na prova e ficou muito triste.*

TRISTEZA (tris - te - za) Falta de alegria: *Antônio está numa tristeza profunda porque vai mudar de casa e ficar longe dos amigos.*

TROÇA (tro - ça) Ato de zombar: *O menino fez troça da roupa do colega.*

TROCAR (tro - car) **1** Dar uma coisa por outra: *Troco estas figurinhas pela sua bola.* **2** O mesmo que **substituir**: *Vovô trocou a lâmpada do quarto.*

TRONCO (tron - co) **1** Parte da árvore que fica entre a raiz e os ramos: *O tronco daquela árvore é muito grosso.* **2** Parte do corpo humano que fica entre o pescoço e as pernas: *O corpo humano é dividido em cabeça, tronco e membros.*

TROPEÇAR (tro - pe - çar) Bater com o pé em algo sem querer: *Tropecei na pedra e caí.*

TROUXA (trou - xa) **1** Pacote que contém roupas: *Sônia entregou a trouxa de roupas limpas para o patrão.* **2** Pessoa que se deixa enganar facilmente: *José foi um trouxa ao acreditar que o amigo ganhou na loteria.*

TROVÃO (tro - vão) Barulho produzido pelos raios: *Mônica assustou-se com o trovão.*
Ⓟ Plural: trovões.

TUBARÃO (tu - ba - rão) Nome de muitos peixes sem escamas, geralmente de grande tamanho, com dentes pontudos: *Algumas espécies de tubarão atacam pessoas.*
Ⓟ Plural: tubarões.

TUBO (tu - bo) Cano por onde passa líquido ou gás: *O pedreiro colocou um tubo de plástico embaixo da pia.*

TUCANO (tu - ca - no) Nome de várias aves que têm bico muito grande e penas coloridas, geralmente vermelhas, amarelas, brancas e pretas: *Vi um lindo tucano no zoológico da cidade.*

TUDO (tu - do) Conjunto de todas as coisas: *Ivo sempre guarda tudo depois de brincar.*

TÚNEL (tú - nel) Passagem por baixo da terra: *É preciso acender os faróis do carro no túnel.*
Ⓟ Plural: túneis.

TURISMO (tu - ris - mo) Viagem feita por prazer, para visitar lugares interessantes: *Natália gosta de fazer turismo pelo Brasil.*

TURISTA (tu - ris - ta) Pessoa que faz turismo: *O Rio de Janeiro recebe muitos turistas no carnaval.*

TURMA (tur - ma) **1** O mesmo que **galera**: *Nossa turma se encontra todo fim de semana na sorveteria.* **2** Conjunto de alunos da mesma classe: *Esta turma é a mais adiantada da escola.*

TUTU (tu - tu) Feijão cozido e amassado em que se coloca farinha de mandioca : *Gosto muito de tutu com carne de porco.*

U Vigésima primeira letra do alfabeto português.

UIRAPURU (ui - ra - pu - ru) Nome de alguns pássaros da Amazônia, de penas coloridas e canto muito bonito: *O canto do uirapuru só é ouvido quinze dias por ano.*

ÚLTIMO (úl - ti - mo) **1** Que vem ou acontece no final: *Ivan foi o último aluno a sair da sala.* **2** Que está mais próximo do tempo atual: *Esse é o último CD do cantor, que começou a ser vendido ontem.* **3** Que sobrou entre todas as coisas que havia: *Comi o último biscoito do pacote.*

ULTRAPASSAR (ul - tra - pas - sar) **1** Passar do limite: *O motorista ultrapassou o limite de velocidade permitido na estrada.* **2** Passar à frente de uma pessoa ou de um veículo, nas ruas ou rodovias: *O carro ultrapassou o caminhão que estava em baixa velocidade.*

UM (um) Quantidade que é igual à unidade: *A garagem de casa cabe só um carro.*

UMBIGO (um - bi - go) Pequena marca que fica no meio da barriga: *Sempre limpo meu umbigo com algodão.*

UMEDECER (u - me - de - cer) Tornar úmido: *Umedeci o pano na água com sabão e passei no chão.*

ÚMIDO (ú - mi - do) Um pouco molhado: *As roupas no varal ainda estão úmidas.*

216

UNHA (u - nha) Lâmina sólida e transparente que cobre a extremidade dos dedos: *Mamãe pinta as unhas toda semana.*

UNIÃO (u - ni - ão) Ligação entre pessoas ou coisas: *A união da família é importante.* ⓟ Plural: uniões.

ÚNICO (ú - ni - co) Que é um só: *Carol não tem irmãos, portanto, é filha única.*

UNIDADE (u - ni - da - de) Cada uma das partes que forma um todo: *Aquele pacote de doces tem cinco unidades.*

UNIFORME (u - ni - for - me) **1** Que tem a forma igual ou quase igual à de outras coisas do mesmo tipo: *As casas daquela rua são uniformes; todas têm duas janelas e uma porta na frente.* **2** Roupa igual usada por alunos de uma escola, empregados, militares etc.: *O uniforme da minha escola é camiseta branca e calça verde.*

UNIR (u - nir) Tornar um só: *O garoto uniu duas folhas de caderno com cola para fazer o desenho.*

UNIVERSAL (u - ni - ver - sal) Que é do mundo inteiro: *É importante conhecer a Declaração Universal dos Direitos da Criança e do Adolescente.* ⓟ Plural: universais.

UNIVERSIDADE (u - ni - ver - si - da - de) Conjunto de escolas que ensinam matérias do curso superior: *Meu tio estudou medicina numa das melhores universidades do Brasil.*

UNIVERSO (u - ni - ver - so) Conjunto de todos os corpos celestes e de toda matéria e energia que neles existem (escreve-se com inicial maiúscula): *Nosso planeta, a Terra, faz parte do Universo.*

URBANO (ur - ba - no) Que vive ou pertence à cidade: *A vida urbana é mais agitada que a do campo.*

URGÊNCIA (ur - gên - cia) Qualidade de urgente: *A criança está com muita febre e precisa ser levada para o hospital com urgência.*

URGENTE (ur - gen - te) Que deve ser feito com rapidez: *Esse trabalho é urgente; preciso entregá-lo daqui a duas horas.*

URINA (u - ri - na) Líquido que se junta na bexiga para ser eliminado do corpo; também se diz **xixi**: *O médico pediu que eu fizesse um exame de urina.*

URINAR (u - ri - nar) Eliminar a urina; fazer xixi: *Pedrinho estava com tanta vontade de urinar que precisou ir correndo ao banheiro.*

URSO (ur - so) Animal mamífero grande, forte e feroz: *Não existem ursos nas florestas do Brasil.*

URUBU (u - ru - bu) Nome de algumas aves que se alimentam de animais mortos: *Os urubus geralmente têm as penas pretas.*

USAR (u - sar) **1** Pegar um instrumento e fazer alguma coisa com ele: *Usei a caneta preta para escrever a redação.* **2** Vestir uma roupa: *Usei uma camisa nova na festa.*

USO (u - so) Ato de usar: *Já me acostumei com o uso dos óculos.*

USUÁRIO (u - su - á - rio) Aquele que usa algo com frequência: *Marquinho é usuário da internet há muito tempo e sabe que não pode confiar em tudo o que existe nela.*

UTENSÍLIO (u - ten - sí - lio) Qualquer objeto que se usa para realizar uma atividade: *Mamãe comprou panelas e outros utensílios para cozinha.*

ÚTIL (ú - til) Que serve ou pode servir para alguma coisa: *Este livro é muito útil para aprender o significado das palavras.* ⓟ Plural: úteis.

UTILIDADE (u - ti - li - da - de) Qualidade de útil: *A utilidade dos remédios é tratar dores e doenças.*

UTILIZAÇÃO (u - ti - li - za - ção) Ato de utilizar: *Os pais disseram para o garoto as regras de utilização do computador.*

UTILIZAR (u - ti - li - zar) Fazer uso de alguma coisa: *O pedreiro utiliza o tempo que lhe sobra na hora do almoço para conversar com os amigos.*

UVA (u - va) Fruta pequena, que nasce em cachos, utilizada como alimento e também para fazer sucos e vinhos: *Comprei um quilo de uva verde.*

V Vigésima segunda letra do alfabeto português.

VACA (va - ca) Animal mamífero; a fêmea do boi: *O leite que as pessoas mais bebem é o de vaca.*

VACINA (va - ci - na) Substância que as pessoas e os animais tomam para se proteger contra doenças ou para tratar delas: *Meus avós tomaram vacina contra a gripe.*

VAGA (va - ga) Lugar que pode ser ocupado por estar vazio: *Papai logo encontrou uma vaga para estacionar o carro.*

VAGABUNDO (va - ga - bun - do) **1** Que não gosta de trabalhar: *Miguel, deixe de ser vagabundo e vá arrumar seu quarto!* **2** De má qualidade: *Cássio comprou uma camisa vagabunda e feia.*

VAGA-LUME (va - ga - lu - me) Tipo de inseto que produz luz: *Na escuridão da floresta, só se enxergavam os vaga-lumes piscando.* ⓟ Plural: vaga-lumes.

VAGÃO (va - gão) Parte do trem própria para o transporte de pessoas, animais ou mercadorias: *Sandro entrou no vagão pouco antes do trem deixar a estação.* ⓟ Plural: vagões.

VAGO (va - go) Que não está ocupado: *O quarto está vago; pode dormir aí.*

VAIA (vai - a) Forma de mostrar que não se gosta de algo, por meio de gritos ou assobios: *O cantor ficou triste com as vaias que recebeu.*

VALE (va - le) Parte mais baixa de um terreno situada entre montes ou montanhas: *A casa de Luciano fica num vale*.

VALENTE (va - len - te) Que tem valentia, que é corajoso: *Aqueles homens valentes enfrentaram a fera*.

VALENTIA (va - len - ti - a) Característica de quem não tem medo: *Os bombeiros mostraram valentia ao apagar o incêndio*.

VALER (va - ler) Ter determinado valor: *Esta joia vale muito dinheiro*. ⭐ **Pra valer:** de verdade; a sério: *Juca me disse que estudou pra valer*. ⭐ **Valer a pena:** merecer o trabalho que dá: *Valeu a pena esperar duas horas pelo show*.

VALOR (va - lor) **1** Preço de alguma coisa: *Qual é o valor desse anel?* **2** Importância que algo ou alguém representa: *Suzana dá muito valor aos amigos*. ⓟ Plural: valores.

VANTAGEM (van - ta - gem) Posição do que é superior ou está à frente de alguém ou de alguma coisa: *Gustavo tem uma vantagem sobre os outros corredores porque treinou por mais tempo*. ⓟ Plural: vantagens.

VAPOR (va - por) Espécie de nuvem gasosa formada pela transformação de um líquido ou sólido: *A água se transforma em vapor quando ferve*. ⓟ Plural: vapores.

VARA (va - ra) **1** Ramo fino de árvore que se pode dobrar ou quebrar: *Roberto pegou algumas varas daquela árvore e fez uma pequena fogueira*. **2** Ramo comprido para apanhar frutas que estão em lugares altos: *O menino usou uma vara para derrubar as mangas da árvore*. **3** Barra de metal fina e comprida: *Quebrei uma vara do guarda-chuva*.

VARAL (va - ral) Fio de arame ou de outro material esticado que é usado geralmente para pendurar a roupa lavada para secar: *Minha prima colocou as calças no varal*. ⓟ Plural: varais.

VARIAR (va - ri - ar) Mudar a maneira de ser ou de fazer algo; tornar diferente: *Mamãe gosta de variar o lugar dos móveis*.

VÁRIOS (vá - rios) Muitas coisas diferentes: *Tenho vários jogos*.

VARRER (var - rer) Limpar com vassoura: *A faxineira varreu a casa toda*.

VASILHA (va - si - lha) Recipiente para guardar qualquer coisa, principalmente comida: *Coloquei o arroz que sobrou numa vasilha de plástico*.

VASO (va - so) Recipiente usado geralmente para colocar flores ou plantas: *Plantei flores em um vaso*. ⭐ **Vaso sanitário:** Peça do banheiro na qual se deposita tudo o que o organismo elimina, como a urina; também se diz **privada**: *Temos que lavar as mãos depois de usar o vaso sanitário*.

VASSOURA (vas - sou - ra) Objeto usado para varrer o chão, feito com cabo comprido que tem em uma das pontas fios de plástico, pelos etc.: *Usei uma vassoura de pelo para limpar meu quarto*.

VAZIO (va - zi - o) **1** Sem nada dentro: *A caixa de presente estava vazia.* **2** Que está desocupado: *Aquela casa está vazia.*

VEADO (ve - a - do) Nome dado a certos mamíferos muito velozes, com chifres e, geralmente, pelo marrom: *Os veados gostam de correr pelos campos.*

VEGETAÇÃO (ve - ge - ta - ção) O conjunto dos vegetais de uma região: *Floresta é uma vegetação comum no norte do Brasil.* ℗ Plural: vegetações.

VEGETAL (ve - ge - tal) Ser vivo, geralmente verde, preso ao solo pela raiz, que pode servir de alimento para pessoas e animais: *Os vegetais precisam de água e sol para viver.* ℗ Plural: vegetais.

VEGETARIANO (ve - ge - ta - ri - a - no) Pessoa que se alimenta só de vegetais: *Viviane não come carne porque é vegetariana.*

VEIA (vei - a) Tipo de tubo bem fino que leva o sangue de todas as partes do corpo ao coração: *Mamãe tomou injeção na veia por causa da dor de cabeça.*

VEÍCULO (ve - í - cu - lo) O que é usado para transportar pessoas ou coisas, como carro, caminhão e ônibus: *Tadeu colocou gasolina no seu veículo.*

VELA (ve - la) **1** Peça feita de cera que, acesa, serve para iluminar: *Quando escureceu, acendi uma vela.* **2** Pedaço de pano resistente que, com o vento, permite o movimento de uma embarcação: *Navegamos durante horas com a vela levantada.* ✪ **A vela:** que tem o movimento pela força do vento: *Amanhã haverá uma competição de barcos a vela.*

VELHICE (ve - lhi - ce) Fase da vida em que se é velho: *Por causa da velhice vovó tem sempre que ir ao médico.*

VELHO (ve - lho) **1** Que tem muita idade; também se diz **idoso**: *Pessoas velhas merecem o nosso respeito.* **2** Que é antigo: *A cidade tem vários edifícios velhos.*

VELOCIDADE (ve - lo - ci - da - de) Qualidade do que é veloz: *Eliana escreve com velocidade.*

VELOZ (ve - loz) Que se move com rapidez: *Os carros de corrida são muito velozes.* ℗ Plural: velozes.

VENCER (ven - cer) Obter bom resultado; também se diz **ganhar**: *Meu time venceu o campeonato.*

VENDER (ven - der) Entregar um objeto em troca de certa quantia: *Adílson vendeu a casa.*

VENENO (ve - ne - no) Substância que faz mal ao organismo e que pode matar: *O veneno de cobra pode matar uma pessoa.*

VENTO (ven - to) Ar em movimento: *O vento forte derrubou a árvore.*

VER (ver) **1** Perceber pelo sentido da visão: *Vi o Sol sumindo no horizonte.* **2** Perceber pela observação: *Vejo que ela já aprendeu a fazer contas.* **3** Encontrar ou visitar alguém:

Quero ver minha avó. **4** Assistir a qualquer apresentação, espetáculo ou acontecimento: *Vi o jogo no estádio.*

VERÃO (ve - rão) Estação do ano em que o tempo é mais quente: *Nós devemos beber muita água no verão.* ⓟ Plural: verões.

VERDADE (ver - da - de) Aquilo que é real: *É verdade que a Érica vai se casar?*

VERDADEIRO (ver - da - dei - ro) Que é real, que aconteceu de verdade: *A história que o professor contou é verdadeira.*

VERDE (ver - de) Da cor da grama: *As plantas são verdes.*

VERDURA (ver - du - ra) Planta comestível, usada principalmente como salada: *Alface, repolho e rúcula são alguns tipos de verdura.*

VERMELHO (ver - me - lho) Da cor do sangue: *O caminhão dos bombeiros é vermelho.*

VERSO (ver - so) **1** Cada linha de uma poesia, geralmente formando rima: *Decorei todos os versos da poesia.* **2** Parte oposta de uma folha: *Fiz um desenho e escrevi meu nome no verso da folha.*

VÉRTEBRA (vér - te - bra) Cada um dos vários ossos que ficam na parte de trás e no meio do tronco do ser humano e de muitos animais: *O rapaz quebrou uma vértebra no acidente de carro.*

VERTEBRADO (ver - te - bra - do) Que tem vértebras: *A vaca é um animal vertebrado.*

VÉSPERA (vés - pe - ra) **1** O dia que vem logo antes de outro: *Domingo é véspera de segunda-feira.* **2** O dia que vem antes de um acontecimento: *Mamãe preparou tudo na véspera da festa.*

VESTIDO (ves - ti - do) **1** Roupa feminina formada de saia e blusa em uma só peça: *Patrícia ganhou um lindo vestido preto.* **2** Coberto com roupa: *Adriano estava vestido para ir à escola.*

VESTIR (ves - tir) **1** Cobrir o corpo com roupa: *Vista esse menino porque está frio.* **2** Usar certo tipo de roupa: *Inês se veste com roupas da moda.*

VESTUÁRIO (ves - tu - á - rio) Conjunto de roupas e acessórios usados por uma ou várias pessoas: *Laura compra seu vestuário em uma loja perto de sua casa.*

VETERINÁRIO (ve - te - ri - ná - rio) Médico que cuida dos animais: *Meu gato machucou a pata e eu o levei ao veterinário.*

VEZ (vez) Momento ou ocasião em que alguma coisa acontece: *Fui duas vezes para São Paulo.* ⓟ Plural: vezes.

VIAGEM (vi - a - gem) Ato de viajar: *Andrea fez uma viagem ao Nordeste.* ⓟ Plural: viagens.

VIAJAR (vi - a - jar) Ir de um lugar para outro, geralmente longe: *Paulo e o irmão viajaram para Portugal.*

VÍCIO (ví - cio) Hábito que prejudica uma pessoa: *Se não largar o vício de fumar, André vai ficar muito doente.*

VIDA (vi - da) **1** Tempo que vai do nascimento até a morte: *Meu avô morou a vida toda em Cuiabá.* **2** Modo de viver: *Afonso recebe um bom salário e tem uma vida tranquila.*

VÍDEO (ví - deo) **1** Filme ou qualquer outra sequência de cenas a que se assiste na televisão, no computador ou no cinema: *Vi um vídeo muito engraçado na internet.* **2** Tela de computador ou de televisão: *O vídeo do meu computador é grande.*

VIDRO (vi - dro) Material sólido, em geral transparente, que se quebra com facilidade, usado para fazer janelas, garrafas, óculos e outros objetos: *Pedro quebrou o vidro da janela com a bola.*

VIGIA (vi - gi - a) Pessoa que toma conta de alguma coisa ou de algum lugar: *Dois vigias cuidam da nossa escola.*

VIGIAR (vi - gi - ar) **1** Observar com atenção: *Jaqueline vigiou a água no fogo.* **2** Observar sem ser visto: *A polícia vigiou os assaltantes antes de prendê-los.*

VILA (vi - la) **1** Lugar habitado, maior que a aldeia e menor que a cidade: *Moro em uma vila perto da cidade.* **2** Conjunto de casas populares: *Sílvia mora numa vila bem longe do centro da cidade.*

VINAGRE (vi - na - gre) Líquido azedo, usado para temperar saladas e outros pratos: *Diana pôs a garrafa de vinagre em cima da mesa antes de se sentar para almoçar.*

VINGANÇA (vin - gan - ça) Ato de punir alguém em troca de uma ofensa recebida: *João queria vingança porque o colega o chamou de burro, mas a professora disse que era melhor os dois conversarem.*

VINGAR (vin - gar) Fazer vingança: *No filme, o super-herói vingou-se dos inimigos.*

VINHO (vi - nho) Bebida feita com álcool e suco de frutas, geralmente uvas: *Titio gosta de tomar um copo de vinho todas as noites.*

VINTE (vin - te) Quantidade obtida quando se multiplica o número 2 dez vezes: *Comprei uma caixa com vinte ovos.*

VIOLÃO (vi - o - lão) Instrumento musical feito de madeira, com seis cordas: *Paulinho toca violão muito bem.* ⓟ Plural: violões.

VIOLÊNCIA (vi - o - lên - cia) Ato que faz uso da força: *Existe muita violência nas grandes cidades.*

VIOLENTO (vi - o - len - to) **1** Que só usa a violência: *Caio era um jogador violento.* **2** Que tem grande força: *Uma tempestade violenta destruiu a cidade.*

VIOLETA (vi - o - le - ta) Flor que pode ter várias cores, principalmente o roxo: *Mamãe espalhou vasos de violeta pela sala.*

VIR (vir) **1** Ir na direção de quem fala: *Raimundo veio de longe para morar na minha casa.* **2** Ser trazido de algum lugar ou por algum meio de transporte: *Mariana veio de ônibus para a escola.* **3** Voltar de algum lugar: *Cristina veio ontem de uma longa viagem.* **4** Estar quase chegando: *Seu pai já vem.* **5** Ter origem em algum lugar: *Estas verduras vêm do sítio da titia.*

VIRA-LATA (vi - ra - la - ta) Cão sem raça determinada: *Um vira-lata vive na minha rua.* ⓟ Plural: vira-latas.

VIRAR (vi - rar) **1** Mudar de direção ou de posição: *Virei para o outro lado da cama para tentar dormir.* **2** Colocar a parte de baixo para cima: *O barco virou com várias pessoas dentro; ainda bem que ali era raso.* **3** Mudar de forma completamente: *O sapo da história virou um lindo príncipe.*

VÍRGULA (vír - gu - la) Sinal (,) para separar elementos de uma frase: *A vírgula, colocada corretamente, ajuda a leitura de um texto.*

VÍRUS (ví - rus) **1** Pequeno organismo que causa doença: *Peguei o vírus da gripe.* **2** Programa que causa danos ao computador: *Perdi tudo o que fiz no computador por causa de vírus.* ⓟ Plural: vírus.

VISÃO (vi - são) **1** O sentido da vista: *Vou precisar usar óculos porque minha visão está ruim.* **2** Jeito de ver as coisas: *Meu avô tem uma visão bem-humorada da vida.* **3** Figura do outro mundo que se pensa ter visto: *Aquilo só pode ser uma visão.* ⓟ Plural: visões.

VISITA (vi - si - ta) **1** Visitar alguém ou algum lugar: *Preciso fazer uma visita a minha prima.* **2** Pessoa que visita: *Márcia teve que ficar em casa, pois chegou visita.*

VISITAR (vi - si - tar) **1** Ir ver uma pessoa, geralmente na casa dela: *Rodrigo foi visitar seu amigo.* **2** Conhecer algum lugar: *Visitei o museu da cidade.*

VISTA (vis - ta) **1** O órgão da visão: *Vovó tem a vista muito boa.* **2** Cada um dos olhos: *Aquele homem tem um problema na vista esquerda.* **3** Aquilo que se vê: *Esta é uma bela vista da praia.*

VITAMINA (vi - ta - mi - na) **1** Substância necessária para o bom funcionamento do organismo: *Precisamos comer frutas e verduras porque elas contêm muitas vitaminas.* **2** Bebida preparada com frutas batidas e misturadas ao leite: *Tomo vitamina de banana, maçã e leite todos os dias.*

VÍTIMA (ví - ti - ma) Pessoa que sofre qualquer desgraça, acidente ou mal: *Meus vizinhos foram vítimas daqueles homens maus que assaltaram a casa.*

VITÓRIA (vi - tó - ria) **1** Ato de vencer: *O time teve uma grande vitória.* **2** Sucesso em algo que realiza: *Conseguir o emprego foi uma vitória para João.*

VIVER (vi - ver) **1** Ter vida, existir: *Certas árvores vivem mais que o ser humano.* **2** Aproveitar as coisas boas da vida: *Clóvis vive bem.* **3** Morar em algum lugar: *Vivo em Salvador.*

VIVO (vi - vo) **1** Que tem vida: *O inseto está vivo.* **2** Que é muito esperto: *Aquele menino é muito vivo.* **3** Cheio de vida: *A menina tem os olhos vivos.* **4** Que é brilhante, forte: *O biquíni dela era amarelo vivo.*

VIZINHO (vi - zi - nho) **1** Que está próximo: *As cidades vizinhas estão em festa.* **2** Pessoa que mora perto de outra: *Juliana convidou os vizinhos para conhecer sua casa.*

VÔ (vô) O mesmo que **avô**: *Meu vô sempre me leva para passear.* ⓟ Feminino: vó.

VOAR (vo - ar) **1** Mover-se ou ficar no ar (ave, avião, balão): *A ave voa bem alto.* **2** Viajar de avião: *O presidente voou de Brasília até Porto Alegre.* **3** Correr com grande velocidade: *Reinaldo voou para pegar o ônibus.*

VOGAL (vo - gal) Som produzido pela voz humana que passa livremente pela boca: *As letras "a", "e", "i", "o" e "u" são vogais.* ⓟ Plural: vogais.

VOLTAR (vol - tar) **1** O mesmo que **retornar**: *Meus tios estão viajando e voltarão para casa amanhã.* **2** Começar de novo: *Elisa voltou a estudar este ano.*

VOLUME (vo - lu - me) **1** Espaço ocupado por um corpo: *Esta mala faz muito volume.* **2** Parte de uma obra representada por um livro: *Esta coleção tem três volumes.* **3** Força do som produzido por um aparelho: *Marcos abaixou o volume do rádio.*

VOMITAR (vo - mi - tar) Soltar pela boca aquilo que estava no estômago: *O garoto comeu um sanduíche estragado e vomitou.*

VÔMITO (vô - mi - to) **1** Ato de vomitar: *O vômito mostra que ele não está bem.* **2** O que se vomitou: *A calçada ficou suja de vômito.*

VONTADE (von - ta - de) **1** Aquilo que nos faz querer alguma coisa: *Tenho vontade de morar na praia.* **2** Desejo de alguma coisa sem motivo sério: *Dona Marta faz todas as vontades do filho.*

VOO (vo - o) Movimento de aves, insetos, aviões e balões pelo ar: *Além de bonitas, as aves dão um show durante o voo.*

VOTAR (vo - tar) Escolher alguém ou alguma coisa por meio de voto: *Papai votou naquele candidato pela primeira vez.*

VOTO (vo - to) **1** Expressão da opinião de uma pessoa em uma eleição: *O presidente foi escolhido pelo voto do povo.* **2** Algo que se deseja para alguém: *Fazemos votos de que vocês sejam muito felizes.*

VOVÔ (vo - vô) Tratamento carinhoso que os netos dão ao **avô**: *Vovô gosta muito de pescar.* ⒡ Feminino: vovó.

VOZ (voz) Som que se emite pela boca: *O cantor perdeu a voz.*

VULCÃO (vul - cão) Montanha ou abertura no solo de onde saem líquidos e vapores muito quentes do centro da Terra: *Não existem vulcões no Brasil.* ⓟ Plural: vulcões.

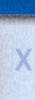

W Vigésima terceira letra do alfabeto português.

WEB (lê-se *uébi*) Nome dado à rede mundial de computadores (internet) a partir de 1991. Nela é possível obter informações sobre diversos assuntos, com textos, sons, figuras e vídeos: *Completei meu trabalho de ciências com as pesquisas feitas na web.*

WINDSURFE (wind - sur - fe) Esporte que se pratica na água, equilibrado de pé numa prancha a vela: *Meu primo mora na praia e pratica windsurfe sempre que pode.*

WWW Sigla de **W**orld **W**ide **W**eb, que em inglês significa "rede de alcance mundial": *A maioria dos endereços da internet começa com* www.

X Vigésima quarta letra do alfabeto português.

XADREZ (xa - drez) **1** Jogo de duas pessoas, em que cada uma movimenta 16 peças em 64 quadrados brancos e pretos desenhados sobre um quadro de madeira: *Meu professor adora jogar xadrez com o irmão.* **2** Que é desenhado com pequenos quadrados: *Artur tem uma camisa xadrez.* **3** O mesmo que **cadeia**: *O ladrão passou uns dias no xadrez.*

XALE (xa - le) Peça de roupa, como um lenço grande, que se usa como enfeite e agasalho nos ombros e nas costas: *Minha avó usa um xale de lã quando faz frio.*

XAMPU (xam - pu) Produto líquido para limpeza dos cabelos: *O xampu é um produto de higiene pessoal.*

XARÁ (xa - rá) Pessoa que tem o primeiro nome igual ao de outra: *Ele é meu xará porque também se chama José.*

XAROPE (xa - ro - pe) Substância líquida, feita com açúcar e outros ingredientes, usada como remédio para curar a tosse: *Ricardo foi ao médico porque não parava de tossir e o médico lhe indicou um xarope.*

XERETA (xe - re - ta) Pessoa que quer saber tudo sobre a vida dos outros: *Essa menina é mesmo muito xereta! Perguntou sobre a festa surpresa da Vivi.*

XERIFE (xe - ri - fe) Autoridade policial de alguns países, responsável por manter a lei e a ordem no lugar; tem função semelhante à de um delegado de polícia: *O xerife prendeu o homem que ameaçava as pessoas com uma arma.*

XÍCARA (xí - ca - ra) **1** Pequena vasilha para servir café, chá, chocolate quente etc.: *Coloquei o chá na xícara.* **2** O conteúdo de uma xícara: *Vítor tomou uma xícara de café.*

XILOFONE (xi - lo - fo - ne) Instrumento musical com longas teclas que correspondem às notas musicais; é tocado com duas pequenas barras de madeira de pontas cobertas por material macio: *Deve ser difícil, mas quero aprender a tocar xilofone.*

XINGAR (xin - gar) Tratar mal alguém com palavras: *Paulo xingou o menino de burro.*

XIXI (xi - xi) O mesmo que **urina**: *O bebê fez xixi no meu colo.*

XODÓ (xo - dó) **1** Sentimento de carinho por alguém: *João tem xodó pela irmã mais nova.* **2** Pessoa ou coisa muito querida: *Andreia é o xodó do papai.*

XUCRO (xu - cro) **1** Que não foi domado, em especial o cavalo: *Não monte um cavalo xucro porque é perigoso.* **2** Que evita falar ou ficar perto de estranhos: *Ele é muito xucro; não conversa com ninguém e se afasta do grupo quando há alunos dos outros anos.*

Y Vigésima quinta letra do alfabeto português

YAKISOBA Alimento que se prepara com certo macarrão frito, ao qual se adicionam legumes, verduras e algum tipo de carne, temperado com molho de soja: *Naquele restaurante é servido um delicioso* yakisoba.

Z Vigésima sexta letra do alfabeto português.

ZABUMBA (za - bum - ba) Instrumento musical, semelhante a um tambor, de formato redondo, que é tocado com duas varas curtas e produz som forte: *Agenor toca zabumba nas festas populares.*

ZANGAR (zan - gar) **1** Deixar alguém aborrecido: *Comporte-se, menino! Não vá zangar a professora!* **2** Ficar com raiva: *Gisele se zangou com o namorado porque ele chegou atrasado ao encontro.*

ZANZAR (zan - zar) Andar sem rumo certo, indo e vindo: *O cachorro ficou zanzando pelas ruas da cidade.*

ZEBRA (ze - bra) Animal de pelo branco com listras pretas, semelhante ao cavalo: *Vi uma zebra no zoólogico.* ⭐ **Dar zebra:** dar um resultado que ninguém esperava: *O jogo de ontem deu zebra.*

ZEBU (ze - bu) Raça de gado que tem uma saliência de gordura e músculos localizada nas costas: *O Brasil é um grande criador de zebu.*

ZELADOR (ze - la - dor) Homem que toma conta de um prédio: *Fui viajar e pedi para o zelador regar minhas plantas.*

ZELAR (ze - lar) Cuidar de algo ou de alguém com carinho e responsabilidade: *Os pais zelam pelos filhos.*

ZELO (ze - lo) Cuidado que se tem com algo ou com alguém: *Gabriel cuida dos pais idosos com muito zelo.*

ZERO (ze - ro) Quantidade sem nenhum valor ou o número que representa essa quantidade: *Os alunos aprenderam a contar de zero até dez.*

ZIGUE-ZAGUE (zi - gue - za - gue) Linha ou movimento que forma bicos para um lado e para outro: *O carro andava em zigue-zague pela estrada.*

ZÍPER (zí - per) Tira estreita de pano com pedaços de metal, que serve para fechar calças, vestidos, bolsas e outras coisas: *Preciso trocar o zíper da calça, porque ele arrebentou.* **P** Plural: zíperes.

ZOMBAR (zom - bar) Fazer brincadeira ou piada com alguém; também se diz **caçoar**: *Zombar dos amigos é muito feio.*

ZONA (zo - na) **1** Lugar que se destaca por alguma característica: *Papai trabalhava numa fábrica na zona industrial.* **2** Cada uma das regiões em que é separada uma área: *Eu moro na zona sul da cidade de São Paulo.* **3** Lugar em que há muita confusão: *Preciso arrumar meu quarto, pois ele está uma zona!*

ZONZO (zon - zo) O mesmo que **tonto**: *Eu estava com tanto sono que fiquei zonzo.*

ZOO (zo - o) O mesmo que **zoológico**: *O animal do zoo de que mais gosto é a girafa.*

ZOOLÓGICO (zo - o - ló - gi - co) Local para criação e exposição de animais; também se diz **jardim zoológico** e **zoo**: *A professora levou os alunos ao zoológico para ver alguns animais que não vivem nas florestas do Brasil.*

ZOOM (lê-se *zum*) Aumento ou redução de uma imagem em uma máquina de fotografia, tela de computador e de televisão etc., que se faz por meio de uma tecla: *Dê um zoom nessa imagem; quero ver se conheço todas as pessoas da foto.*

ZUMBIDO (zum - bi - do) Barulho produzido por determinados insetos que voam: *Ao subir na árvore, Carla ouviu o zumbido na colmeia.*

Apêndice

Os coletivos

Coletivo é uma palavra usada no singular para significar um conjunto de pessoas, animais ou coisas. Assim, várias *abelhas* juntas chamamos de *enxame*.

Observe alguns nomes e seus coletivos:

A

ABELHA, enxame

ALUNO, classe

AMIGO, turma

ANIMAL (de uma região), fauna

ANJO, legião

ARTISTA, elenco

ÁRVORE, arvoredo, bosque, floresta

ÁRVORE (frutífera), pomar

ASTRO, constelação

ATOR, elenco, trupe

AVE (filhotes no ninho), ninhada

AVE (voando), revoada

AVIÃO, esquadrilha, frota

B

BANANA, cacho, penca

BOI, boiada, manada, rebanho

BURRO, tropa

C

CABELO, cabeleira

CABRA, rebanho

CAMELO, cáfila
CAMINHÃO, frota
CANÇÃO, cancioneiro
CANHÃO, artilharia
CANTOR, coro
CÃO, canzoada, matilha
CARNEIRO, redil
CARRO, carruagem, comboio
CASA, casario
CAVALEIRO, cavalgada
CAVALO, tropa
CEBOLA, réstia
CHAVE, molho

COLMEIA, colmeal

D
DENTE, dentadura, dentição
DISCO, discoteca
DOCUMENTO, documentação
DROGA, drogaria

E
ELEFANTE, manada
ESCRAVO, quilombo
ESTRELA, constelação
ESTUDANTE, classe, turma
ESTUDANTE (quando vivem na mesma casa), república
EXEMPLO, exemplário

F
FÁBULA, fabulário
FAMÍLIA, clã
FIEL, rebanho
FILHO, prole
FILHOTE, ninhada
FILME, filmoteca, cinemateca
FIO, meada, mecha
FLOR, buquê, florada, ramalhete

FOLHA (de planta), folhagem
FOLHA (de papel), caderno, resma
FOTOGRAFIA, álbum
FRUTA, cacho, penca

G
GAROTO, garotada

H
HINO, hinário

I
ILHA, arquipélago

ÍNDIO, aldeia, maloca, tribo

INSETO, nuvem, onda

J

JORNAL, hemeroteca

L

LADRÃO, bando, corja, quadrilha

LEÃO, alcateia

LEI, código, legislação

LENDA, folclore, lendário

LENHA, feixe

LETRA, abecedário, alfabeto

LIVRO, acervo, biblioteca, coleção

LOBO, alcateia

M

MACACO, bando

MAPA, atlas, mapoteca

MÁQUINA, maquinaria, maquinário

MÉDICO (quando em conferência sobre o estado de um paciente), junta

MERCADORIA, partida

MONTANHA, cadeia, cordilheira

MOSCA, moscaria, mosquedo

MOSQUITO, nuvem

MULHER, mulherio

N

NAVIO (em geral), frota

NAVIO (mercante), frota

NAVIO (de guerra), frota, flotilha, esquadra, armada, marinha

NAVIO (quando navegam para o mesmo destino), comboio

NAVIO (de pesca), flotilha

NOME, lista, rol

O

OBRA (de arte, de literatura), acervo

ÔNIBUS, frota

OSSO, esqueleto, ossada

OURO, ourama

OVELHA, rebanho

P

PALAVRA, dicionário, glossário, vocabulário

PANELA, bateria

PAPEL (em folhas), bloco, caderno, maço, papelada, resma

PÁSSARO, bando, passarinhada, passaredo

PEIXE, cardume

PELO, pelugem, penugem

PERNILONGO, nuvem

PESSOA, bando, gente, legião, multidão, pessoal, povo, turma

PLANTA, plantação

PLANTA (de uma região), flora

PORCO, vara

PROFESSOR, magistério, professorado

Q

QUADRO, pinacoteca

R

REGRA, regulamento

S

SELO, álbum

SINO, carrilhão

SOLDADO, batalhão, companhia, legião, pelotão, tropa

T

TRABALHADOR, equipe, turma

U

UVA, cacho

V

VASILHA, vasilhame

VEÍCULO (que pertence à mesma empresa), frota

Z

ZEBRA, manada

Os antônimos

Antônimo é a palavra cujo significado é contrário ao de outra.
Assim, *alto* é o antônimo de *baixo*.
Quer saber mais alguns opostos? É só ver na tabela a seguir.

Palavra	Antônimo
aberto	fechado
alegre	triste
alto	baixo
amor	ódio
barato	caro
bem	mal
bom	mau
bonito	feio
dia	noite
doce	amargo
duro	mole

Palavra	Antônimo
escuro	claro
fino	grosso
forte	fraco
gordo	magro
grande	pequeno
homem	mulher
largo	estreito
longe	perto
longo	curto
maiúscula	minúscula
menino	menina
mole	duro
muito	pouco
pesado	leve
quente	frio
rápido	lento
rico	pobre
seco	molhado
simpático	antipático
velho	jovem

Os tipos de letra

Podemos escrever as palavras utilizando diferentes tipos de letra. Veja os mais usados:

Letra de imprensa maiúscula	Letra de imprensa minúscula	Letra cursiva maiúscula	Letra cursiva minúscula
A	a	$\mathcal{A}$	a
B	b	$\mathcal{B}$	b
C	c	$\mathcal{C}$	c
D	d	$\mathcal{D}$	d
E	e	$\mathcal{E}$	e
F	f	$\mathcal{F}$	f
G	g	$\mathcal{G}$	g
H	h	$\mathcal{H}$	h
I	i	$\mathcal{I}$	i
J	j	$\mathcal{J}$	j
K	k	$\mathcal{K}$	k
L	l	$\mathcal{L}$	l

Letra de imprensa maiúscula	Letra de imprensa minúscula	Letra cursiva maiúscula	Letra cursiva minúscula
M	m	M	m
N	n	N	n
O	o	O	o
P	p	P	p
Q	q	Q	q
R	r	R	r
S	s	S	s
T	t	T	t
U	u	U	u
V	v	V	v
W	w	W	w
X	x	X	x
Y	y	Y	y
Z	z	Z	z

Ana   Isabela   Caroline   Eduarda

Beatriz   Artur   Gustavo   Guilherme

Felipe   Gabriela   Enzo

Pedro   Rafael   Mateus

Letícia   Clara   João   Giovana

Lucas   Mariane

Os animais

Existem muitos animais no mundo.

A tabela a seguir mostra algumas diferenças entre eles.

Animal	Características	Exemplos
Anfíbios	Vivem na água e na terra. Têm pele lisa, sem escamas ou pelos.	Sapo, salamandra, rã, girino, cobra-cega etc.
Aves	Têm bico, penas e asas. Nem todas as aves conseguem voar; é esse o caso do pinguim, que não voa mas nada muito bem.	Águia, arara, beija-flor, bem-te-vi, codorna, coruja, gaivota, ganso, gavião, pardal, pato, pavão, periquito, peru, pinguim, pombo, sabiá, urubu etc.

Animal	Características	Exemplos
Mamíferos	Têm sangue quente e pelos que os protegem do frio. Amamentam seus filhotes. Alguns mamíferos são herbívoros (comem vegetais), outros são carnívoros (alimentam-se de outros animais) e outros são onívoros (comem tanto animais quanto vegetais).	O homem e, ainda: cão, carneiro, cavalo, elefante, esquilo, gambá, golfinho, gorila, hipopótamo, leão, macaco, onça, rato, baleia, morcego etc.
Répteis	Têm sangue frio e pele seca e coberta de escamas ou casco.	Cobra, crocodilo, jacaré, lagartixa, tartaruga etc.
Insetos	Têm um par de antenas na cabeça e, em geral, seis patas.	Abelha, mosca, formiga etc.

As vozes dos animais

Nós, seres humanos, somos capazes de falar.
E os animais? Você sabe qual é a voz de cada um deles?

A

ABELHA, zumbir, zunir

ARARA, berrar, chalrear

B

BEIJA-FLOR, arrulhar, ruflar

BESOURO, zoar, zumbir, zunir

BEZERRO, berrar, mugir

BODE, balir, berrar

BOI, berrar, mugir

BURRO, zurrar

C

CABRA, balir, berrar

CÃO, latir, ladrar

CARNEIRO, balir

CAVALO, relinchar

CIGARRA, cantar, chiar

COBRA, silvar, assobiar

COELHO, guinchar, chiar

CORDEIRO, balar, balir, berregar

E
ELEFANTE, bramir, bramar

F
FOCA, gritar

G
GALINHA, cacarejar
GALO, cantar, cocoricar
GATO, miar

J
JACARÉ, chorar
JUMENTO, zurrar

L
LEÃO, rugir, urrar
LOBO, uivar

M
MACACO, guinchar
MOSCA, zoar
MOSQUITO, zumbir

O
ONÇA, rugir
OVELHA, balir

P
PAPAGAIO, falar
PARDAL, chiar, piar
PÁSSARO, cantar, chilrear, gorjear, piar, trinar

PATO, grasnar

PAVÃO, gritar, pupilar
POMBO, arrulhar
PORCO, grunhir

R
RÃ, coaxar
ROUXINOL, cantar, chilrear, gorjear, trinar

S
SAPO, coaxar
SERPENTE, assobiar/assoviar, bufar, sibilar, silvar

T
TIGRE, bramir, miar, urrar, rugir
TUCANO, berrar, chalrar, estralar

U
URSO, bramir, rugir

V
VACA, mugir
VEADO, bramir

Z
ZEBRA, relinchar, zurrar

Casais da natureza

Na natureza, os animais têm sempre seu par.
A *vaca* é a fêmea do *boi*, o *cavalo* é o macho da *égua*.
Veja alguns casais do mundo animal:

BODE, cabra

BOI, vaca

BURRO, mula

CACHORRO (cão), cachorra, cadela

CARNEIRO, ovelha

CAVALO, égua

ELEFANTE, elefanta, aliá

GALO, galinha

JABUTI, jabota

LEÃO, leoa

PAVÃO, pavoa

TIGRE, tigresa

TOURO, vaca

VEADO, cerva, corça, veada

ZANGÃO, abelha

Figuras geométricas

Conheça as mais comuns:

CÍRCULO

LOSANGO

QUADRADO

RETÂNGULO

TRIÂNGULO

Os numerais

Chamamos de numerais cardinais os que indicam a quantidade exata de pessoas, animais ou coisas. Por exemplo: *um pião, dois bonecos, três brinquedos*. Chamamos de numerais ordinais os que indicam o lugar ou a posição ocupados por algo ou alguém em uma série. Por exemplo: *Maluquinho terminou a corrida em primeiro lugar, Julia em segundo e Junim em terceiro*. Os números romanos são usados para indicar séculos, capítulos etc. Por exemplo: *Nós estamos no século XXI. A professora leu o capítulo III do novo livro do Ziraldo.*

Números	Cardinais	Ordinais	Romanos
1	um	primeiro	I
2	dois	segundo	II
3	três	terceiro	III
4	quatro	quarto	IV
5	cinco	quinto	V
6	seis	sexto	VI
7	sete	sétimo	VII
8	oito	oitavo	VIII
9	nove	nono	IX
10	dez	décimo	X
11	onze	décimo primeiro	XI
12	doze	décimo segundo	XII
13	treze	décimo terceiro	XIII
14	catorze	décimo quarto	XIV
15	quinze	décimo quinto	XV
16	dezesseis	décimo sexto	XVI
17	dezessete	décimo sétimo	XVII
18	dezoito	décimo oitavo	XVIII
19	dezenove	décimo nono	XIX
20	vinte	vigésimo	XX
30	trinta	trigésimo	XXX
40	quarenta	quadragésimo	XL
50	cinquenta	quinquagésimo	L
60	sessenta	sexagésimo	LX
70	setenta	septuagésimo	LXX
80	oitenta	octogésimo	LXXX
90	noventa	nonagésimo	XC
100	cem	centésimo	C
200	duzentos	ducentésimo	CC
300	trezentos	trecentésimo	CCC
400	quatrocentos	quadringentésimo	CD
500	quinhentos	quingentésimo	D
600	seiscentos	sexcentésimo	DC
700	setecentos	setigentésimo	DCC
800	oitocentos	octingentésimo	DCCC
900	novecentos	nongentésimo	CM
1000	mil	milésimo	M

As regiões do Brasil e seus estados

Região Norte
Abreviatura: N.

Abreviatura	Estado
AC	Acre
AM	Amazonas
AP	Amapá
RO	Rondônia
RR	Roraima
TO	Tocantins
PA	Pará

Região Nordeste
Abreviatura: N.E.

Abreviatura	Estado
MA	Maranhão
PI	Piauí
CE	Ceará
AL	Alagoas
BA	Bahia
PB	Paraíba
PE	Pernambuco
RN	Rio Grande do Norte
SE	Sergipe

Região Centro-Oeste
Abreviatura: C.O.

Abreviatura	Estado
DF	Distrito Federal
GO	Goiás
MT	Mato Grosso
MS	Mato Grosso do Sul

Região Sudeste
Abreviatura: S.E.

Abreviatura	Estado
MG	Minas Gerais
ES	Espírito Santo
RJ	Rio de Janeiro
SP	São Paulo

Região Sul
Abreviatura: S.

Abreviatura	Estado
PR	Paraná
SC	Santa Catarina
RS	Rio Grande do Sul

O tempo

Os meses do ano

janeiro

fevereiro

março

abril

maio

junho

julho

agosto

setembro

outubro

novembro

dezembro

Os dias da semana

segunda-feira

terça-feira

quarta-feira

quinta-feira

sexta-feira

sábado

domingo

As estações do ano

primavera

verão

outono

inverno

TCHAU!